प्रारम्भिक रचनाएँ

प्रारम्भिक रचनाएँ

नामवर सिंह

संकलन-सम्पादन

भारत यायावर

राजकमल प्रकाशन

नयी दिल्ली पटना इलाहाबाद

ISBN : 978-81-267-2433-8

मूल्य : ₹ 450

पहला संस्करण : 2013

प्रकाशक : राजकमल प्रकाशन प्रा. लि.
1-बी, नेताजी सुभाष मार्ग, दरियागंज
नई दिल्ली-110 002

शाखाएँ : अशोक राजपथ, साइंस कॉलेज के सामने, पटना-800 006
पहली मंजिल, दरबारी बिल्डिंग, महात्मा गांधी मार्ग, इलाहाबाद-211 001

वेबसाइट : www.rajkamalprakashan.com
ई-मेल : info@rajkamalprakashan.com

आवरण : राजकमल स्टूडियो

मुद्रक : बी.के. ऑफसेट
नवीन शाहदरा, दिल्ली-110 032

PRARAMBHIK RACHANAYEN
by Namvar Singh
Edited by Bharat Yayavar

विषय-प्रवेश

नामवर सिंह हिन्दी आलोचना के स्तम्भ हैं। उन्होंने हिन्दी आलोचना को एक नई दिशा दी है। गति और लय प्रदान की है। अपने समय के ज्वलंत मुद्दों से बहस की है। वे सदा आगे की सोचते रहे हैं। पीछे मुड़कर बहुत कम देखा है। उनके प्रारम्भिक साहित्यिक जीवन में बहुत कुछ है जो अब तक लुप्त है। प्रस्तुत पुस्तक में उनके प्रारम्भिक लेखन की कुछ बानगी भर है।

नामवर सिंह ने अपने साहित्यिक जीवन की शुरुआत काव्य-लेखन से की थी। चौदह वर्ष की उम्र, यानी 1938 से उनका काव्यारम्भ प्रारम्भ हुआ। सबसे पहले वे ब्रजभाषा में कवित्त और सवैया लिखते थे। यहीं से उन्होंने मध्यकालीन काव्य को भी गहराई से अवगाहन करना प्रारम्भ किया। 1941 ई. में वे बनारस अध्ययन करने आए और उनका सम्पर्क त्रिलोचन से हुआ। त्रिलोचन ने उन्हें खड़ी बोली में लिखने को उत्प्रेरित किया। उन्होंने 1941 ई. से अबाध गति से कविता लिखना शुरू किया। छंदों पर निरन्तर अभ्यास करते गए और कविता-लेखन का जो सिलसिला प्रारम्भ हुआ, वह अविराम गति से 1957 ई. तक चला। फिर वह सदा के लिए बन्द हो गया। इस बीच, 1951 ई. में उन्होंने अपना पहला कविता-संग्रह 'नीम के फूल' छपने के लिए एक प्रकाशक को दिया, जो छप न पाया। 1953 ई. में पुनः उन्होंने एक कविता-संग्रह तैयार कर छपवाने की कोशिश की, पर असफल रहे। दूसरी ओर उनके आलोचनात्मक निबन्ध पत्र-पत्रिकाओं में छपते रहे और उनसे उनको यश मिलना भी शुरू हुआ। 1957 के बाद वे पूरी तरह आलोचना में ही रम गए।

1950 ई. तक उन्होंने विविध प्रकार की गद्य रचनाएँ लिखीं, जिनमें से 17 निबन्धों का एक संग्रह 'बक़लम ख़ुद' नाम से 1951 ई. में प्रकाशित हुआ। 1950 ई. में उन्होंने 51 निबन्ध लिखे थे। योजना थी कि 17-17 निबन्धों की तीन पुस्तकें प्रकाशित होंगी। परन्तु 'बक़लम ख़ुद' के बाद इस क्रम में और कोई भी किताब नहीं छप सकी। उन्होंने 'बक़लम ख़ुद' को दुबारा नहीं छपवाया। इसका मुख्य कारण यह है कि उस दौर की रचनाशीलता से वे बहुत दूर आ गए थे और उसके प्रति उनका लगाव भी नहीं रह गया था।

इसके बावजूद नामवर सिंह की प्रारम्भिक रचनाओं का अपना एक अलग ही महत्त्व है। इनके द्वारा हम नामवर सिंह के साहित्यिक विकास की जड़ों को भी पहचान सकते हैं और उनके प्रारम्भिक साहित्यिक जीवन के भाव-बोध एवं विचारों की भी पड़ताल कर सकते हैं।

'बक़लम ख़ुद' का 'पुस्तक-परिचय' त्रिलोचन शास्त्री ने इन शब्दों में लिखा था—

'बक़लम ख़ुद' में 17 व्यक्ति व्यंजक निबन्ध हैं। व्यंजना तो इस प्रकार की है कि पुस्तक की बजाय यह जिन्दादिल आदमी ही लगेगी।

इसमें व्यक्ति की निजी बातों की बहक नहीं, व्यक्ति के आलोक में विस्तृत समाज के सुन्दर-असुन्दर और प्रकट-प्रच्छन्न रूपों का उद्घाटन है।

यहाँ लेखक की दृष्टि-ज्योति में समाज और समाज की दृश्य-ज्योति में लेखक का व्यक्तित्व उभरता चला गया है। निस्संदेह निर्वैयक्तिक वैयक्तिकता द्वारा व्यक्ति-व्यंजक निबन्धों की ओर यह मौलिक प्रयास है।

'बक़लम ख़ुद' रूढ़ियों के लिए चुनौती है, ढोंग के लिए ललकार और जड़ता के लिए चाबुक।

इस युग में जहाँ एक ओर नहूसत को गम्भीरता और लबार आक्रोश को साहसिक विद्रोह का गौरव दिया जाता है, 'बक़लम ख़ुद' संयत व्यंग का प्रतिमान रखता है।

इसके नेजों की तिलमिलाहट में भी गुदगुदी है और आँसुओं में भी व्यथाहारी हास का सुस्पर्श। झकझोरने पर भी यह हमारे आपके आन्तरिक विश्वासों का साझीदार है।

'बक़लम ख़ुद' जनता की जय का उद्घोष, संघर्ष की प्रेरणा और अभियान की आकांक्षा है। निरुद्देश्य मजाक नहीं, यह सोद्देश्य संजीदगी है जो सत्य को सुपाच्य रूप देती है।

भाषा की शक्तियों का सर्वाधिक उभार व्यंग्य में ही होता है, और 'बक़लम ख़ुद' उस ओर आत्म-विश्वासपूर्ण प्रयत्न है।

पुस्तक तथा उसका लेखक बहुतों को अपरिचित हो सकते हैं, पर अपरिचय आत्मीयता का विरोधी नहीं और आत्मीयता इसकी पहली शर्त है।

1951 ई. में नामवर सिंह एक नए लेखक थे। लोग उन्हें बहुत कम जानते थे। परन्तु जिन साहित्यकारों ने भी 'बक़लम ख़ुद' पढ़ा वे उनके प्रशंसक हो गए। ये हिन्दी में लिखे गए नए तरह के निबन्ध थे। उनके गुरु हजारीप्रसाद द्विवेदी के ललित निबन्धों की छाया भी खोजने से इनमें नहीं मिलेगी। तब नामवर सिंह के प्रिय

निबन्धकार थे चार्ल्स लैम्ब। उनके निबन्धों को उन्होंने लगभग घोट लिया था। किन्तु उनका प्रभाव भी इन निबन्धों में नहीं है। हिन्दी में ये निबन्ध पहली बार अपने ही अंदाज में लिखे गए थे। इन निबन्धों में खिलंदड़ापन नहीं है। व्यंग्य है, पर फूहड़पन नहीं है। सर्जनात्मकता के इसमें बहु-विध आयाम हैं। और सबसे बड़ी बात यह है कि इन निबन्धों में जनपक्षधरता ही नहीं, जन-शक्तियों के उभार का भी प्रयत्न है। किसी भी पुस्तक में सबसे पहले समर्पण होता है, फिर भूमिका। इस पुस्तक में समर्पण और भूमिका भी निबन्धात्मक है। इन निबन्धों में मध्यकालीन काव्य-पंक्तियों का भरपूर उपयोग हुआ है। 'मुनिहि हरिअरइ सूझ' रामचरितमानस की परशुराम-लक्ष्मण-संवाद स्थल की पंक्ति है। 'मदन महीपजू को बालक बसंत' उनकी रीतिकालीन कविता के आस्वादक-पक्ष को दर्शाता है। नामवर सिंह ने 1950 ई. तक हिन्दी साहित्य को आद्यन्त हृदयंगम कर लिया था। उनकी लेखन-शैली एकदम निखरी हुई दिखाई देती है। उनकी वाग्मिता में प्रखरता है। भाषा में रचनात्मक प्रवाह और पारदर्शिता है। शब्दों का सार्थक प्रयोग है। विट का प्रयोग होते हुए भी एक गरिमा है।

नामवर सिंह पर खोज-कार्य करते हुए मुझे अब तक उनका जो पहला निबन्ध प्राप्त हुआ है, वह 1945 का है—'समाज के अग्रचेता : तुलसी'। इस निबन्ध का पहला ही वाक्य लगभग छह पंक्तियों का है—''जहाँ 'तुलसी की कला' पाकर कविता 'लसी' वहाँ समाज भी उनके मानस की सहज वाणी पाकर कृत्य हुआ, एक ओर काव्य-रसिकों ने उनमें विहार के लिए नन्दन-कानन से भी महान 'वाटिका' पाई तो दूसरी ओर विस्तृत समाज ने उच्चकोटि की लोक नीति, नई मर्यादा पाई। एक ओर जब वे व्यक्तिगत साधना के मार्ग में विरागपूर्ण शुद्ध भगवद्भक्ति का उपदेश करते पाए जाते हैं तो दूसरी ओर संसार की विषमभूमि पर आकर पारिवारिक और सामाजिक कर्तव्यों का सौन्दर्य दिखाकर मुग्ध करते हैं।''

इस आलोचनात्मक निबन्ध में आगे वे कहते हैं—''साहित्य एवं समाज का एक शाश्वत द्वन्द्व होता है, जो किसी भी युग के लिए सत्य उतरता है। दूसरी यह कि सामाजिक दुर्बलताओं को दूर करने के लिए व्यावहारिक सत्य, जो युग विशेष तक ही काम देता है। गोस्वामी जी ने इन दोनों प्रकार के सत्यों की स्थापना की है। फिर भी इन दोनों सत्यों का आधार भारतीय संस्कृति ही है। यही नहीं, उन्होंने 'मानस' तथा 'कवितावली' के उत्तरकांड में निर्भीक होकर कलियुग की बुराइयों की भविष्यवाणी की है। बुराइयों की यह सूची आज भी सत्य उतर रही है।'' इस लेख का समापन वे इन शब्दों के साथ करते हैं—''इस प्रकार हम देखते हैं कि गोस्वामी जी ने एक कुशल अग्रचेता और अग्रद्रष्टा की भाँति समाज का अवलोकन किया, भले वे अनुमान बिलकुल ठीक ठीक सही न उतरे हों। किन्तु साहित्य यदि

किसी राष्ट्र की संस्कृति का प्राण है और यदि संस्कृति चिरन्तन होती है तो निस्संदेह एक महान साहित्यिक की मान्यताएँ-विचारणाएँ चिरन्तन होती हैं। इस प्रकार यदि वह बीते हुए काल को देखने में समर्थ हो सकता है तो निस्संदेह आगामी कल को भी देख सकता है। गोस्वामी जी ऐसे ही महान् साहित्यिक थे। इसीलिए वे अग्रचेता भी थे।''

यह निबन्ध जब लिखा गया था तब नामवर सिंह उन्नीस वर्ष के युवक थे। अपने पहले ही निबन्ध में वे एक प्रखर आलोचक एवं चिन्तक की छवि उपस्थित करते हैं। उनका दूसरा विचारप्रधान निबन्ध है—'संस्कृति का तात्पर्य'। इसमें वे 'संस्कृति का तात्पर्य' बताने के बहाने वैश्विक स्तर के अनेक प्रश्नों से टकराते हैं एवम् उसके खतरों से भी आगाह करते हैं। इसके अन्त में जन-संस्कृति पर भी विचार करते हैं। वे लिखते हैं—''संस्कृति के अनेक विशेषणों में से एक 'जन' भी है। 'जन-संस्कृति' से अभिप्राय इसके प्रयोक्ताओं का बहुसंख्यक वर्ग की संस्कृति के तीन केन्द्र हैं—व्यक्ति, समुदाय (वर्ग) और समाज। न तो कोई बड़ा से बड़ा संस्कृत व्यक्ति सम्पूर्ण मानव-संस्कृति के प्रतिनिधित्व का दावा कर सकता है और न ही कोई वर्ग विशेष ही। पूरा मानव-समाज ही संस्कृति के सभी अंगों का प्रदर्शन कर सकता है, इसलिए संस्कृति का अर्थ पूरे समाज की ही संस्कृति से होता है। व्यक्ति और वर्ग का स्थान उसके भीतर सुरक्षित है। जन-संस्कृति का व्यापक प्रसार भले हो जाए, परन्तु स्तर नीचा रहेगा। संस्कृति व्यक्ति की सामाजिक तथा समाज की वैयक्तिक अभिव्यक्ति है। प्रत्येक जन-संस्कृति में भी कई श्रेणियाँ होती हैं, कोई अधिक समुन्नत, कोई कम। इन्हें हम विशिष्ट चेतन-वर्ग कह सकते हैं। ये विभिन्न संस्कृत वर्ग परस्पर संस्कृति का आदान-प्रतिदान करते रहते हैं। संस्कृति का विकास सामूहिक रूप से नहीं, विभिन्न संस्कृत वर्गों के बीच क्रमश: संतरण से होता है। संस्कृति के ये वर्ग भौगोलिक भी होते हैं। प्राय: एक ही देश और जाति में विभिन्न भौगोलिक प्रदेश होते हैं। प्रत्येक प्रदेश की संस्कृति भिन्न होती है। परस्पर सम्पर्क और संघर्ष में ये सांस्कृतिक इकाइयाँ वृहत्तर संस्कृति को अनायास ही विकसित करती रहती हैं। अत: जन-संस्कृति का अर्थ समूह या वर्ग-संस्कृति करना भ्रांत है।'' इसके बाद वे नवसंस्कृति के तात्पर्य पर विचार करते हैं और इस निबन्ध का समापन रवीन्द्रनाथ की 'सोनार तरी' नामक कविता की दो पंक्तियों को रखते हुए करते हैं—

ठाईं नाईं, ठाईं नाईं, छोटो सो तरी
आमारि सोनार धाने गिएछे भरी

नामवर सिंह की प्रारम्भिक रचनाओं में कच्चापन नहीं मिलता। इसका कारण यह है कि विद्यार्थी जीवन में ही उन्होंने सघन साहित्य-साधना की थी। उनकी

स्मरणशक्ति लाजवाब थी। बौद्धिक ओजस्विता से वे भरे हुए थे। इसीलिए बहुत कम उम्र में ही वे एक बौद्धिक ऊँचाई ग्रहण करते हैं। यही कारण है कि उन्होंने रामचन्द्र शुक्ल जैसे हिन्दी आलोचना के स्तम्भ की सीमाओं का रेखांकन भी किया। वे यह स्वीकार करते हैं कि आचार्य शुक्ल ने न केवल हिन्दी समीक्षा को व्यवस्थित रूप दिया, दिशा भी दिखाई और भाषा भी दी। आचार्य शुक्ल भारतीय रस-परम्परा के अन्तिम आचार्य थे। उन्हें संस्कृत आचार्यों की कड़ी में रखते समय हम भरत, आनन्दवर्धन, अभिनव गुप्त के साथ उनकी तुलना नहीं कर रहे हैं। हमारा अभिप्राय यही है कि वे स्वयं परम्परावाहक और साथ ही नई रूढ़ियों के निर्माता थे।

1950 ई. में लिखित 'कैसे लिखें?' निबन्ध में उन्होंने कविता एवं कवियों पर कुछ महत्त्वपूर्ण बातें की हैं, जिनमें से कुछ को यहाँ रेखांकित किया जा रहा है—

1. यों प्रसाद जी अच्छे नाटककार हुए परन्तु काव्य में नाटकीय भावना का सुष्ठु समावेश करने में निराला ने सबसे अधिक कौशल दिखलाया।
2. आज छायावाद की प्रतिक्रिया आवश्यक है। यह युग सूक्ष्म के विरुद्ध स्थूल का विद्रोह है। इसका अर्थ इतना ही है कि हम प्रत्यक्ष जगत की स्थूल वस्तुओं पर कविताएँ लिखें। यह तो एकांगी प्रतिक्रिया हुई। अन्तः और बाह्य दोनों जगत प्रत्यक्ष की कोटि में आते हैं। प्रत्येक स्थूल वस्तु एक सूक्ष्म सत्ता से युक्त होती है। सौन्दर्य तक केवल ऐंद्रिय नहीं हो सकता। यह 'चेतना का उज्ज्वल वरदान' भी है।
3. भाव और विचार में कोई तात्त्विक अन्तर नहीं है। विचार अनुभूति का ही परिणाम है। इसीलिए बड़े-बड़े विचारक, बड़े अनुभूतिप्रवण व्यक्ति ही होते हैं।
4. खड़ी बोली काव्य में प्राचीन पदावली से मुक्त होने के लिए अब तक तीन प्रयत्न हो चुके हैं। पहला मैथिलीशरण गुप्त का प्रयत्न, दूसरा सुमित्रानन्दन पंत का और तीसरा बच्चन तथा अज्ञेय का। नई कविता अभी तीसरे प्रयत्न में है। पंत जी ने जिस शक्ति से नवीन पदावली का सृजन किया था, उस शक्ति से अभी तक किसी नए कवि ने नहीं किया है। बच्चन और अज्ञेय में अभी छायावाद से मुक्त होने का प्रारम्भिक प्रयत्न है।

1950 की कविता पर विचार करते हुए वे नए-पुराने सभी कवियों की विशेषताओं का उद्घाटन करते हैं। यह नामवर सिंह का पहला आलोचनात्मक निबन्ध है जिसमें वे बेबाक ढंग से उस समय की कविता पर टिप्पणी करते हैं। इस

लेख के इस अंश पर ध्यान देने की जरूरत है—''नवीन कवियों को आसानी से प्रयोगवादी, प्रगतिवादी तथा स्वच्छंदतावादी (रोमांटिक) तीन धाराओं में अलग कर सकते हैं। अंग्रेजी के 'न्यू सिगनेचर्स' की तरह हिन्दी में जिन सात नए कवियों ने 'तारसप्तक' निकाला था उनमें आज सभी प्रयोगवादी नहीं रहे। उस दल के नेता 'अज्ञेय' आज भी अपने पद पर विराजमान हैं परन्तु रामविलास शर्मा उसमें नहीं रहे। कुछ नए विद्यार्थी भी उस दल में आ जुड़े हैं। सच तो यह है कि हिन्दी में प्रयोगवादी और प्रगतिवादी राज्यों की सीमाएँ इतनी बदलती रहती हैं कि कहना मुश्किल है कि कौन प्रयोगवादी नहीं है! अधिकांश प्रगतिवादी भी प्रयोग-लालची हो रहे हैं। हाँ, इस वर्ष कम्युनिस्ट कवियों ने प्रगतिवाद की सीमा स्पष्ट कर दी है जिसमें रामविलास, केदार, नागार्जुन स्थायी हैं और शेष कवि कभी इधर आते हैं, कभी उधर जाते हैं जैसे सुमन।''

नामवर सिंह की प्रारम्भिक आलोचनात्मक रचनाओं में सबसे लम्बा और महत्त्वपूर्ण आलेख है 'हिन्दी-कविता के पिछले दस वर्ष', जिसमें वे विस्तार से छायावादोत्तर कविता पर विचार करते हैं। इस आलेख में पहली बार नागार्जुन, केदार, त्रिलोचन की कविता के महत्त्व को रेखांकित किया गया है। 'दूसरा सप्तक' की समीक्षा लिखते वक्त उन्होंने यह प्रस्ताव या सुझाव भी दिया कि केदार, नागार्जुन और त्रिलोचन भी यदि इस संग्रह में शामिल कर लिए गए होते तो शायद यह हिन्दी कविता के नवीन चरण का पूर्ण प्रतिनिधित्व कर देता।

नामवर सिंह ने अपनी रचनात्मकता के प्रारम्भिक चरण में छायावाद के अप्रतिम, किन्तु उपेक्षित आलोचक शान्तिप्रिय द्विवेदी के सम्पूर्ण साहित्यिक अवदान का मूल्यांकन 'रचनात्मक समीक्षा' नामक निबन्ध में किया है।

नामवर सिंह की प्रारम्भिक गद्य रचनाओं में उनके द्वारा लिखित इकलौती कहानी 'कहानी की कहानी' भी है, जिसमें उन्होंने खरपत्तू नामक चरित्र का अद्‌भुत शब्दचित्र प्रस्तुत किया है। उन्होंने अपने गुरु केशवप्रसाद मिश्र के व्यक्तित्व पर भी एक लेख लिखा है, जिसे यहाँ संकलित किया गया है। केशवजी नामवर सिंह के प्रेरक थे। नामवर सिंह में जो सादगीपसंद व्यक्तित्व है, वह केशवजी की याद दिलाता है।

'दार्जिलिंग की एक झलक' काव्यात्मक भाषा में लिखी गई एक विलक्षण रचना है। नामवर सिंह की लेखन-शैली को यह एक अलग ही स्वरूप को दर्शाती है। 'आषाढस्य प्रथम दिवसे' में एक आधुनिक मेघदूत का प्रारूप तैयार किया गया है। इस निबन्ध में व्यंग्यपरकता है। यह निबन्ध 'बक़लम ख़ुद' की श्रेणी का है।

नामवर सिंह ने अपने प्रारम्भिक दौर में तीन पुस्तक-समीक्षाएँ भी लिखी

थीं, जिनसे उनकी प्रखर एवं ओजस्वी समीक्षा-दृष्टि एवं परख की क्षमता प्रकट होती है।

कुल मिलाकर नामवर सिंह की ये प्रारम्भिक गद्य-रचनाएँ उनकी उस भावी आलोचक की सूचना देती हैं, जो आगे चलकर एक ऐतिहासिक और जीवन्त स्वरूप ग्रहण करता है। इनसे उनका एक अथक साहित्य-साधक का रूप उभरता है। उनकी प्रतिभा की झलक जगह-जगह दिखलाई पड़ती है। उनमें विश्लेषण और विवेचन की अद्‌भुत सामर्थ्य है। शब्द-विवेक है। रचनात्मकता है। अध्ययनशीलता है। प्रखरता है। लेखन की अपूर्व क्षमता है।

इन प्रारम्भिक रचनाओं के अवगाहन से नामवर सिंह के रचनात्मक विकास की रूप-रेखा एक मुकम्मल आकार ग्रहण करती है।

पर सबसे पहले नामवर सिंह एक कवि हैं। उन्होंने अपने प्रारम्भिक रचनात्मक दौर में सबसे ज्यादा कविताएँ लिखीं, पर उनमें बहुत कम छप पाईं। उन छपी हुई कविताओं में बहुत खोजने पर भी बहुत कम मिल पाई हैं, जिन्हें यहाँ प्रस्तुत किया जा रहा है।

इन कविताओं को पढ़कर यह सहज ही समझा जा सकता है कि बहुत कम उम्र में ही उनका छंद पर अधिकार हो गया था। उन्होंने जॉन कीट्स की एक कविता का भाव लेकर 'निर्मम सुन्दरी' नामक कविता लिखी थी, जिसकी चार पंक्तियाँ उन्हें अब तक याद हैं—

सिरमाल कुसुम कंगन सुरभित करधनी उसे मैंने रच दी
मुझ पर ज्यों डाल प्रणय चितवन उसने मीठी उसाँस भर ली।
गतिमय तुरंग पर बिठा उसे, देखा मैंने कुछ नहीं अन्य
अल्हड़ वह गाती रही झूम, झुक-झुक परियों के गान धन्य।

उनकी अब तक उपलब्ध कविताओं में पहली कविता 1943 में प्रकाशित 'बादल' पर है। बादल पर निराला एवं पंत ने भी कविताएँ लिखी हैं, किन्तु युवा कवि नामवर सिंह का स्वर इन कवियों से भिन्न है। कविता गीतात्मक है और इसकी पहली पंक्ति प्रश्नात्मक—"पुरवैया के हिलकोरों से इतना क्यों इठलाता बादल ?" बरसात के मौसम से सम्पृक्त यहाँ अनेक जीवन एवं प्रकृति-चित्र प्रवाहयुक्त भाषा में प्रस्तुत हुए हैं। इसका अन्तिम अंश देखें—

मँह-मँह फूलों के सौरभ में
उड़ जाती है भ्रमर-कहानी
रह-रह सो जाते श्यामल खेतों
पर धन-दुनिया दीवानी
अहरह जीवन के सागर में
उड़ते हैं बुद बुद तूफानी

लह-लह लहराती घासों पर
छम-छम नाच रहा है पानी

उस समय 'हंस' प्रगतिशील लेखकों की एक प्रमुख पत्रिका थी। 1945 में नामवर सिंह का 'तुम हो जवान' नामक जागरण-गीत छपा। इस गीत की लय में ओज है। उद्बोधनपरक इस गीत की ये पंक्तियाँ देखें—

तकदीर की लकीर पर न तुम चला करो
तदबीर के प्रदीप में सदा जला करो
कर से मलो विपत्तियाँ न कर मला करो
तस्वीर विश्व की बदल नया स्वरूप दो
माँ के सपूत क्रान्तिदूत तुम महान् हो!

1946 में वे पुरी गए थे। पुरी में समुद्र-तट पर विचरते हुए उन्होंने प्रकृति की जो अनुपम छटा देखी, उसे काव्य-बद्ध करते हुए लिखा—

सिंधु-तीर का वह स्वर्णिम बिहान!
स्वर के धागे में दो गूँथ प्राण!
...
सिंधु-वक्ष में हलचल
प्राण-पद्म रहा मचल
आ रहा दिवस तरणी-सा
खोले पाल धवल
यह छवि तज अब कहाँ करूँ प्रयाण!

पटना से प्रकाशित उस समय की महत्त्वपूर्ण पत्रिका 'पारिजात' के अप्रैल, 1947 के अंक में उनकी एक प्रकृति-परक कविता प्रकाशित हुई—'पहाड़ी कोयल'। इस कविता की लय मंद है। शान्त पहाड़ी अंचल में पिकी-पुकार पर उठने वाली भावदशाओं एवं ऐंद्रिय प्रभावों का उन्होंने अद्‌भुत शब्द-विधान किया है—

निज प्रकाश में रुक कर!
खड़ा देखता दृग-भर
जीवन की छाँह बढ़ रही
जैसे तिमिर-शिखर,
डूबा मन, दिन समान
निशि-सी यह छाँह, म्लान
आह! आज तन से भी
मेरी छाया महान,

जीवन का बाँस-बन
समीर! अब करो न मुखर
गीतों की माधवी फुहार!
कहाँ हो, आओ!

1949 ई. में उनका सुप्रसिद्ध गीत छपा—'सुनहरा विहान'। लहलहाते हुए धान के खेत रूपी समुद्र में सुनहरा विहान प्रकट हो रहा है और कवि का हृदय भाव-विह्वल होकर उसके जादुई प्रभाव को शब्दमय कर रहा है। इसी प्रकार की उनकी दूसरी कविता है—'तिर रही धान की लहरों पर'। इन दोनों कविताओं में नए उपमान प्रस्तुत किए गए हैं। कुछ उदाहरण के तौर पर देखें—

1. *वन में वैदूर्य तम पिघल रहा*
   ओला-सा चाँद आह! घुल रहा
2. *ओस-बूँद-सा हृदय बिछ्ल रहा*
3. *खोल धवल पाल नाव खे रहा*
   धरती की लहर पर किसान
4. *कुम्हड़े के फूल-सा विहँस उठा*
   झुर्रियों भरा हुआ सिवान!
5. *बिद्ध सुन सान तिलमिला रहा*
   धानों का खेत कुलबुला रहा
6. *बादल के टुकड़े-सा दिन के*
   तीसरे पहर में उगा चाँद!
7. *पावस की वह चम्पई धूप*
   धानों का चंचल हरा हिया

बाद में नामवर सिंह ने धान की फसल को देखकर एक और कविता लिखी—'हरित फौवारों सरीखे धान'। वे कृषक-परिवार से आते थे। गाँवों से उनका अटूट रिश्ता था। इन कविताओं से हम उनकी गाँव और प्रकृति के प्रति गहन अनुराग को लक्षित कर सकते हैं।

नामवर सिंह की प्रारम्भिक रचनाशीलता के साक्षी त्रिलोचन शास्त्री थे। वे नामवर सिंह के गुरु भी थे और परम सखा भी। उस समय वे जो भी लिखते सबसे पहले त्रिलोचन को सुनाते। त्रिलोचन भी उनको अपनी रचनाएँ सुनाते थे। उनका रोज का मिलना-जुलना होता था। 1951 से त्रिलोचन ने सॉनेट-लेखन की शुरुआत की। इसका प्रभाव नामवर सिंह पर भी पड़ा। उन्होंने भी तब कई सॉनेट लिखे थे, जिनमें चार सॉनेट विष्णुचन्द्र शर्मा के सम्पादन में निकलने वाली 'कवि' पत्रिका में प्रकाशित हुए। इनमें सबसे शानदार यह सॉनेट है, जिसमें ग्रामीण परिवेश का एक

भरापूरा और जीवन्त चित्र प्रस्तुत हुआ है—"धुँधवाता अलाव, चौतरफा मोढ़ा-मचिया पड़े... ।" विष्णुचन्द्र शर्मा ने मार्च, 1957 में जब विशिष्ट कवि के रूप में नामवर सिंह की सात कविताएँ प्रकाशित कीं, तब उन कविताओं पर एक जोरदार टिप्पणी त्रिलोचन शास्त्री ने लिखी। नामवर सिंह की कविताओं पर लिखी गई अब तक की यह इकलौती टिप्पणी है। इसे यहाँ उद्धृत किया जा रहा है—

नामवर सिंह काल-विचार से ही नहीं अर्थ-विचार से भी आधुनिक कवि हैं। उनकी छोटी-छोटी कविताएँ ऐसी नहीं हैं कि एक नजर डालकर ही कोई कह दे कि इनमें जितना कुछ जानना था उसे जान लिया। कई बार पढ़ने पर इन कविताओं में गुम्फित भाव शब्दों और पदों के माध्यम से स्तर-स्तर खुलते हैं।

नामवर सिंह के प्रकृति-चित्र दृष्टि की सीमा तक विशद् और फैले हुए हैं। प्रकृति उनकी कविताओं में आलम्बन और उद्दीपन दोनों रूपों में आई है। सांध्यकाल में नौका-विहार करते हुए गंगा में शत-शत कम्पमान ज्योति-लताएँ, हरित फौवारों सरीखे धान, प्रभात काल के लघुवृत्त दीपालोक, नदी पार के पेड़ों पर उगे हुए मृगशिरा नक्षत्र, पारदर्शी नील जल में सिहरते शैवाल, स्वर-ताग में पल्लव-सरीखे पंछियों का सुभग बन्दनवार, सूचीभेद्य घन के द्वार, शाम के सादे बदरफट घाम, रात के भीतर उभरती रात-सी परिचित-अपरिचित जिसके तनों की फाँकों के उस पार चमकता है शशिधुला निस्सीम कल्प खुला-खुला-सा ताल, सवेग चलते हुए एक टहनी से फुदककर दूसरी फिर तीसरी पर उड़ रहा चंचल चिड़ी-सा चाँद; सब में नामवर सिंह दूसरे कवियों से अलग दिखाई देते हैं। वर्ण, गंध, शब्द, रूप इन सभी विषयों का सह-चित्रण करने में तथा जागरूक पाठक के हृदय में उसकी समानुभूति जगा देने की ओर वे अपनी कविताओं में विशेष ध्यान रखते हैं।

नामवर सिंह की वे कविताएँ जिनमें युग्म-जीवन का आकर्षण आधार है, सामान्य पाठकों को इस कारण सबसे अधिक पसंद आती हैं कि उनकी स्वयं की अनुभूतियाँ उनसे अनुगुंजित होती हैं पर इस प्रकार की कविताओं का दृश्य, संविधान और भाव-संस्थान वैयक्तिक अधिक है। ये दृश्य प्रकृति के चुने हुए सौन्दर्य-स्थल हैं, निर्झर, नदी, वृक्ष, उपवन, संध्या अथवा ज्योत्स्ना-स्नात शर्वरी। युग्म-जीवन के परम्परित वर्णनों के साथ-साथ कुछ नवीन जीवन की सहज उद्भावनाएँ भी हैं। जहाँ वेणी का गूँथना-छोड़ना है वहीं हूँ टूँ भी है। ऐसी भी कविताएँ हैं जिनमें कवि ने एकाकी हृदय का स्पन्दन भी ध्वनित किया है। चाहे आसमान हो, चाहे नौका-विहार हो, चाहे पुरखों की डीह हो, चाहे अमलतास, चाहे किसी की अनेक या एक भावमुद्रा में अंकित एकांत स्मृति, सर्वत्र एक ही भावधारा बहती है। नामवर सिंह ने ऐसी कविताएँ भी लिखी हैं जिनमें आज के सामाजिक असंतोष और संघर्ष की व्यंजना दी गई है। ये कविताएँ किसी बँधे-बँधाए ढंग पर

नहीं हैं, कहीं तो बच्चों की लड़ाई में सयानों का लड़ पड़ना है, कहीं पुत्र की वर्षगाँठ के अवसर पर कुछ न दे पाने की कचोट है, कहीं अलाव के चारों ओर बैठे ग्रामीणजनों की देशकाल–समीक्षा है। ये कविताएँ नामवर सिंह की प्रकृति और प्रेम–सम्बन्धी सफलतम कविताओं के स्तर की नहीं हैं, परन्तु उनके कवि–जीवन के विकास की सबसे अधिक सम्भावना इन्हीं कविताओं में लक्षित होती है।

नामवर सिंह ने पदावली और विषय–निर्वाह के अतिरिक्त अभी तक और कोई नवीनता नहीं दी है। सवैयों का मुक्तछंद जैसा लिखा जाना पहले भी देखा गया है, पर जो परिणति नामवर सिंह इस छंद को प्रदान करते हैं वह अन्यत्र नहीं है। घनाक्षरी छंद में भी उन्होंने इसी प्रकार सधे चरण रखे हैं। 'कोजागर' का अवलोकन करने से इसका परिचय मिलेगा। चतुष्पदियाँ और गीत भी उन्होंने लिखे हैं। 'उनये उनये भादरे' उनका बहुत ही सुन्दर और प्रसन्न गीत है। नामवर सिंह ने सॉनेट भी लिखे हैं। उनके सॉनेट, भाषा और विषय को निखार कर उपस्थित करते हैं। अरुद्धचरणान्तवाक्य छंद के अनुशासन में मुक्ति की सशक्त व्यंजना किस प्रकार दिखलाते हैं, यह पढ़ने पर ही जाना जा सकता है।

नामवर सिंह की पुस्तक–पगी आँखें, प्रकृति और जीवन के अछूते दृश्यों का चित्र भी दिखा सकती हैं, यह उनका पाठक पहली ही नजर में पहचान जाएगा। नामवर सिंह की भाषा में सफाई और निखार होते हुए भी जहाँ–तहाँ छायावादी झलक है। क्लिष्ट–कल्पनाओं को भी उनकी कविताओं में देखा जा सकता है।

त्रिलोचन शास्त्री ने जिस भाषा–शैली और अनोखे अंदाज में नामवर सिंह की कविताई की विशेषताओं को रेखांकित किया है, वह अपूर्व है, बेमिसाल है। ऐसा सधा हुआ गद्य विरले ही लेखक लिख पाते हैं। महत्त्वपूर्ण यह है कि त्रिलोचन ने ही पहली बार नामवर सिंह की प्रारम्भिक रचनाशीलता के महत्त्व को पहचाना।

और अन्त में, नामवर सिंह की ये दो काव्य–पंक्तियाँ मुझे बहुत पसंद हैं—

क्षमा मत करो वत्स, आ गया दिन ही ऐसा
आँख खोलती कलियाँ भी कहती हैं पैसा।

—भारत यायावर

अनुक्रम

पहला खंड : कविताएँ

दूसरा खंड : विविध विधाओं की गद्य रचनाएँ

तीसरा खंड : बक़लम ख़ुद

पहला खंड

कविताएँ

बादल

पुरवैया के हिलकोरों से
क्यों इतना इठलाता बादल?
मस्ती के आलम में किस पर
घुमड़-घुमड़ घिर जाता बादल?

अन्तर में ग्रीषम जलता
आँखों में उमड़ा सा सावन
नन्हे से जीवन में उठकर
आज हिलोरें लेता यौवन
जिसमें खेल रहा चपला सा
एक लकीर लिए अपनापन
अपनी क्रीड़ा से भर देता
सूने नभ-उर का सूनापन

देख तुम्हें कुछ पास हृदय के
धुँधला सा छा जाता बादल?

मुँदते सरसिज-रवि पर पागल
अलिदल से बादल मड़राये
छलकाते से उर का मधुरस
किरन-पँखुरियों पर घिर आए
घुँघराली घन सी अलकों पर
किसके हृदय नहीं लहराये
अधरों पर तड़पन, आँसू बन
बन्द अँखड़ियों में तुम छाये

क्यों अपनी बूँदों के तारों पर
रोकर गा जाता बादल ?

पल पल मरने ही मिटने में
बिता दिया यह भरी जवानी
बन्धन में प्राचीर पवन के
उम्र कटी, खो गई रवानी
रह रह उमड़-उमड़ आती क्यों
उर में भूली बात पुरानी
दिल का राज छिपाकर तूने
ज्वालामुखी रचा अभिमानी

क्यों जल-जल, घुल-घुल, रो-रोकर
तड़प-तड़प रह जाता बादल ?

ऊँघ रही भींगी पलकों में
मधुमय स्वप्न लिए अँधियारी
जुगनू के अंगार कुसुम से
सजा-सजा नभ की फुलवारी
पवन करों से सहला भू के
घावों को भर दिया अनारी
और धरा की पुलकन में
दो बाँध नशीली नींद-खुमारी

फिर क्यों टूटे जलतारों पर
रुँधे कंठ से गाता बादल ?

मँह-मँह फूलों के सौरभ में
उड़ जाती है भ्रमर-कहानी
रह-रह सो जाते श्यामल खेतों
पर घन-दुनिया दीवानी
अहरह जीवन के सागर में
उड़ते हैं बुदबुद तूफानी

लहलह लहराती घासों पर
छम-छम नाच रहा है पानी

भार लिए अम्बर का द्रुत
पंखों पर उतरा आता बादल ?
पुरवैया के हिलकोरों में
क्यों इतना इठलाता बादल ?

क्षत्रिय मित्र/सितम्बर, 1943

राजर्षि

युग की बीन के ओ तार!
तिमिर-सर में बन्द दृग थे
प्राण के शतदल हमारे
अधर में बन्दी उषा
थे नयन में नीले सितारे
तुम तिमिर के क्रोड़ में फूटे किरन उद्‌गार!

डाल पर जग के विहग हम
बोलने भी थे न पाये
चेतना के पंख अपने
खोलने भी थे न पाये
किन्तु तुमने किया विद्युत-चेतना संचार!

सिन्धु थी, देवापगा थी
किन्तु था न प्रवाह उनमें
हिन्द था, हम थे, न थी पर
वह दहकती दाह हममें
पर उठा तुमने दिया उर-सिन्धु में वह ज्वार!

बाँह दी, मृदु छाँह दी
सबसे अधिक दी ज्ञान-आँखें
व्योम-विद्या का दिया
पर साथ ही दी सबल पाँखें
शक्ति दो, जो खोल दें अब बन्द युग के द्वार!

क्षत्रिय मित्र/सितम्बर, 1945

तुम हो जवान

ओ नौजवान, तुम जवान हो, जवान हो
पथ पर न रुके जो स्वतंत्र वह समीर हो
जिनकी ज्वलन्त साँस आँधियाँ अधीर हो
इस विश्व की कमान पर जवान तीर हो!
तुम लक्ष्य साध जुल्म का शरीर बेध दो!
ओ नौजवान, तुम जवान हो, जवान हो!
तकदीर की लकीर पर न तुम चला करो
तदबीर के प्रदीप में सदा जला करो
कर से मलो विपत्तियाँ न कर मला करो
तस्वीर विश्व की बदल नया स्वरूप दो!
माँ के सपूत क्रान्तिदूत तुम महान हो!
तेरी जवानियाँ न हैं कुसुम छुई-मुई
दरिया रवानियाँ न लहर में बँधी हुई
छाती न तुम्हारी जवान ढेर की रुई
तब व्योम में अचल घनान्धकार से भिड़ो
इस तिमिर रात के तुम्हीं अरुण विहान हो!
ओ मेघ, तुम अपार दुन्द बाँधकर उठो
ओ चाँद, साँझ की ज्वलन्त आग पर उठो
फुफकारते हुए ब्रजेश नाग पर उठो
मृतप्राय विश्व के अमोघ त्राण के लिए
तुम प्राणदान दो, जवान प्राणदान दो
युग का प्रवाह क्रान्ति-सिन्धु ओर मोड़ दो
यह वर्ण-शृंखला दलित मनुष्य तोड़ दो
शिव-मुंडमाल में न एक शीश जोड़ दो
इस सूखते महान विश्व वृक्ष के लिए
तुम रक्त दान दो, जवान रक्त दान दो!

यह रुक न जाय ज्योति का जवान कारवाँ
तम पन्थ पर सदा बढ़े चलो रवाँ दवाँ
सो जाए अन्धकार में न प्राण की शमा
बन शलभ देश के लिए मिटो जवाँ जवाँ
सिर झुक न जाए क्योंकि देश के निशान हो
बँध एक वित्त-सूत्र में जहान हिल रहा
इसमें मनुष्य शीश पर मनुष्य चल रहा
अपनी चिता सजा मनुष्य स्वयं जल रहा
यह दृश्य देखकर न आज आँख मूँद लो
वह चिन्तना करो कि सब मनुज समान हों
ओ नौजवान, तुम जवान हो, जवान हो!

हंस/जनवरी-फरवरी, 1945

कभी जब याद आ जाते

कभी जब याद आ जाते।

नयन को घेर लेते घन,
स्वयं में रह न पाता मन
लहर से मूक अधरों पर
व्यथा बनती मधुर सिहरन
न दुख मिलता न सुख मिलता
न जाने प्राण क्या पाते!

तुम्हारा प्यार बन सावन,
बरसता याद के रसकन
कि पाकर मोतियों का धन
उमड़ पड़ते नयन निर्धन
विरह की घाटियों में भी
मिलन के मेघ मड़राते।

झुका-सा प्राण का अम्बर,
स्वयं ही सिन्धु बन बन कर
हृदय की रिक्तता भरता
उठा शत कल्पना जलधर।
हृदय-सर रिक्त रह जाता
नयन-घट किन्तु भर आते।
कभी जब याद आ जाते।

क्षत्रिय मित्र/अप्रैल, 1945

पुरी-तट पर

सिन्धु-तीर का वह स्वर्णिम बिहान!
स्वर के धागे में दो गूँथ प्राण!

झीने-झीने बादल
खोल रहे दल पर दल
अन्तरिक्ष उपवन में
किरण तितलियाँ विह्वल
डूबा उल्लास में हृदय अजान!

फैला सागर नीलम
उठी स्वर्ण-घटा चरम
ज्योति-पद्म पर मेरा
उर ज्यों चंचल शबनम
सृष्टि बन रही तन्मय स्वर्ण-गान!

जलद-जलद किरण-खचित
पवन सुरभि-कर-वलयित
हँसूँ या कि रोऊँ मैं
आज प्राण सखा रहित
मन मरोर रहा सिन्धु-उर समान!

सन्धु-वक्ष में हलचल
प्राण-पद्म रहा मचल
आ रहा दिवस तरणी-सा

खोले पाल धवल
यह छवि तज अब कहाँ करूँ प्रयाण!

आकस्मिक लहर चपल
फेन धवल छल-छल-छल
बालू से खेल रहे मुझे
भिगो, देती चल
लौटा प्रिय पास गया इधर ध्यान!

प्रथम किरण-पुलकाकुल
स्वर्णिम परिमल संकुल
इंदीवर-सिन्धु का सहस्त्र दल
उठा ज्यों खुल
उड़ा स्वर्ण-भ्रमर बाल रवि महान!

समाज/19 सितम्बर, 1946

प्रात

हिमगिरि पार फूटा प्रात!
प्राण की ओ निर्झरी! गिरि पार फूटा प्रात!

किरन रंजित शिखर सतरंगी
लपट से जल उठे हैं
चाँदनी के दीप में पुखराज
सौ-सौ बज उठे हैं
घाटियों में अलस तरल प्रमाद गलिता रात!

श्वेत-श्याम जलद दिवस निधि
से शिखर पर घूमते हैं
और झुक-झुक तनिक रुक-रुक
शाल-वन को चूमते हैं
किरण-वर्ण सुमेरु-सा नगराज स्वर्ण-स्नात!

कुहर अवगुंठित वनों का
अरुण घूँघट खोलता है
स्निग्ध अस्फुट बात सुक्तोत्थित
विपिन भी बोलता है
तरु-तले सोए जलद ज्यों वत्स सद्य:जात!

घाटियों में काँपती स्वर्णिम
तरल-सी धूप थर-थर
दीप के जयमाल पहनाके
शिखर को रजत-निर्झर

धूप के सर में शिखर ज्यों स्वर्ण के जलजात!

घाटियों में दूर लघु नदियाँ
रजत की ज्यों लताएँ
बिज्जु-फूल भरे उधर ऊपर
घनों के विपिन छाये
सो रहा तरु-बीच ज्यों धुँधला पवन अज्ञात!

देवदारु सजल अधर पर
लोटते हिम हास से घन
घाटियों से उठ रहे सोये
रुई से मेघ छन-छन
निकलता अब शस्य-श्यामल क्षितिज वह अवदात!

इस अनंत अमल अनावृत
रूप में ज्यों खो रहा है
चरण पर नगराज के शिशु
मेघ-सा ज्यों सो रहा है
देखता हूँ भूमि की यह दीप-लौ निर्वात!

हिमरहित पाषाण पर उस
यक्ष-सा मैं आत्म-हारा
ओ प्रकृति! सौन्दर्य हत मुझमें
विशुद्ध चिन्तन तुम्हारा
छलकती है नैन में उठ-उठ हृदय की बात।

समाज/जनवरी, 1947

विद्रोही जयप्रकाश

आज प्रलप के प्रलय-सिन्धु में
लहर-लहर से आकुल जन-जन!
इन लहरों की हुंकारों से
क्रान्तिचंड तेरा अभिनन्दन!

बँधे गुलामों की नस-नस में
ज्वार लिए तूफान उठा है
गरम खून की तीक्ष्ण धार पर
भारत का जलयान उठा है
कोटि-कोटि सिर में स्वदेश का
नगपति-सा अभिमान उठा है
गंगा-जमुना बन हिमगिरि से
स्वतंत्रता का गान उठा है
हिन्द-सिन्धु के तीर धो रहा
फूटे उर के फेन फफोले
नारी-नर लोहूलुहान तड़-तड़-तड़
तोड़ रहे निज बन्धन
हथकड़ियों की झंकारों से
क्रान्तिचन्द्र! तेरा अभिनन्दन!

आज भारती के अंचल में
जले दीप से हम बलिदानी
प्राची से झाँकती हमारी
नई उषा-सी लाल जवानी
नव रव, नव जल वाले घन बन

उठी हिन्द-अम्बुधि की वाणी
तपी, दली, कुचली धरती का
उमड़ पड़ा है अन्तर धानी
बहुत दिनों की सोई-सोई
शस्य श्यामला धरती जागी

उतरे आज भूमि पर, ऊपर
नभ में उड़ने वाले वे घन!
नये घनों की ललकारों से
क्रान्तिचंड तेरा अभिनन्दन!

आज समय के सबल चरण से
है हमने भी होड़ लगाई
बनकर धूल उड़ रही पीछे
पिछली दुनिया की परछाईं
अपने अस्थि रक्त से हमने
नव जग की है भित्ति उठाई
परिवर्तन का सिन्धु ले रहा
सहस फनों में ज्यों अँगड़ाई
प्रलय सृजन दो चरण हमारे
खोज रहे नव-युग की मंजिल
हम भस्मावृत अंगारों ने
दिया फेक प्राचीन आवरण!
इन अंगारों के हारों से
क्रान्तिचन्द्र! तेरा अभिनन्दन!

समाज/6 फरवरी, 1947

पहाड़ी कोयल

बोलती पिकी, सुधि-गिरि पार!
कहाँ हो, आओ!
दूर न जा, दूर न जा, दूर!
कहाँ हो, आओ!
क्षितिज-स्थित शुभ्र जलद-सा
हिम का शिखरोन्मद
अन्तर की शीतल ज्वाला पर
ज्यों सुधि-पारद;
सूनी-सी घाटियाँ,
विजन का ज्यों मौन हिया
वहीं जलाती तुम
नवनीत-सा प्रगीत दिया;
पवि-कवि मौन
बह चला ज्यों निर्झर-बुदबुद
कूकते विरह के ओ प्यार!
कहाँ हो, आओ!
सान्ध्य-स्नात विटप-पाँत
स्वर्ण-चूर्ण-पूर्ण पात
तुम गाती श्याम रात
झरती ज्यों स्वर्ण प्रात
तेरा यह स्वर अभिनव
ज्यों अंगूरी आसव
छलक रहा शैल-प्यालियों में
बनकर कलरव,
ओठ से लगाये मैं

झूम रहा पुलक गात
नस-नस में टूटती खुमार!
कहाँ हो, आओ!
शिखर पार दिवस धवल
किन्तु यहाँ निशा सजल
ढीले यह गिरि अपनी
छाया मुझ पर अविचल;
दूर घाटियों में घन
धुनी रुई से छन-छन
उतर रहे, मन में ज्यों
बरस चुके धवल नयन;
देवदारु तरु में घन रुके
हास-से निर्मल
प्राणों में मधुर-मधुर भार!
कहाँ हो, आओ!
हिमाच्छन्न शैल शिखर
सान्ध्य कमल ज्यों सुन्दर
मँड़राते तेरी वाणी के
बादल मधुकर;
व्यथा-कुहासा छाया
धुँधली गिरि की काया
ऐंठता धुआँ तरु पर
लतिका-सा लहराया
व्यथा-सिक्त प्रकृति-कंठ
तुममें हो उठा मुखर
दूरागत सुधि की झंकार!
कहाँ हो, आओ!
जगत चीड़-वन विशाल
तव अभाव अन्तराल
जीवन बह रहा पवन-सा
सर-सर पथ निकाल;
तेरा स्वर बन हिलोर
हृदय-जलधि को मरोर

खींच रहा सूखे तट पर
रेखायें अछोर;
अनजाने गूँज एक
मन में तुम गई डाल;
प्राणों की प्रतिध्वनित पुकार!
कहाँ हो, आओ!

निज प्रकाश में रुक कर!
खड़ा देखता दृग-भर
जीवन की छाँह बढ़ रही
जैसे तिमिर—शिखर,
डूबा मन, दिन समान
निशि-सी यह छाँह, म्लान
आह! आज तन से भी
मेरी छाया महान;
जीवन का बाँस-बन
समीर! अब करो न मुखर
गीतों की माधवी फुहार!
कहाँ हो, आओ!

पारिजात/अप्रैल, 1947

आदित्य-पुरुष गाँधी

वत्सवितुर्वरेण्यं भर्गो देवस्य धीमहि,
धियो यो नः प्रचोदयात्।
नव सविता के निर्माण हेतु,
अर्पित मेरा यह प्रथम सूर्य!
भानुजा की असित कर्मधार
मुँद रहा चिता का रक्तोत्पल
भारत की नस नस के तट पर
मुँद रहे सहस्त्रों लाल कमल!
जलता उन पर आदित्य वर्ण
वह ज्योति पुरुष भू-संजीवन
अगणित नयनों के अर्घ्य बीच
कर रहा सूर्य स्वर्गारोहण!
वह सूर्य, कि जिसको सहस्त्राब्द
के क्षण क्षण की टांकियाँ अमर—
निर्मित कर सकीं, इसी भारत
के दुर्लभ महाभूत लेकर—
अध्यात्म आर्ष, गौतम करुणा,
जीमूतवाहनी आत्मदान,
भगवान राम की, शक्ति कृष्ण
की, क्रान्ति युक्त वह महाप्राण।
वह सूर्य, कि जिसमें राशिभूत
अबतक के कण कण का प्रकाश
वह सूर्य, कि जो अब तक की
गतिमय संसृति का अन्तिम विकास।
वह सूर्य, कि जो गुण-पुंज सत्य

के हिमगिरि सा उन्नत अखंड
वह सूर्य, कि जो है भूः भुवः स्वः
का शाश्वत शुभ मानदंड।
वह सूर्य, कि जिसकी किरण किरण
में मुखरित जन जन की वाणी
वह सूर्य, कि जिसका ज्योतिर्मय
स्वर पी जीवित प्राणी प्राणी।
वह सूर्य, कि जिसकी भुजा भुजा
हर दुखी-दीन की थी संबल
वह सूर्य, कि जिसका अमित प्रेम
दलितों के लिए अभय का बल।
उस भूमा ने हम सीमित मनुजों
की सीमा को बढ़ा दिया
उस 'कवि' ने जीवद पर्जन्यों
से भू-पुत्रों को हरा दिया।
वह सूर्य, कि जिसको आर्ष चक्षु
भारत भी चीन्ह नहीं पाया
वह सूर्य, कि जिसने विश्व दिखाया
पर न स्वयं को दिखलाया।
वह सूर्य, कि जिसका वदन
हिरण्मय आच्छादन से बन्द रहा
हम देख न पाये सत्य-धर्म
वह पूषण दीप्त अमन्द रहा।
वह सूर्य, कि जिसने मनु-सुपुत्र
हो दैव-पाश भी जीत लिया
इस अन्धकार में जल-जलकर
स्वर्णिम प्रकाश भी जीत लिया।
वह सूर्य, कि जो हर गुहा-गुहा
के अन्धकार में मुसकाया
वह सूर्य, कि जो खंडित वसुधा
को उतर जोड़ में था आया।
वह सूर्य, कि जिसके चरणों ने
क्षण भर भी नहीं विराम लिया

जीवन को सत्य प्रयोग मान
जिसने कम कहा, अनन्त किया।
वह सूर्य, कि जिसने मृत कण-कण
हित अमृत ज्योति को लुटा दिया
मानव अधीर था, अतः निखर
आवरण-विघ्न भी हटा दिया।
वह सूर्य, कि जिसने क्षण जीवन
से ही अनन्त को मोल लिया
वह सूर्य, कि जिसने मृत्युंजय
बन अभय मृत्यु को तोल लिया।
मुँद गईं लपट की पंखड़ियाँ
उड़ गया ज्योति का हंस मुक्त
फैला सहस्र दिन की पांखें
छा गया, किन्तु वसुधा वियुक्त।
वसुधा अब ओढ़ रही अपनी ही
परछाईं अतिशय मलीन
जन जन तम में घुल रहे
उमड़ता अन्धकार का सिंधु पीन।
पर वही ज्योति तम की छाती पर
सहस नखत बन बिखर रही
इस वसुंधरा की लहरों पर
आलोक रश्मियाँ उतर रहीं।
इस मृत्युंजय भारत की आत्मा
सजग हुई फिर एक बार
'नव सविता का निर्माण करो'
फिर आती यह अन्तःपुकार।
फिर तिमिर जलाने को निशि भर
हम तारों को जलना होगा
प्राणों के कण कण जुटा जुटा
नव दिनकर को रचना होगा।
इस भारत की ही मिट्टी है,
जिसने ऐसे आदित्य जने
नूतन प्रकाश के लिए एक हो

नवादित्य हम स्वयं बनें।
यह महासूर्य होगा शोषित
जन जन के उर की अभिव्यक्ति
यह महासूर्य होगा नूतन
मानवता की गतिशील शक्ति।
स्वाधीन हिन्द के विक्रमाब्द का
आज उगा रवि प्रभापूर्य
इसलिए नव्य रवि रचना में
अर्पित कवि का यह प्रथम सूर्य।

समाज/13 मई, 1948

नहीं बीतती साँझ!

दिन बीता, पर नहीं बीतती, नहीं बीतती साँझ!
नहीं बीतती, नहीं बीतती, नहीं बीतती साँझ!

ढलता ढलता दिन दृग की कोरों से ढुलक न पाया
मुक्त कुन्तले! व्योम मौन मुझ पर तुम सा ही छाया
मन में निशि है किन्तु नयन से नहीं बीतती साँझ!

सूनेपन का अति मन में वन कोलाहल मँडराया
सुने गीत की गूँज सदृश मन में अतीत लहराया
मन का रवि डूबा पर मन से नहीं बीतती साँझ!

बैठा सजल ओस-सा मैं दूर्वा में ज्यों भर आया
मन के मोती की लौ को इन किरनों ने उकसाया
ज्वलनशील इस करुणा कण से नहीं बीतती साँझ!

देख रहा हूँ दूर 'यूकलिप्टस' की खुली भुजाएँ
बाँहों में आकाश नयन में कुहरे की रेखाएँ
किन्तु विहग-कूजित इस वन से नहीं बीतती साँझ!

व्योम-कुसुम! तुम दूर कहीं सौरभ-वाणी फैलाती
लहर-लहर मुझ तक पुरुवा-सी याद तुम्हारी आती
अखिल आयु-प्लावित इस क्षण से नहीं बीतती साँझ!

खुले ताल में प्रतिबिम्बित तिरते घन धीरे-धीरे
भरे नयन में हैं तिरती तब क्षण-क्षण की तसवीरें
इस सिन्दूरी चित्रांकन से नहीं बीतती साँझ!

वाष्पाकुल सर सरि तरु अम्बर नगर डगर गिरि–श्रेणी
वाष्पशिखा विस्तृत शस्यों पर खोल रही है वेणी
गलितप्राय नयनों के घन से नहीं बीतती साँझ!

गीतों के दुख से जीवन का दुख मैं जीत न पाता
गीला शारदीय दिन यह फिर भी तो बीत न पाता
भस्मावृत जीवन–यौवन से नहीं बीतती साँझ!

नीड़–भ्रान्त, पथश्रान्त विहग सा है उड़ता स्वर मेरा
शून्य पवन की डाली पर कब तक हो रैन–बसेरा
गीत लिखा फिर भी गायन से नहीं बीतती साँझ!

समाज/8 जुलाई, 1948

सुनहरा विहान

झुपुर-झुपुर धान के समुद्र में,
हलर-हलर सुनहरा विहान!

फेन-सी बलाक पाँत हिल रही,
डूबती कभी-कभी निकल रही
नील-पीत मरकती तरंग-सी
लुकाछिपी को हवा मचल रही
उझक-उझक क्षितिज पार झाँकता
अरुण चकित बाल-सा अजान!

वन में वैदूर्य तम पिघल रहा
ओला-सा चाँद आह! घुल रहा
चमकदार चटुल पात-पात पर
ओस-बूँद-सा हृदय बिछल रहा
उझक-उझक नयन पार झाँकता
हृदय अश्रु-बिन्दु के समान।

जल पर वह जलद छाँह आ गई
दर्पण पर खास-भाप छा गई
वन की घन भौंह तल कुहेस की
क्षीण रेख मुस्कुरा लजा गई
नयनों के डोरों से रँग गए
सुधियों के साँवले निशान!

दूध की नदी उधर उमड़ चली
नहीं-नहीं, धेनु की लहर चली

वसुधा की वेणी-सी मेष राशि
पवन में मसृण-मसृण उभर चली
खोल धवल पाल नाव खे रहा
धरती की लहर पर किसान!

नभ में कुछ फालसई धारियाँ,
नारंगी घन की कुछ क्यारियाँ
भाग रहे जलद सराबोर हो,
मार रही किरणें पिचकारियाँ
कुम्हड़े के फूल-सा विहँस उठा,
झुर्रियों भरा हुआ सिवान!

कौन विहग दूर देश गा रहा?
लहरों पर तिरता स्वर आ रहा
विद्ध सुनसान तिलमिला रहा,
धानों का खेत कुलबुला रहा
प्राणों की धड़कन रुक-सी गई,
पीकर यह मदिर अमृत गान!

समाज/6 जनवरी, 1949

तिर रही धान की लहरों पर

बादल के टुकड़े-सा दिन के
तीसरे पहर में उगा चाँद!

पावस की यह चम्पई धूप
धानों का चंचल हरा हिया;
राधा ने बन मुस्कान श्याम
को हरा-भरा यों बना दिया।

पुरवैया-से हैं खेल रहे
झप झप झप धानों के पौधे;
अधरों-से गीत खेलते हैं
गीतों-से प्राणों के पौधे।

उस हरियाली पर तैर रहा
बगुला एकाकी पर पसार;
नयनों की गीली धरती पर
नभ का नीला नीला विषाद।

खेतों में लहरा रही खूब
कुछ उठ हरियाली की लहरी,
रह रह अँगड़ाई सी लेती
ज्वारों की भरी नदी गहरी।

पंखों में बाँध सगन का स्वर
हिलकोरों से आती चिड़ियाँ;

कटि के संग जाती लचक
ग्रामबाला के स्वर की बल्लरियाँ।

कुछ तरस तरस रह जाता
वह मौन व्योमवासी चंदा;
नयनों की रक्तिम डोरों से
आ उलझ उलझ जाता प्रमाद!

हँसते से दिन के ओठों पर
क्षण आ जाती दुखती छाया;
ज्यों स्वप्न-मग्न शिशु के अधरों पर
ह्रास-रुदन की चल माया।

यह ह्रास-रुदन, यह धूप-छाँह;
यह रजत घनों की अमराई।
तिर रही धान की लहरों पर;
नौका-सी घन की परछाईं।

मेरा शशि शतदल सा बैठा
नभ की पलकों की छाया में;
आ गई नयन सीपियों बीच
सहसा मोती-सी मधुर याद!

जनवाणी/मार्च, 1949

साँझ जा रही

गिरि गिरि के दीप जला
साँझ जा रही!

शिखरों की छाँह सहस
दीपशिखा-सी हँस-हँस
अंचल में उकस उकस
झिलमिला रही!

सद्य-स्नात गिरि का तन
भींगा सित धूप-बसन
छाँह की सजल सिकुड़न-
सी सुहा रही!

धूप का सरकता सर
शेष श्वेत रेत-लहर
खग-पग-छाप-सी बिहर
झाड़ियाँ रहीं।

शैल पर धवल बादल
ज्यों खिले उपल-उत्पल
किरण-रेणुराजि निकल-
निकल छा रही!

दिन का वह ऐरावत
दूर जा रहा गिरि-पथ

कर में रवि-कमल विनत
सुरभि आ रही!

पीछे से स्वर्ण किरण
मूँद रही शैल-नयन
छका मुझे भी तुम, धन,
मुस्कुरा रही!

नभ के नीले सूनेपन में

नभ के नीले सूनेपन में
हैं टूट रहे बरसे बादर

जाने क्यों टूट रहा है तन!
बन में चिड़ियों के चलने से
हैं टूट रहे पत्ते चरमर

जाने क्यों टूटा रहा है मन!
घर के बरतन की खन-खन में
हैं टूट रहे दुपहर के स्वर
जाने कैसा लगता जीवन!

ज्ञानोदय/जून, 1955

हरित फौवारों सरीखे धान

हरित फौवारों सरीखे धान
हाशिए–सी विंध्य–मालाएँ
नम्र कन्धों पर झुकीं तुम प्राण
सप्तपर्णी केश फैलाए
जोत का जल पोंछती–सी छाँह
धूप में रह–रह उभर आए
स्वप्न के चिथड़े नयन–तल आह
इस तरह क्यों पोंछते जाएँ ?

नई कविता/प्रवेशांक, 1954

फागुनी शाम

फागुनी शाम
अंगूरी उजास
बतास में जंगली गन्ध का डूबना
ऐंठती पीर में
दूर, बराह-से
जंगलों के सुनसान का कूँथना।
बेघर बेपहचान
दो राहियों का
नत शीश
न देखना, न पूछना।
शाल की पंक्तियों वाली
निचाट-सी राह में
घूमना घूमना घूमना।

नई कविता/प्रवेशांक, 1954

सॉनेट–1

बुरा जमाना, बुरा जमाना, बुरा जमाना
लेकिन मुझे जमाने से कुछ भी तो शिकवा
नहीं, नहीं है दुख कि हुआ क्यों मेरा आना
ऐसे युग में जिसमें ऐसी ही बही हवा
गंध हो गई मानव की मानव को दुस्सह
शिकवा मुझको है जरूर लेकिन वह तुमसे–
तुमसे जो मनुष्य होकर भी यों गुम–सुम से
पड़े कोसते हो बस अपने युग को रह–रह
कोसेगा तुमको अतीत, कोसेगा भावी
वर्तमान के मेधा! बड़े भाग से तुमको
मानव जय का अन्तिम युद्ध मिला है, चमको
ओ सहस्र जन–पद–निर्मित चिर पथ के दावी!
तोड़ अद्रि का वक्ष क्षुद्र तृण ने ललकारा
बद्ध गर्भ के अर्भक ने है तुम्हें पुकारा।

कवि/जनवरी, 1957

सॉनेट–2

दोस्त, देखते हो जो तुम अन्तर्विरोध–सा
मेरी कविता कविता में, वह दृष्टि–दोष है।
यहाँ एक ही सत्य सहस्त्र शब्दों में विकसा
रूप रूप में ढला एक ही नाम, तोष है।
एक बार जो लगी आग, है वही तो हँसी
कभी, कभी आँसू, ललकार कभी, बस चुप्पी।
मुझे नहीं चिंता वह केवल निजी या किसी
जन–समूह की है, जब सागर में है कुप्पी
मुक्त मेघ की, भरी ढली फिर भरी निरन्तर।
मैं जिसका हूँ वही नित्य निज स्वर में भरकर
मुझे उठायेगा सहस्त्र कर पद का सहचर
जिसकी बढ़ी हुई बाँहें ही स्वर शर भास्वर
मुझमें ढलकर बोल रहे जो वे समझेंगे
अगर दिखेगी कमी स्वयं को भी भर लेंगे।

कवि/जुलाई, 1957

पारदर्शी नील जल में

पारदर्शी नील जल में सिहरते शैवाल
चाँद था, हम थे, हिला तुमने दिया भर ताल
क्या पता था, किन्तु, प्यासे को मिलेंगे आज
दूर ओंठों से, दृगों से संपुटित दो नाल

विजन गिरिपथ पर

विजन गिरिपथ पर चटखती पत्तियों का लास
हृदय में निर्जल नदी के पत्थरों का हास
'लौट आ, घर लौट', गेही की कहीं आवाज
भींगते से वस्त्र शायद छू गया वातास।

पथ में साँझ

पथ में साँझ
पहाड़ियाँ ऊपर
पीछे अँके झरने का पुकारना
सीकरों की मेहराब की छाँव में
छूटे हुए कुछ का ठुनकारना
एक ही धार में डूबते
दो मनों का टकराकर
दीठ निवारना
याद है, चूड़ी के टूक-से चाँद पै
तैरती आँख में आँख का ढारना ?

मँह मँह बेल

मँह मँह बेल कचेलियाँ, माधव मास
सुरभि सुरभि से सुलग रही हर साँस
लुनित सिवान, सँझाती, कुसुम उजास
ससि–पांडुर क्षिति में घुलता आकास
फैलाये कर ज्यों वह तरु निष्पात
फैलाये बाँहें ज्यों सरिता वात
फैल रहा यह मन जैसे अज्ञात
फैल रहे प्रिय, दिशि लघु लघु हाथ!

कोजागर

कोजागर
दीठियों की डोर-खिंचा
(ऊगते से) इंदु का आकासदीप-दोल चढ़ा रहा।
गोरोचनी जोन्ह पिघली सी
बालुका का तट, आह, चन्द्रकान्तमणि सा पसीज-सा रहा।
साथ हम
नख से विलेखते अदेखते से
मौन अलगाव के प्रथम का बढ़ा आ रहा।
अरथ-उदास में, कपास-मेघ जा रहा।
नीर हटता सा
क्लिन्न तीर फटता सा गिरा
किन्तु मूढ़ हियरा, तुझे क्या हुआ जा रहा।

उनये उनये भादरे

उनये उनये भादरे
बरखा की जल चादरें
फूल दीप से जले
कि झुरती पुरवैया की याद रे
मन कूयें के कोहरे सा रवि डूब के बाद इरे।
भादरे।
उठे बगूले घास में
चढ़ता रंग बतास में
हरी हो रही धूप
नशे सी चढ़ती झुके अकास में
तिरती हैं परछाइयाँ सीने के भींगे चास में।
घास में।

धुँधुवाता अलाव

धुँधुवाता अलाव, चौतरफा मोढ़ा मचिया
पड़े, गुड़गुड़ाते हुक्का कुछ खींच मिरजई
बाबा बोले लख अकास : 'अब मटर भी गई'
देखा सिर पर नीम फाँक में से कचपचिया
डबडबा गई-सी, कँपती पत्तियाँ, टहनियाँ।
लपटों की आभा में तरु की उभरी छाया।
पकते गुड़ की गरम गंध ले सहसा आया
मीठा झोंका। 'आह! हो गई कैसी दुनिया!
सिकमी पर दस गुना।' सुना फिर था वही गला
सबने गुपचुप गुना, किसी ने कुछ नहीं कहा।
चूँ-चूँ बस कोल्हू की; लोहे से नहीं सहा
गया। चिलम फिर चढ़ी, 'खैर, यह पूस तो चला' ...
पूरा वाक्य न हुआ कि आया खरतर झोंका
धधक उठा कौड़ा, पुआल में कुत्ता भौंका।

आज तुम्हारा जन्मदिवस

आज तुम्हारा जन्मदिवस, यूँ ही यह संध्या
भी चली गई, किन्तु अभागा मैं न जा सका
समुख तुम्हारे और नदी तट भटका भटका
कभी देखता हाथ कभी लेखनी अबन्ध्या।
पार हाट, शायद मेला; रंग रंग गुब्बारे।
उठते लघु लघु हाथ, सीटियाँ; शिशु सजे धजे
मचल रहे...सोचूँ कि अचानक दूर छः बजे।
पथ, इमली में भरा ब्योम, आ बैठे तारे
'सेवा-उपवन', पुष्पमित्र गंधवह आ लगा
मस्तक कंकड़ भरा किसी ने ज्यों हिला दिया।
हर सुंदर को देख सोचता क्यों मिला हिया
यदि उससे वंचित रह जाता तुम्हीं-सा सगा
क्षमा मत करो वत्स, आ गया दिन ही ऐसा
आँख खोलती कलियाँ भी कहती हैं पैसा।

दूसरा खंड

विविध विधाओं की गद्य रचनाएँ

कहानी की कहानी

हास की किरणों तथा करुणा एवं व्यथा की बूँदों ने आकाश में एक नन्हा-सा इन्द्र-धनुष बनाया था। साथियों ने कहा, वह तो कहानी है। मैं भी सोच रहा था कि वह कुछ है अवश्य, किन्तु मैंने तो कोई कहानी लिखी नहीं और जिसके विषय में लिखा वह भी कहानी नहीं है। क्या कहानी इसी को कहते हैं? किन्तु जब मैं मित्रों की दुनिया को छोड़कर क्षण भर के लिए अपनी दुनिया में बैठ जाता हूँ तो पास आ जाती है उसी खरपत्तू की हिलती-काँपती काया और उसकी छाया-सी अपनी कहानी। उस कहानी में मैं देखता हूँ खरपत्तू को-खरपत्तू में सारी दुनिया को और तब वह छाया बढ़ते-बढ़ते अन्धकार का रूप धारण कर लेती है। मैं मन मसोसकर उसमें बैठ जाता हूँ। साथी तारों से आ जाते हैं।

उस दिन हम लोग कमरे में जमे थे—रहे होंगे कोई चार जने। दोपहर के बाद ताश चल रहा था—ताश के साथ-साथ साँस का संसार, जीवन का रोमांस। हमारी बातें इन्हीं केन्द्रों के चारों ओर मँडरा रही थीं। भावुकता का स्रोत उमड़ चला था। बाहर सारी सृष्टि खड़ी-खड़ी भींग रही थीं। जाड़े की बूँदा-बूँदी जो थी! इधर तो ताश में ही गर्मी थी। दुनिया हमसे बहुत दूर छूटी जा रही थी कि दुनिया का एक प्राणी खिड़की पर झुक गया-झुर्रीदार चेहरा, झुर्रियों में नन्हीं नन्हीं बूँदें। रमेश ने गम्भीर स्वर में पूछा—"क्या है? किसे चाहते हो?"

"यही नौकरी...और हो तो आग भी।" बुड्ढे का शरीर काँप रहा था।

उत्तर था—"जाओ, यहाँ तो ताश है, लोगे? इसमें भी कम गर्मी नहीं है।"

वह हँस पड़ा, "बाबू, ताश तो पेट भरने पर है। हमें तो आग ही चाहिए।"

यह एक दीन-हीन का व्यंग्य था। मेरा हृदय तड़पकर रह गया। सारा रोमांस न जाने कहाँ चला गया। उसे बुलाता तो तुरन्त, पर मित्रों के कारण कहना पड़ा कि शाम के बाद आना।

"हाँ नाम क्या है?"

"खरपत्तू।" वह तुरन्त उस बूँदा बूँदी में निकल गया। बिजली कौंधकर छिप गई। हृदय में एक झलक रह गई।

आखिर मित्रों से पिंड छुड़ाया; किन्तु उनकी बातें तो दिमाग को बुरी तरह घेरे पड़ी थीं-शाम हो गई थी। मैं कोच पर पड़ा विचार में उलझा था। आँखों में मित्रों का रोमांस और खरपत्तू की उसाँस एक इन्द्रधनुष बना रही थी कि वही काया कमरे के द्वार पर आ गई। सिर की फटी पगड़ी जमीन पर रखकर खरपत्तू ने प्रणाम किया। कमरे में आने से हिचक रहा था कि फर्श कहीं गन्दा हो जाएगा। मैंने खरपत्तू को पास बुलाया। वह डरता-डरता आया, फर्श पर बैठ गया। मन में आया इसे नौकर रखूँ तो किस बूते पर। मेरा तर्क प्रबल हो उठा। पता नहीं यह कैसा आदमी है, भेस बनाने वाले भी आज कल खूब मिलते हैं। क्या खरपत्तू चोर नहीं हो सकता ? शंकाएँ ही तो हैं, बढ़ने लगीं सावन की बदली-सी।

मैंने पूछा—

''खरपत्तू तुम पर विश्वास करूँ ? क्या सबूत कि तुम ईमानदार हो ?''

वह एकटक मेरा मुँह देखने लगा, बोला नहीं। मैंने फिर दोहराया-तब उसने कहा—''बाबू सबूत कुछ नहीं, केवल मैं अपना सबूत हूँ। जैसी आप की मर्जी।'' सोच विचार कर मैंने उसे रख लिया और अब तो हँसी आती है अपने उस भोड़े प्रश्न पर!

खरपत्तू फिर तो मेरी दैनिक बातचीत का मसाला बन गया—वह मेरे कितना पास आ गया, यह तो इसी से मालूम है कि मुझे उसने अपने विषय में कुछ लिखने को बाध्य कर दिया।

पर मेरे मित्र जो रोमांस के पीछे दौड़ने से फिरते थे, मेरी इस बात पर भला नाक-भौं न सिकोड़ें। हाँ, तो मैंने एक दिन सोचा, खरपत्तू के विषय में कुछ लिख डालूँ। क्या लिखूँ ? ऐसे ही गद्य में कुछ पंक्तियाँ उसके जीवन की। लिखा ऐसे ही कुछ स्केच जैसा। सोचा मित्रों को सुनाऊँ, तब खरपत्तू को सुनाऊँगा। पर नहीं, खरपत्तू की चीज खरपत्तू को ही पहले सुनानी चाहिए। रात हो आई। खरपत्तू, को बुलाया वह आकर बैठ गया। डरते हुए उसने पूछा, ''क्या है बाबू, कोई अपराध तो नहीं हो गया ?''

मैंने हँसते हुए कहा—''हाँ, सुनो मैंने एक कहानी लिखी है तुम्हारे लिए।''

''कहानी कैसी बाबू! क्या होती है यह!''

''तुम्हारे जीवन के विषय में मैंने लिखा है जो तुमने बतलाया है मुझे—सुनो चुपचाप!

''खरपत्तू, मेरा नौकर है। गरीबी में पला एक विशाल हृदय है। खरपत्तू आदमी है, आदमी ही नहीं देवता है। जीवन की कठिनाइयों के थपेड़े खाकर खरपत्तू अब मानवता के लिए पथ-प्रदर्शक बना है।''

इसी बीच में रमेश आ टपका, मैंने पढ़ना बन्द कर दिया किन्तु वह छिपकर शायद इसका कुछ भाग सुन चुका था। रमेश ने छूटते ही कहा—''हाँ, खरपत्तू इज गॉड!''

"नहीं तो क्या? मैंने झेप मिटाते हए कहा।

खरपत्तू जैसे कुछ न समझकर भी समझ गया था रमेश के भावों को।

"कहानी पढ़ो, सुनाओ खरपत्तू जैसे समालोचक को।"

मैं चुप और खरपत्तू तो गोया चुप था ही। रमेश ने एक बार खरपत्तू को खूब बनाया, किन्तु वह तो ऐसे बैठा था जैसे वह कुछ बन ही न सका हो। वह जो कुछ था वही रहा। रमेश ने उसे छोड़कर तब मुझे बनाना शुरू किया।

"हाँ भाई, प्रेम सम्बन्धी कहानियाँ तो अश्लील होती हैं। जीवन में अब रोमांस ही कहाँ, अब तो कहानीकार के लिए बुधुआ की मड़ई ही प्रेयसी है।"

मैं सब सुन रहा था। अब साहस कर खरपत्तू ने कहा— "बाबू, देखूँ तो यह कागद को-क्या है उसमें?" मैंने दे दिया किन्तु उस हृदय को जिसे कभी सहानुभूति नहीं मिली थी, मेरी यह सहानुभूति रुलाने के लिए पर्याप्त थी। उसकी आँखें न जाने क्यों ये बातें सुनकर सजल हो आईं। इधर मैं सरगर्मी से खरपत्तू की ओर से बहस करने लगा। लालटेन के मन्द प्रकाश में फर्श पर बैठे हुए खरपत्तू की आँखें बरस रही थीं—कागज भीगकर काला हो गया था। कम्पित हाथों में वह कागज भी न जाने सिर हिला-हिलाकर क्या कह रहा था। मेरा बोलना बन्द हो गया। मैंने केवल इतना ही कहा—"रमेश, एक गरीब के भी हृदय होता है।" उधर देखा, खिड़की के बाहर तो आकाश के भी काले-काले अक्षर बादलों में लिपे-पुते से हो रहे थे। रमेश का दिल कुछ ठंडा हो रहा था।

खरपत्तू ने रुँधे कंठ से कहा—"बाबू, एक गरीब के वास्ते इतनी कागद की खराबी और इतना झगड़ा ... आप लोगों की दोस्ती में अब मैं रोड़ा न होऊँगा। अब छुट्टी दें!"

कागज मेरे हाथों पर रखता हुआ वह उठकर चला गया। मैं न हाँ कर सका न नहीं। रमेश भी अवाक् रह गया। उसे कैसे रोकता?

हवा का झोंका आया, कागज हाथों से उड़कर बाहर निकल गया। कोई पकड़नेवाला न था। रमेश ने कहा, "हाँ अब कहानी लिखना।" उधर बाहर बरामदे के खम्भे से कागज लिपट गया। समझ रहा था शायद वह खरपत्तू है। मैं समझ रहा था शायद रमेश है और रमेश पता नहीं सोचता था कि वह मैं हूँ या और कोई, पर थी वह केवल कहानी की कहानी।

क्षत्रिय मित्र/मार्च, 1945

समाज के अग्रचेता : तुलसी

जहाँ 'तुलसी की कला' पाकर कविता 'लसी' वहाँ समाज भी उनके मानस की सहज वाणी पाकर कृत्य हुआ। एक ओर काव्य रसिकों ने उनमें विहार के लिए नन्दन कानन से भी महान 'वाटिका' पाई तो दूसरी ओर विस्तृत समाज ने उच्चकोटि की लोक-नीति, नई मर्यादा पाई, एक ओर जब वे व्यक्तिगत साधना के मार्ग में विरागपूर्ण शुद्ध भगवद्भक्ति का उपदेश करते पाए जाते हैं तो दूसरी ओर संसार की विषम भूमि पर आकर पारिवारिक और सामाजिक कर्तव्यों का सौन्दर्य दिखाकर मुग्ध करते दिखाई देते हैं। इसीलिए तो आज लगभग चार शताब्दियों के बाद भी भारत की कोटि-कोटि जनता उन्हें पढ़ती है, समझती है, अपना आदर्श मानती है और साथ ही अपने विश्रृंखल समाज की सुव्यवस्था करती है। महाकाव्य जाएसी ने भी लिखा, इधर बीसवीं सदी में भी कुछ महाकाव्य आए, किन्तु समाज ने अपने सुख-दुःख, हर्ष-विषाद और विजय-पराजय में तुलसी के मानस को ही अपना साथी क्यों बनाया ? क्या भारत की अन्य शिक्षित अथवा अशिक्षित जनता तुलसी को उत्प्रेक्षाओं, कल्पनाओं, कोमल भावनाओं अथवा गम्भीर अध्यात्म एवं दर्शन के लिए 'मानस' को पढ़ती है ? नहीं। भारतीय तुलसी के लोक हितकारी मर्यादा पुरुषोत्तम राम के लिए, साध्वी सती सीता के लिए, त्यागी तथा स्नेह मूर्ति अनुज लक्ष्मण तथा भरत के लिए और अनन्य भक्त हनुमान के लिए मानस को पढ़ते हैं और पढ़ते रहेंगे। हम आज भी तुलसी को अपने में, अपने को तुलसी में पाते हैं, इसीलिए उन्हें और केवल उन्हें पढ़ते हैं।

तो तुलसी ने आज के भारत को अपने मानस में चार सौ बरस पहले ही, कैसे रख दिया ? क्या वे ज्योतिषी थे जो 'साठ साला पंचांग' देखकर समाज की जन्म कुंडली तैयार कर दी ? दूसरा कोई कवि ऐसा नहीं कर सका, क्यों ? इन प्रश्नों के उत्तर में हम कहते हैं कि ये अग्रचेता थे, भविष्यद्रष्टा थे। समाज की सीमित सीमा में जिसके लिए दूसरा शब्द 'ज्योतिषी या भविष्यवक्ता' है। ये ज्योतिषी थे किन्तु ग्रह-नक्षत्रों की चाल तथा समय के लघु से लघु विभागों की माप करने वाले नहीं, बल्कि समय की लघु से लघु लहरों में उठने-गिरने वाले समाज की रूपरेखा, बनने-बिगड़ने

का ज्ञान रखने वाले थे। ये भविष्यद्रष्टा थे किन्तु ठीक–ठीक किसी व्यक्ति की मृत्यु अथवा कुछ घटनाओं की घोषणा करने वाले नहीं, अपितु समाज की सांस्कृतिक जीवन–मृत्यु एवं कतिपय व्याधियों की आयु की ओर संकेत करने वाले थे, जिसमें घंटा, घड़ी तथा फल का महत्त्व उतना नहीं होता। तुलसी कवि थे, कवि ही क्यों महाकवि थे किन्तु इन सबका प्राण है उनका अग्रचेता–अग्रद्रष्टा होना। उनका अग्रचेता होना ज्योतिष विद्या का परिणाम नहीं है। बल्कि उनके अतीत एवं वर्तमान की सामाजिक, धार्मिक, राजनैतिक आदि परिस्थितियों, समस्याओं का विशद् गम्भीर एवं सूक्ष्म अध्ययन तथा चिन्तन का परिणाम है। गोस्वामी जी ने उसी भूत और वर्तमान के समन्वय से भविष्य की कल्पना की जो आज सत्य की भूमि पर प्रतिष्ठित–सी दिखाई पड़ती है।

तो वह अतीत और वर्तमान की कौन–सी समस्या है जो आज अतीत की समस्याओं को सुलझाती सी नजर आ रही है? वह कौन सा सुलझाव है जो आज भी गोस्वामी जी को अग्रचेता घोषित करता है? इन प्रश्नों का उत्तर देते समय दो बातें स्पष्ट रूप से सामने आती हैं। एक तो यह कि साहित्य एवं समाज का एक शाश्वत द्वन्द्व होता है जो किसी भी युग के लिए सत्य उतरता है। दूसरी यह कि सामाजिक दुर्बलताओं को दूर करने के लिए व्यावहारिक सत्य जो युग विशेष तक ही काम देता है। गोस्वामी जी ने इन दोनों प्रकार के सत्यों की स्थापना की है। फिर भी इन दोनों सत्यों का आधार भारतीय संस्कृति ही है। यही नहीं उन्होंने 'मानस' तथा 'कवितावली' के उत्तरकांड में निर्भीक होकर कलियुग की बुराइयों की भविष्यवाणी की है। बुराइयों की यह सूची आज भी सत्य उतर रही है। यह कहना अनावश्यक है कि ये बुराइयाँ तो समाज में हमेशा रहेंगी और गोस्वामीजी के समय में भी थीं।

पाश्चात्य विचारों से प्रभावित कुछ नए विचारकों का आक्षेप है कि गोस्वामी जी सामन्त युग में पले हुए थे इसलिए ऊँच–नीच का भेद, स्त्री स्वतंत्रता की निन्दा, कठोर वर्ण–व्यवस्था आदि बातों की परिधि से नहीं निकल सके जो आज किसी प्रकार ग्राह्य नहीं है। यह सत्य है कि युग के प्रभाव से कोई भी कवि वंचित नहीं रह सकता। किन्तु उपर्युक्त आक्षेप गोस्वामीजी के ऊपर ही नहीं आते, वर्तमान भारतीय संस्कृति के ऊपर भी आते हैं क्योंकि वर्तमान भारतीय समाज का निर्माण शंकराचार्य, स्वामी दयानन्द तथा राजा राममोहन राय से कहीं अधिक गोस्वामी तुलसीदास जी ने किया है। यह सही है कि उन्होंने रामराज्य के स्वर्णिम स्वप्न मे चातुवर्ण व्यवस्था को भी भारत के लिए कल्याणप्रद बतलाया। साथ ही 'सोशल डिसिप्लीन' पर प्रधानतया जोर दिया। उन्होंने मार्क्स और लेनिन की तरह इतिहास की आर्थिक व्यवस्था करके साम्यवाद के सिद्धान्तों को मूर्त रूप नहीं दिया। किन्तु

यह भी सही है कि चाहे कोई वाद क्यों न हो उसकी अवधारणा एवं अवस्थिति भारतीय संस्कृति की पृष्ठभूमि पर ही होगी और इसमें गोस्वामी जी के रामराज्य का हाथ अवश्य रहेगा।

गोस्वामी जी संसार को संसार के रूप में देखना चाहते थे, स्वर्ग के रूप में नहीं। ये जीवन में जगत को और जगत में जीवन को देखने वाले थे। वे आदर्श में यथार्थ की तथा यथार्थ में आदर्श की प्रतिष्ठा करने वाले न थे। ये किसी 'यूरोपियन' समाज की कल्पना करने वाले न थे। इसलिए अपने युग में मुसलमानों की जातिहीन साम्य की भावना से प्रभावित होने वाले अशान्त हिन्दू समाज की विशृंखता को उन्होंने रोकने का प्रयास किया। इसलिए गोस्वामीजी ने 'लोक-धर्म' और 'व्यक्ति-धर्म' दोनों की स्थापना की। 'सगुन, छीर, अवगुन जल दाता। मिलइ रचइ परपंच विधाता॥' के अनुसार संसार जैसा है वैसा मानकर उसके बीच से एक कोने को स्पर्श करता हुआ जो धर्म निकलता है वही 'लोक-धर्म' होता है। जो दुष्टों को छोड़कर अपने लिए ही परलोक का मार्ग ढूँढ़ता है वह व्यक्ति-धर्म होता है। गोस्वामी जी ने 'लोक-धर्म' और 'व्यक्ति धर्म' के पारस्परिक संघर्ष में लोक धर्म को ही प्रधानता दी है। गोस्वामी जी के इसी लोक धर्म में समाज की सारी व्यवस्था एवं मर्यादा केन्द्रित है।

गोस्वामीजी के इस लोक-धर्म का सम्बन्ध वस्तुतः ईश्वर से उतना नहीं था जितना जनता के व्यावहारिक जीवन से था। इसी 'लोक-धर्म' ने भारतीय समाज का नियमन किया। गोस्वामी जी जानते थे कि भारतीय समाज धर्म में इतना ओत-प्रोत है कि 'एक हि साधे सब सधे' के अनुसार धर्म के समुचित मानदंड से ही भारतीय समाज का सुधार सम्भव है। इसलिए 'मुस्लिम-संस्कृति' के प्रभाव से, आक्रान्त हिन्दू जाति की रक्षा के लिए 'श्रुति-सम्मत' एवं लोक विहित आदर्शों की फिर से प्रतिष्ठा को, साथ ही वर्ण धर्म, आश्रम धर्म, कुलाचार आदि की पुनर्स्थापना की।

उन्होंने धर्म की धाँधली अपने युग की आँखों देखी और भविष्य में उसकी आशंका समझकर झगड़े सम्बन्धी कितने विषयों को समन्वयवाद का सहारा लेकर सुलझा दिया। इसलिए धर्म के नाम पर यूरोप में जहाँ इतना खून-खराबा हुआ, वहाँ भारत के सभी व्यक्ति धर्म के झमेले से मुक्त रहे और हैं भी।

गोस्वामी जी ने जो 'सियाराममय' संसार में भी व्यावहारिकता का ध्यान कर 'राम और रावण' दो विरोधी शक्तियों को प्रतिष्ठित किया, वह युग-युग की वस्तु हो गई। उनके द्वारा जलाई हुई यही क्रान्ति की ज्वाला आगे चलकर औरंगजेब से पीड़ित प्रजा की रक्षा के लिए शिवाजी तथा गुरु गोविन्द सिंह बनकर भड़क उठी और आज भी भारतीयों के हृदय में जल रही है।

इस प्रकार गोस्वामी जी ने शाश्वत सत्य से ओत-प्रोत आदर्शों को युग-युग के वेष्ठनों से मुक्त किया। किन्तु सामाजिक एवं साम्प्रदायिक विषमता का जो सुझाव उन्होंने उपस्थित किया है, वह विवादास्पद होते हुए भी आज के युग के लिए प्राचीन नहीं है।

इसके लिए उन्होंने राम-राज्य का आदर्श रखा है, जिसमें भिन्न-भिन्न वर्णों के बीच कर्म एवं मर्यादा की लकीरें स्पष्ट खिंची हैं। यों तो उन्होंने राज्य की सुव्यवस्था के लिए एक राजा को आवश्यक बतलाया किन्तु लोकमत पर सदा जोर दिया। उनके राम स्वेच्छाचारी नहीं, अपितु जनता के साथ बैठे हुए हैं। तभी तो गोस्वामी जी कहते हैं—

लोक एक भाँति को, त्रिलोकनाथ लोक बस
आपनी न सोच, स्वामी सोच ही सुखात हौ।

उन्होंने बराबर व्यक्तिवाद का विरोध किया है। जैसे—

'मारग सोइ जा कहुँ जोई भावा।' किन्तु गोस्वामी जी ने यह भी कहा है—

क— *गुन अवगुन जानत सब कोई। जो कोई भाव करे तेहि सोई।*

ख— *हित अनहित पसु पच्छिहुं जाना।*

Mill ने जिसे इन शब्दों में कहा—'Every individual knows his interest.'

'स्वारथ सहित सनेह सब, रुचि अनुहरद अपार।'

किन्तु वे समष्टि की उन्नति में व्यष्टि के भावों को कुचलने के पक्ष में नहीं हैं, वे व्यक्ति की स्वतंत्रता का मूल्य समझते हैं। गोस्वामी जी के ये विचार आज भी कितने नवीन से लगते हैं। न वे जॉन स्टुअर्ट मिल की तरह व्यक्तिवाद के एक छोर पर हैं न नीत्से की तरह राज्य के एक छोर पर। यहाँ भी गोस्वामी जी समन्यवादी हैं।

राम की आज्ञा सर्वमान्य है किन्तु एक रजक के कहने पर वे सीता जैसी स्त्री को भी छोड़ने में नहीं हिचकते। गोस्वामी जी ने लोकमत का बन्धन राजा के लिए यहाँ तक बतलाया है। गोस्वामी जी का राम-राज्य व्यावहारिक 'सत् और आनन्द' का प्रतीक है जिसमें समाज की 'रक्षा' और मंगल कामना' निहित है। उन्होंने भगवान से प्रार्थना करते हुए जहाँ 'आश्रम-बरन-धरम विरहित सब, लोक वेद मरजाद गई है। दीजै दाहि देखि नातो बलि गही मोद मंगल रिनई है' कहा है वहाँ 'राम राज्य' हो जाने पर आनन्द का जो वर्णन किया है—

'राम राज भयो कवज सगुण गुण
राजा राम जगत बिजई है,
समरथ बढ़ो सुजान मुसाहब
सुकृत सेन हारत जितई है।'

इस 'राज्य सुराज्य' 'राम राज्य' में—

'बैर न कर काहू सन कोई।
राम प्रताप विषमता खोई।
सब नर करहि परस्पर प्रीती।
चलहि स्वधर्म निरत श्रुति नीती।

माना, गोस्वामी जी ने आज के प्रजातंत्रात्मक युग की बात नहीं की किन्तु राज्यतंत्र (Autocracy) का आदर्श इससे ऊँचा हो ही क्या सकता है?

इसके अतिरिक्त मर्यादा का जहाँ तक सम्बन्ध है गोस्वामी जी ने राम-राज्य की ऊँची, नीची श्रेणियों में यथोचित कर्म का विभाजन किया है। इसमें ज्ञानबल, बाहुबल, धनबल और सेवाबल सभी का समन्वय है। गोस्वामी जी ने सभी वर्णों के यथोचित सुख के लिए 'अधिकारों' का नाम न लेकर 'कर्तव्यों' का ही नाम बराबर लिया है। इस व्यवस्था में सबसे बड़ी विशेषता यह है कि यह वर्ण विभाग केवल 'कर्मों के विभाजन' पर ही नहीं निर्भर है। अपितु 'भावों का विभाजन' भी इसका आधार है। इस प्रकार हम गोस्वामी जी के रामराज्य में 'श्रेणि विभाजन' से उत्पन्न 'वर्ग-संघर्ष' की आशंका नहीं पाते।

इस सिलसिले में कुछ उन पर यह दोष लगाते हैं कि उन्होंने निम्न श्रेणी वाले लोगों, दूसरे शब्दों में तथाकथित 'शूद्रों' की बड़ी निन्दा की है तथा उनके विकास का विरोध किया है साथ ही 'विप्रों' का पक्ष लिया है। जैसे कलियुग वर्णन में—

सूद्र द्विजन्ह उपदेसहिं ग्याना।
मेलि जनेऊ लेहि कुदाना॥
जे बरनाधम तेहि तुम्हारा।
स्वपच किरात कोल कलवारा॥
नारि मुई घर सम्पति नासी।
मूड़ मुड़ाय भये संन्यासी॥
ते विप्रन्ह सन पाँव पुजावहिं।
उभय लोक निज हाथ नसावहिं॥
सूद्र करहिं जप तप व्रत दाना।
बैठि परासन कहहिं पुराना॥

किन्तु यहाँ विद्या बुद्धिहीन शूद्रों की ओर उनका संकेत है, सवर्ण शूद्रों की ओर नहीं। फिर वर्ण व्यवस्था का भंग वे नहीं सहन कर सकते थे। इसी से ब्राह्मणों को भी—

विप्र निरच्छर लोलुप कामी।
निराचार सठ वृषली-स्वामी॥

कहा है। गोस्वामी जी ने मर्यादायुक्त केवट जैसे शूद्र से भी राम और वशिष्ट का भेंटना दिखलाया है।

इस प्रकार हम देखते हैं कि गोस्वामी जी ने एक कुशल अग्रचेता और अग्रद्रष्टा की भाँति समाज का अवलोकन किया, भले वे अनुमान बिलकुल ठीक-ठीक सही न उतरे हों। किन्तु साहित्य यदि किसी राष्ट्र की संस्कृति का प्राण है और यदि संस्कृति चिरन्तन होती है तो निस्सन्देह एक महान साहित्यिक की मान्यताएँ-विचारणाएँ चिरन्तन होती हैं। इस प्रकार यदि यह बीते हुए काल को देखने में समर्थ हो सकता है तो निस्सन्देह आगामी कल को भी देख सकता है। गोस्वामी जी ऐसे ही महान साहित्यिक थे। इसीलिए वे अग्रचेता भी थे।

क्षत्रिय मित्र/जुलाई-अगस्त, 1945

संस्कृति का तात्पर्य

संस्कृति का तात्पर्य से मेरा अभिप्राय है सीमा–निर्धारण, व्याख्या नहीं। व्याख्याएँ तो बहुत हो चुकीं, यहाँ तक कि संस्कृति का अर्थक्षेत्र असीम हो चला है। इसके सहज स्वच्छंद प्रयोग से अब तो ऐसा हो गया है कि किसी से संस्कृति का अर्थ पूछने में भी असंस्कृत होने का भय है। संस्कृति की चर्चा नए–नए स्वतंत्र हुए भारत में ही नहीं, लड़कर सुस्ताने वाले सारे संसार में है। आज यह नया नहीं है। यूरोप में तो पहले भी पूँजीवादी राजनीतिज्ञों ने संक्रान्ति–काल में 'संस्कृति' का नारा बुलंद करके अपना स्वार्थ–साधन किया। अपने सांस्कृतिक गौरव के नाम पर फासिस्ट देशों ने वर्ग–संघर्ष पर राख डालने की कोशिश की। आज से 20–25 वर्ष पहले जिस अमरीका को संस्कृति का ज्ञान नहीं था, वही अब अपने सांस्कृतिक गौरव से बोझिल पुस्तकों द्वारा बाजार पाट रहा है। भारत में ही राष्ट्रीयता के कुछ ही दिन बाद संस्कृति की चेतना आ धमकी। फल भारत–विभाजन तक ही नहीं रहा, विभाजित भारत में भी एक सांस्कृतिक फासिज्म खड़ा हो गया। परन्तु जनतांत्रिक लोगों ने जिस संस्कृति को इतने दिन बाद स्मरण किया है, वह बहुत कुछ राजनीतिक निर्माण से अतृप्त होने के कारण। जहाँ तक नाम का सम्बन्ध है, संस्कृति–सभ्यता के साथ–साथ प्रथम महायुद्ध में ही पैदा हुई। परन्तु चर्चा रही सभ्यता की, और अत्यधिक प्रयोग से जब वह सूक्ष्म सत्ता स्थूल हो चली तो सूक्ष्म शब्द लोभी वक्ताओं ने 'अभावेशालि चूर्णम्' की तरह इस महायुद्ध के बाद संस्कृति को हथियाया। जब शब्द चला तो व्याख्याएँ भी शुरू हुईं, परिभाषाएँ भी की गईं। किसी ने संस्कृति को समझाने के लिए उससे भी उलझनपूर्ण तथा मानव इतिहास के सबसे विवादग्रस्त 'धर्म' शब्द का प्रयोग किया, तो किसी ने बड़ी छानबीन करके 'संस्कृति' तथा 'कल्चर' धातु खोज डाली और फिर उस धात्वर्थ को फूँक–फूँककर अभीष्ट अर्थ का गुब्बारा बनाया। इन विद्वानों ने भाषा विज्ञान के 'अर्थ–परिवर्तन' के नियम को ताख पर रखकर पुराने शब्दों से भी नए–नए अर्थ निकालने की चेष्टा की। दूसरी ओर से विभिन्न शास्त्रों और विज्ञानों का हमला हुआ। फलतः देखते–देखते 'संस्कृति' का 'साइनबोर्ड' लगाकर बाजारों में शुद्ध समाजशास्त्र, मानवविज्ञान, सौन्दर्यशास्त्र, इतिहास, कला

आदि की पुस्तकें निकल पड़ीं। यही नहीं पहले महायुद्ध के बाद तो केवल 'लीग ऑफ नेशन' ही था, इस बार राजनीतिज्ञों को 'युनाइटेड नेशंस ऑर्गेनाइजेशन' से भी संतोष नहीं हुआ। उसकी बगल में 'युनाइटेड नेशंस एजुकेशनल, साइंटिफिक, कल्चरल ऑर्गेनाइजेशन' भी खड़ा हो गया। यों तो इस संस्था का नाम ही संस्कृति को विज्ञान तथा शिक्षा से अलग कर देता है परन्तु उसके प्रकाशित विधान में अंकित उद्देश्य की भाषा संस्कृति की सीमा को और संकीर्ण बना देती है। उससे संस्कृति में जीवन, कला, मानवता आदि का समावेश नहीं दिखाई पड़ता।

तात्पर्य यह कि संस्कृति अब शास्त्र बना दी गई। वह बुद्धि-विलास और व्याख्या विकार का विषय बन गई। मेरी समझ में संस्कृति का तात्पर्य समझने में पहली त्रुटि यही है। संस्कृति के बौद्धिक विवेचन से शास्त्रों के खलिहान में एक नया कुर्रा भले लग जाए, परन्तु मानव संस्कृति में वृद्धि न हो सकेगी। जीवन से तो सिद्धांत निकलता है, फिर सिद्धांत से क्या निकलेगा—अधिक से अधिक एक-दो और सिद्धांत। वृक्ष में तो फल लगता है, फिर फल में क्या लगेगा ? हाँ लगेगा—फल में फिर वृक्ष, परन्तु फल के बीज को फिर से धरती में स्थापित करने पर। सिद्धांतों और शास्त्रों से भी नवजीवन तभी उत्पन्न होगा जब उन्हें जीवन की धरती अथवा धरती के जीवन में बोया जाए। इन समस्त सांस्कृतिक विवेचनों की भी यही उपयोगिता हो सकती है। संस्कृति सिद्धांत से उत्पन्न नहीं होती, जीवन से होती है। प्राचीन शास्त्रों में जो संस्कृति का विवेचन नहीं मिलता उसका यह भी कारण है कि तब संस्कृति मानव के भाव, स्वभाव और क्रिया में थी—समझने-समझाने के लिए और चीजें थीं। आज भी जो अनेक कलाकार जो संस्कृति को अपने शिल्प से संपन्न कर रहे हैं शायद उन्हें पता भी नहीं कि संस्कृति क्या है ? न वे इसकी आवश्यकता ही समझते हैं। पर जो लोग संस्कृति के विवेचन पर भाषण देते फिर रहे हैं उन्हें स्वयं तो किसी सांस्कृतिक कृति के निर्माण की फुर्सत नहीं, संस्कृति-निर्माता कलाकारों का भी समय खराब कर रहे हैं।

अच्छा हो कि हम व्यर्थ संस्कृति का नाम न लें, संस्कृति के उपकरणों और अंगों का ही अलग-अलग नाम लें। इससे योजनानुसार संस्कृति बनाने का भ्रम तो मिट ही जाएगा, साथ ही साथ इस सत्य की ओर भी ध्यान जाएगा कि संस्कृति एक अचेतन प्रयत्न है। इसका निर्माण जान-बुझकर नहीं किया जाता। जिस प्रकार किसी बात का स्मरण करने के लिए स्मृति पर बार-बार जोर डालने से वह भूलती जाती है उसी प्रकार सांस्कृतिक निर्माण के लिए जितना ही सचेत प्रयत्न—बुद्धि-विलास—होगा उतना ही सांस्कृतिक ह्रास होगा।

फिर सांस्कृतिक उत्थान के लिए हाथ पर हाथ रखकर बैठे रहें ? सांस्कृतिक विकास अपनी स्वाभाविक गति से होने दें ? नहीं। न तो यह मानव स्वभाव है और

न उचित। जिस मानव ने पशुओं द्वारा निर्विरोध स्वीकृत प्राकृतिक नियमों का उल्लंघन करते हुए अपनी इच्छा का समावेश किया, उसी मानव का अहंकार निष्क्रिय नहीं हो सकता। 'ऐसा होना चाहिए' यही तो मानव स्वभाव है। अस्तु, हम अधिक से अधिक संस्कृति के मार्ग से अवरोधक तत्त्वों, बौद्धिक त्रुटियों और भावात्मक पूर्वग्रहों को हटाने का यत्न करें। सम्भव है कि इन अवरोधक तत्त्वों में सर्वप्रथम सामाजिक संगठन की विषमताएँ ही आए। परन्तु चेतन व्यक्तित्व को कुंठित करने वाली आर्थिक, राजनीतिक सभी समस्याओं को हल करना संस्कृति के विकास में पहला कदम है। इसलिए 'संस्कृति क्या है' यह प्रश्न उतना महत्त्वपूर्ण नहीं जितना बाधक तत्त्वों को दूर करना। संस्कृति जो है, वह है और रहेगी। हमारी परिभाषा से उसमें कुछ परिवर्तन नहीं हो जाएगा। हम संस्कृति के आधार जीवन को परिवर्तित करते रहें, संस्कृति विकसित होती रहेगी।

सम्भव है, इस पर कुछ लोगों को आपत्ति हो कि यह तो बुद्ध की तरह 'आत्मा' आदि प्रश्नों के टालने जैसी चालाकी है। हो सकती है। परन्तु सच तो यह है कि संस्कृति जैसी कोई एक सत्ता है ही नहीं जिसका निर्माण किया जाए। संस्कृति के विभिन्न अर्थों से ही इस सत्य की ओर संकेत होता है कि यह अनेक क्रियाओं का समुच्चय है। यह धर्म की तरह जीवन-मोक्ष का एक मार्ग नहीं है और न तो जीवन-यापन की कोई एक विधि। समस्त मानव कृति का संस्कार और परिष्कार करके जिन कृतियों का निर्माण होता है उनके सामूहिक प्रयास को ही हम संस्कृति के रूप में ग्रहण करते हैं। इसलिए संस्कृति का निर्माण क्षण-क्षण होता रहता है, परन्तु उसका चाक्षुष प्रत्यक्ष कुछ दशकों में होता है। मानव की कोई क्रिया नष्ट नहीं होती, उसका तिरोधान होता है और प्रत्येक क्रिया के सार और श्रेष्ठतम अंश से एक श्रेष्ठतर क्रिया उत्पन्न होती है। इस प्रकार इस क्षणभंगुर जीवन में भी कुछ स्थायी कृतियों का निर्माण हो जाता है जो संस्कृति का प्रतीक बन जाती हैं। मानव का सब कुछ नष्ट हो जाने पर यही बस रहता है। साहित्य और कला ऐसी ही कृति है। संस्कृति केवल कला नहीं है, संस्कृति केवल साहित्य नहीं है। संस्कृति केवल दर्शन नहीं है, संस्कृति इन सब का समुच्चय भी नहीं है। अवयई अपने अवयवों के समुच्चय से बड़ा होता है। स्वतंत्र सापेक्ष सत्ता रखनेवाली इन परिष्कृत मानव-साधनाओं के उन्मुक्त विकास में ही हमें संस्कृति के स्वरूप का बोध होता है। इस प्रकार जीवन से साहित्य तथा कला का सृजन और फिर उस साहित्य और कला के साँचे में जीवन को ढालना ही संस्कृति है। यही संस्कृति का विकास है। दूसरे शब्दों में कुछ व्यक्ति समाज के भावात्मक या विचारात्मक प्रतिनिधि के रूप में तत्कालीन जीवन की अभिव्यक्ति सांस्कृतिक कृतियों के रूप में करते हैं और शेष समाज फिर उसी से अपने जीवन का संस्कार करता है, फिर यही संस्कृत

समाज पहले से ही उच्चतर सांस्कृतिक कृतियों के निर्माण के लिए भूमि तैयार करता है।

कुछ विद्वान सभ्यता और संस्कृति में अन्तर करते हैं। यदि दो भिन्न शब्द होने के कारण अर्थबोध की सुगमता के लिए इनमें अन्तर करना अनिवार्य न हो तो मेरी समझ में इनके बीच सैद्धान्तिक या व्यावहारिक सीमा रेखा खींचना असम्भव है। कोई सभ्यता को जीवन का साधन और संस्कृति को साध्य मानता है। कोई वाह्य सामाजिक संगठन को सभ्यता तथा उसके आन्तरिक प्रभाव को संस्कृति बतलाता है। कोई कहता है कि सभ्यता जब पुरानी हो जाती है तो संस्कृति हो जाती है। इन सबसे इतना बोध अवश्य होता है कि सभ्यता व्यक्तिमूलक है। परन्तु व्यक्ति और समाज तथा विषयगत (ऑबजेक्टिव) और विषयीगत (सब्जेक्टिव) की सीमा-रेखा भी उतने ही झगड़े में है।

दूसरे विद्वान धर्म और संस्कृति को एक कर देते हैं या संस्कृति से धर्म का बहुत घनिष्ठ सम्बन्ध मानते हैं। मेरी समझ में 'धर्म' शब्द का जो व्यापक अर्थ विद्वान लोग करते हैं वह समाज को आज स्वीकार नहीं है। 'धर्म' शब्द के व्यापक अर्थ का केवल ऐतिहासिक महत्त्व है। आज 'संस्कृति' के साथ धर्म को सम्बद्ध करना प्रतिक्रियावादी मनोवृत्ति और प्रवंचना है। सांस्कृतिक इतिहास में धर्म एक स्तर मात्र है। पहला स्तर धर्म का, दूसरा दर्शन का, तीसरा विज्ञान का। धर्म के भी चार स्तर थे—कर्मकांडमूलक, भावनामूलक, विश्वासमूलक तथा ज्ञानमूलक। निस्सन्देह संसार के इतिहास में धर्म ने सांस्कृतिक कृतियों को बहुत अधिक प्रभावित किया, परन्तु दार्शनिक लहर ने उसे बहुत कुछ परिवर्तित कर दिया और नवीन वैज्ञानिक चेतना ने तो पूर्व प्रभाव को हटाने में भी सफलता प्राप्त की। इससे सांस्कृतिक विकास में कोई बाधा नहीं पड़ी। थोड़े ही समय में सांस्कृतिक इतिहास के वैज्ञानिक युग ने भी पर्याप्त उन्नति की है। इसलिए धर्म को संस्कृति के अध्ययन में सहायक स्वीकार करते हुए भी उसे संस्कृति का आवश्यक अंग नहीं माना जा सकता।

कभी-कभी शिक्षा और संस्कृति के सम्बन्ध में भी चर्चा चलती है। सांस्कृतिक उत्थान के लिए राजनीतिज्ञों के पास पहली योजना है व्यापक शिक्षा-प्रसार। किन्तु शिक्षा का अर्थ यदि अक्षर-ज्ञान ही हो तो उससे शायद संस्कृति के निर्माण में कोई सहायता नहीं मिलेगी। अधिक से अधिक लोगों के पढ़ा-लिखा देने से सांस्कृतिक व्यक्ति पैदा नहीं हो सकते। विदित है कि महान कलाकारों और साहित्यकारों के उत्पन्न करने में आधुनिक शिक्षा को कोई श्रेय नहीं है। वर्तमान शिक्षा केवल भावयित्री प्रतिभा का विकास करती है, कारयित्री प्रतिभा का नहीं। इस दिशा में पारिवारिक शिक्षा ने बहुत काम किया है। सांस्कृतिक परम्परा के आनुवंशिक दान-प्रतिदान में शिक्षा-संस्थाओं से अधिक हाथ परिवार का है।

विशिष्ट गृह–उद्योग इसके प्रमाण हैं। हाँ, शिक्षा के द्वारा संस्कृति के विभिन्न अंगों का विशेषीकरण हो तो अच्छा है। न तो सभी एक कार्य में हाथ डालें और न एक सभी कार्यों में।

संस्कृति के अनेक विशेषणों में से एक 'जन' भी है। 'जन–संस्कृति' से अभिप्राय इसके प्रयोक्ताओं का बहुसंख्यक वर्ग की संस्कृति के तीन केन्द्र हैं—व्यक्ति, समुदाय (वर्ग) और समाज। न तो कोई बड़ा से बड़ा संस्कृत व्यक्ति सम्पूर्ण मानव–संस्कृति के प्रतिनिधित्व का दावा कर सकता है और न तो कोई वर्ग विशेष ही। पूरा मानव–समाज ही संस्कृति के सभी अंगों का प्रदर्शन कर सकता है, इसलिए संस्कृति का अर्थ पूरे समाज की ही संस्कृति से होता है। व्यक्ति और वर्ग का स्थान उसके भीतर सुरक्षित है। यदि जन–संस्कृति समाज के साथ ही व्यक्ति की भी उपेक्षा करती है तो इससे संस्कृति का व्यापक प्रसार भले हो जाए, परन्तु स्तर नीचा रहेगा। संस्कृति व्यक्ति की सामाजिक तथा समाज की वैयक्तिक अभिव्यक्ति है। प्रत्येक जन–संस्कृति में भी कई श्रेणियाँ होती हैं, कोई अधिक समुन्नत कोई कम। इन्हें हम विशिष्ट चेतन वर्ग (elite) कह सकते हैं। ये विभिन्न संस्कृत वर्ग परस्पर संस्कृति का आदान–प्रतिदान करते रहते हैं। संस्कृति का विकास सामूहिक रूप से नहीं, विभिन्न संस्कृत वर्गों के बीच क्रमशः संतरण से होता है। संस्कृति के ये वर्ग भौगोलिक भी होते हैं। प्रायः एक ही देश और जाति में विभिन्न भौगोलिक प्रदेश होते हैं। प्रत्येक प्रदेश की संस्कृति भिन्न होती है। परस्पर सम्पर्क और संघर्ष में ये सांस्कृतिक इकाइयाँ वृहत्तर संस्कृति को अनायास ही विकसित करती रहती हैं। अतः जनसंस्कृति का अर्थ समूह या वर्ग–संस्कृति करना भ्रांत है।

अन्त में संस्कृति के 'नव' विशेषण के विषय में। पंडितों की बुद्धि में संस्कृति कोई अचार ही नहीं, संस्कृति भी सड़ती है। दूसरे वे हैं जो नवसंस्कृति का अर्थ करते हैं—वह जो अब तक नहीं थी। परन्तु जो अब तक नहीं है उसकी कल्पना सीधे मस्तिष्क में नहीं आ सकती। किसी काल्पनिक 'नवसंस्कृति' का रूप खड़ा करना समाज को धोखा देना है। प्रायः प्रत्येक आन्दोलन वर्तमान में निहित अतीत परम्परा के असंतोष से उत्पन्न होता है। परन्तु वह जिन अभावों की पूर्ति का लक्ष्य बनाता है अन्त में उस तक न पहुँचकर कई कारणों से अन्यत्र चला जाता है—फिर दूसरा नया आन्दोलन खड़ा होता है। अतः 'नवसंस्कृति' का अर्थ इतना ही हो सकता है कि यह एक प्रयत्न है जो अतीत संस्कृति के अभावों और त्रुटियों की पूर्ति और सुधार के लिए किया जा रहा है। यह परिवर्तनसूचक है—किसी अनागत संस्कृति का स्पष्ट चित्र नहीं। इससे पंडितों को घबराना नहीं चाहिए। किसी व्यक्ति के प्रयत्न से पुरानी संस्कृति को समाज नहीं छोड़ सकता और न तो पंडितों के आग्रह पर समाज अतीत

के मुर्दों को भी घर में रखेगा। रहने और रखने के लिए इतनी व्याकुलता क्यों ? जो जाने का नहीं, वह नहीं जाएगा। भविष्य की आवश्यकताओं के अनुसार अतीत की पुरानी चीजें भी नए रूप, नए सौन्दर्य, नए मूल्य लेकर दिखाई देंगी। समाज तो चिल्लाकर कहता है कि—

ठाईं नाईं, ठाईं नाईं, छोटो से तरी
आमारि सोनार धाने गियेछे भरी

जनवाणी/दिसम्बर, 1949

हिन्दी समीक्षा और आचार्य शुक्ल

"बरगद की छाया के भीतर
नहीं अन्य तरु बढ़ पाया है
आँख खोल मानव, दृग मींचे
देख कहाँ तक तू आया है।"

—त्रिलोचन

एक बंगाली मित्र से बातचीत के सिलसिले में मैंने पूछा कि कवीन्द्र रवीन्द्र के बाद बंगला में कोई बड़ा कवि क्यों नहीं हुआ? चट प्रश्नात्मक उत्तर मिला, "और पं. रामचन्द्र शुक्ल के बाद हिन्दी में कोई बड़ा समीक्षक क्यों नहीं हुआ?" कवि और समीक्षक में यों ही कोई तुलना नहीं, फिर ठाकुर और शुक्ल में तो सैद्धान्तिक मतभेद भी काफी रहा। न तो यहाँ उन महापुरुषों की तुलना अभीष्ट है और न उचित ही। विचारणीय है वह ऐतिहासिक सत्य जिसकी ओर मित्र ने संकेत किया। साहित्य ही नहीं विद्या के अन्य क्षेत्रों में भी यही हाल है। प्रायः महान् व्यक्तित्ववाला पुरुष अपनी पूर्व परम्परा के सम्पूर्ण वैभव का समेटकर पुँजीभूत गुणों के रूप में इतना विराट हो जाता है कि अगली पीढ़ी के प्रारम्भिक साधकों के लिए नई रूढ़ियाँ बनानी पड़ती हैं। इनका नया प्रयत्न उस विराट वैभव के सामने अत्यंत लघु लगता है। परन्तु वे ही लघु प्रयत्न विकसित होते-होते युगान्त में पुँजीभूत होकर फिर एक दूसरे व्यक्तित्व की सृष्टि कर देते हैं। यहाँ मैं उस विराट व्यक्ति की प्रतिभा को स्वीकार करते हुए केवल उसकी परिस्थितियों की ओर संकेत करना चाहता हूँ। हिन्दी समीक्षा का इतिहास बहुत छोटा है। इसलिए इस सत्य की पुष्टि के लिए या तो संस्कृत साहित्यशास्त्र का इतिहास देखें या अंग्रेजी समीक्षा की परम्परा। शुक्ल जी भारतीय पुनरुत्थान युग की उन परिस्थितियों की उपज थे, जिन्होंने राजनीति में महात्मा गाँधी, कविता में रवीन्द्रनाथ ठाकुर, जयशंकर प्रसाद आदि को उत्पन्न किया।

हिन्दी समीक्षा में आचार्य शुक्ल का उत्थान एक ऐसी ही ऐतिहासिक घटना है। उनके बट-छाँह जैसे घने, गम्भीर, व्यापक और प्रभावशाली व्यक्तित्व ने समीक्षकों

को ही नहीं, भावी नौसिखुओं को भी दबोच लिया। जैसा सभी महापुरुषों के बाद होता है, यहाँ भी चोरी, अनुकरण, उधार आदि मिलाकर एक विलक्षण कुंठा का प्रदर्शन हुआ। विश्वविद्यालयों के छात्र तो छात्र हैं, नए-नए डॉक्टर और पत्र-पत्रिकाओं में प्रकाश फेंकनेवाले उदीयमान समीक्षक भी शुक्ल-सूक्तियों को बिना नामोल्लेख के 'सिवनि सुहावनि टाट-पटोरे' की तरह छिपा-छपा रहे हैं। दूसरी ओर शुक्ल जी की धरती पर पश्चिमी समीक्षकों के दो-चार बीज वाक्यों को पल्लवित-पुष्पित करके लोग एक 'अद्भुत अनुपम बाग' लगा रहे हैं। परन्तु उसमें फलित क्या होता? कहीं आचार्य के अन्तेवासी भ्रान्त भाष्य पर तुले हैं, जो अपनी प्रामाणिकता के लिए उनकी अप्रकाशित मौखिक उक्तियों का हवाला देते चलते हैं। वहाँ मुद्दई सुस्त गवाह चुस्त वाली बात देखी जाती है। कहीं-कहीं कोई पश्चिमी समीक्षक एकदम उड़ाकर हिन्दी के गाँव में आया नया-नया ऊँट हो रहा है। कुछ हीनता ग्रन्थि-ग्रस्त सम्मान्य समीक्षक अपनी मौलिकता का रोब गालिब करने के लिए शुक्ल जी पर आड़े-लुक्के तीर-तुक्के चला देते हैं, ताकि लोग उन्हें आचार्य से सर्वदा अप्रभावित समझें। इनसे भिन्न एक ऐसा दल है जो आचार्य की बिलकुल उपेक्षा करके, एक नवीनतम ऐतिहासिक मानदंड और बाट के सहारे साहित्य का सारा गल्ला तौल फेंकने में श्रमसिक्त है।

प्रश्न है शुक्ल जी की समीक्षा क्यों करें? अब तक उनकी समीक्षा या तो समीक्षा के लिए हुई है या निरुद्देश्य। न तो उनकी स्तुति की आवश्यकता है और न निन्दा की। आरोपों से उनकी रक्षा तो और व्यर्थ। सत्य अपना रक्षक स्वयं है। सफाई देने से कूड़ा ही बढ़ता है। हमें तभी समीक्षा-पद्धति के मानदंड स्थिर करने के लिए शुक्ल जी की समीक्षा करनी है। अन्यथा रहने दें। और भी अनेक काम हैं। आचार्य की उपेक्षा करके नया कदम उठाना सम्भव तो है, परन्तु अपूर्ण। प्रत्येक साहित्य की अपनी परम्परा होती है और प्रत्येक शिष्ट, सभ्य तथा संस्कृत जाति उस परम्परा का ध्यान रखते हुए उसमें नई कड़ी जोड़ती है। नवीनता दृष्टिकोण की है, समीक्षा के उपादान तो वही रहेंगे। मार्क्सवादी समीक्षा एक दृष्टिकोण मात्र है, वर्तमान युग की पूर्ण समीक्षा पद्धति नहीं। अच्छा हो कि इसके ऐतिहासिक दृष्टिकोण से हम हिन्दी की नई समीक्षा पद्धति का निर्माण करने के लिए शुक्ल जी की समीक्षा कर डालें। जितना एकांगी है शुक्ल जी के प्रति उपेक्षा भाव उतना ही एकांगी है श्रद्धा भाव। वैज्ञानिक दृष्टि का अर्थ न तो अश्रद्धा है और न उपेक्षा। यदि हम शुक्ल जी का सभ्य विश्लेषण न करेंगे तो हमारा श्रद्धा-मिश्रित भय समीक्षा को आगे न बढ़ने देगा।

प्रश्न है शुक्ल जी का विश्लेषण कैसे करें? क्या उनकी इक्की-दुक्की स्थापनाओं को उद्धृत कर केवल सहमति प्रकट करें? इससे तो केवल समीक्षकों की रुचि विभिन्नता का ही पता चलेगा। उनके किए गए वर्गीकरण में एक-दो संख्या

जोड़ना या घटाना भी केवल छात्रोपयोगी खिलवाड़ होगा। उनका 'हिन्दी साहित्य का इतिहास' लेकर कुछ लेखकों और कवियों के नामों के भाव–अभाव पर भी उलझना ठीक नहीं। यह प्रश्न ठीक है कि उन्होंने तुलसी को सूर से बड़ा कहकर या जायसी को बहुत महत्त्व देकर, अथवा कबीर की अनुचित निन्दा करके बड़ा बुरा काम किया। मुख्य प्रश्न यह है कि उन्होंने ऐसा क्यों किया ? उसकी तुलनात्मक आलोचना तो आनुषंगिक है। सभी कहते हैं कि शुक्ल जी की विशेष रुचि थी और विशेष मानदंड भी। हमें सर्वप्रथम उस मानदंड निर्माण की परिस्थितियों, उपादानों और कारणों का विश्लेषण करना है। पहली आवश्यकता है उनकी सम्पूर्ण और सकल समीक्षा पद्धति की (यदि वह इतनी व्यवस्थित है और नहीं तो उसके बिखरे सूत्रों को व्यवस्थित रूप देकर, अथवा उसके अव्यवस्थित और रिक्त स्थानों पर निशान लगाकर) परीक्षा की। यहाँ यह ध्यान रखना चाहिए कि शुक्ल जी ने सूर, तुलसी, जायसी आदि कवियों की समीक्षा अपना मानदंड स्थिर करने के लिए की। फिर यह देखना है कि शुक्ल जी ने अपनी समीक्षा परम्परा को कितना आगे बढ़ाया ? इसके लिए उन्हें समस्त हिन्दी अथवा भारतीय समीक्षा परम्परा के परिपार्श्व में रखकर देखना चाहिए। यही उनका सही मूल्यांकन होगा। अन्त में सबसे महत्त्वपूर्ण है यह देखना कि उन्होंने अपने युगीन समाज की साहित्यिक माँग और साहित्यिकों की देन के बीच सम्बन्ध स्थापित करने के लिए क्या किया ?

सच्चा समीक्षक छिटपुट नए–पुराने लेखों की मनमानी आलोचना करके ही सन्तुष्ट नहीं रहता, अपितु वह अपने युग के समाज और साहित्य के द्वन्द्वात्मक तथा गतिशील प्रभाव को तीव्र बनाने के लिए प्रयत्न करता है। इस प्रकार वह कवि, उपन्यासकार तथा नाटककार की ही तरह अपने समाज को आगे बढ़ाने में योग देता है। इसके लिए समीक्षक अतीत के कवि–लेखक और समीक्षकों का विश्लेषण करके देखता है कि किसी युग का साहित्य कहाँ तक उस समाज के हृदय की धड़कन से सम्बद्ध है और उसे जीवन्त तथा गतिशील बनाने में सहायक है। देखना है कि शुक्ल जी ने यह कार्य कहाँ तक किया। मान लेना चाहिए कि वे छायावाद युग के समीक्षक थे। उस युग के समाज और साहित्य के परस्पर प्रभाव में उनका योग देना सबसे अधिक विचारणीय है। जब वर्तमान समाज नए समीक्षक से नई समीक्षा पद्धति माँग रहा है, तो उसे भी वही करना होगा, जिसके द्वारा यह शुक्ल जी का मूल्यांकन करने जा रहा है। हमारे वर्तमान साहित्य सम्बन्धी मिथ्या पूर्वाग्रह तो दूर होगा ही, शुक्ल जी का उपयोग भी उचित होगा। प्रश्न शुक्ल जी के 'रीएडॉप्टेशन' 'रीएडजस्टमेंट' का है। सोचना है कि यदि शुक्ल जी आज होते तो क्या लिखते ? अर्थात् आज के समीक्षक को नई परिस्थिति के अनुकूल भरसक आचार्य शुक्ल बनना है।

2

आचार्य शुक्ल मूलत: काव्य के समीक्षक थे। यों 'इतिहास' में उपन्यास, कहानी, नाटक आदि अन्य अंगों पर भी विचार किया गया है, परन्तु इन सबके विवेचन में उनका मन रमा नहीं। बात यह है कि उन्होंने उपन्यास आदि बहुत कम पढ़ा था और शुक्ल जी समीक्षा-ग्रन्थ पढ़कर समीक्षा करने वाले व्यक्ति न थे, जैसा कि आजकल का चलन है। वे पहले सहृदय थे, पीछे समीक्षक। शुक्ल जी सच्चे अर्थों में सहृदय थे। उन्होंने पहले 'काव्यानुशीलनाभ्यास' के द्वारा अपने मन-मुकुर को विशद बना लिया था। तुलसी, सूर, जायसी का रस-मन्थन तो उन्होंने किया ही, हिन्दी साहित्य के लगभग सभी कवियों की उत्कृष्ट रचनाओं में अवगाहन भी किया। संस्कृत के वाल्मीकि, कालिदास और भवभूति की भारती से भी काम की बातें खोज निकालीं। इस प्रकार उनका हृदय भावसम्पृक्त, रससिद्ध, विवेकयुक्त तथा उदात्त हो गया था। फिर उनमें 'वर्णनीयतन्मवी भवन योग्यता' के साथ-साथ 'स्वहृदय संवाद' का सामर्थ्य भी आ गया। इस भाँति उन्होंने समीक्षा के लिए अत्यन्त परिष्कृत रुचि प्राप्त की। दृष्टिकोण भिन्न होने पर भी छायावादी काव्य की बारीकियों को समझने में वे पुराने ही नहीं, नए समीक्षकों में भी सबसे अधिक सफल रहे। उनके काव्य-मर्मज्ञ होने का एक कारण उनका कवि होना भी था।

शुक्ल जी की इस विशेष रुचि के कारण कुछ लोग उन्हें रूढ़िवादी (डोगमैटिक) कहते हैं। परन्तु रूढ़िवादी कौन नहीं है? रूढ़िवादी वही होता है, जिसका अपना कोई सिद्धान्त नहीं। ऐसे ही ढुलमुल अवसर देखकर एक ही कविता को कभी सर्वोत्कृष्ट कहते हैं और कभी निकृष्टम। समीक्षा स्वयं एक रूढ़ि है, जो सामान्य जन की ऐसी ही अस्थिर और चंचल रुचियों के बीच तैयार होती है। इससे स्वच्छन्द तथा वैयक्तिक काव्य-रसास्वादन को खतरा नहीं। क्योंकि एक तो यह उसमें सहायक होती है, दूसरे एक रूढ़ि पूर्व स्थापित रूढ़ि का खंडन ही नहीं करती, स्वयं भी भावी रूढ़ि से खंडित होने के लिए पथ प्रशस्त करती है। रूढ़ि का ही भला नाम सिद्धान्त या नियम है। रिचर्ड्स के शब्दों में समीक्षा का इतिहास रूढ़ियों का इतिहास है।

कुछ लोग शुक्ल जी के काव्याभ्यासजन्य पूर्वाग्रह को लक्ष्य करके कहते हैं कि यदि वे व्यक्तिगत रुचियों से ऊपर उठ जाते, तो कई कवियों के साथ उचित न्याय कर पाते। वे समीक्षा में तटस्थता के सिद्धान्त का समर्थन करते हुए शुक्ल जी की 'सब्जेक्टिविटी' को अनुचित समझते हैं। परन्तु समीक्षा नाप-तोल की बाट नहीं, जो एक बार तय कर दी जाए और 'लल्लू बुद्धू' सभी उसके सहारे बिना बुद्धि खरचे साहित्य का गल्ला तौल फेंकें। आलोचना की प्रणाली तो वैज्ञानिक होती है, परन्तु उसका संचालन लक्ष्य कलात्मक या भावात्मक (सब्जेक्टिव) होता है। समीक्षा रचना-विज्ञान के साथ जीवन-दर्शन भी है, जो समीक्षक का अपना होता है। यही

जीवन-दर्शन एक ओर आलोचना-प्रणाली को वैज्ञानिक सुसंगति (अक्यूरेसी) देता है और दूसरी ओर उसे निरा मशीनी मानदंड होने से बचाता है। तभी तो समीक्षा एक उपजीवी साहित्य मात्र न होकर स्वतंत्र रचनात्मक साहित्य में गिनी जाती है। इसका कार्य निषेधात्मक ही नहीं, विधेयात्मक भी है, बल्कि अधिकांश विधेयात्मक। फिर अब तो भौतिक विज्ञान भी 'सब्जेक्टिविटी' को स्वीकार करने लगा है। नवीन अनुसन्धान के अनुसार वैज्ञानिक मापयन्त्र शुद्ध भौतिक तथ्य को न बतलाकर भौतिक तथ्य की सापेक्षता बतलाते हैं। उदाहरणस्वरूप एक ही वस्तु का दो स्थानों से, दो कैमरों द्वारा लिया गया फोटो, भिन्न होता है। जब यन्त्र का यह हाल है तो शुक्ल जी तो चेतन व्यक्ति थे।

तात्पर्य यह कि शुक्ल जी की समीक्षा-पद्धति एक सैद्धान्तिक भित्ति पर स्थित है और यह भित्ति है उनका अभिव्यक्तिवादी जीवन-दर्शन। यह कोई विशेष नहीं। आरम्भ में उस पर तुलसी-दर्शन के विशिष्टाद्वैत मत की छाप थी, परन्तु आगे चलकर वह बल्लभाचार्य के शुद्ध द्वैत मत के अनुकूल हो गया। इसकी झलक 'सूरदास' पुस्तक में छपित 'भक्ति के विकास' में मिल जाती है। पहले वे जगत को ब्रह्म के सत्स्वरूप की अभिव्यक्ति मानकर अव्यक्त और व्यक्त दो सत्ताओं में व्यक्त सत्ता को विशेष महत्त्व देते थे, परन्तु आगे चलकर व्यक्त सत्ता को ही सब कुछ मानने लगे। इस प्रकार उनका दर्शन वस्तुवादी (ऑब्जेक्टिव) था। शुक्ल जी ने अपने दर्शन की व्यवस्थित तत्त्वमीमांसा तो कहीं नहीं उपस्थित की परन्तु उसके आचार-शास्त्र की झलक प्राय: मिलती रही है। उन्होंने जिस 'लोक धर्म' की बात यत्र-तत्र की है (विशेषकर 'मानस की धर्मभूमि', तुलसीदास के 'लोकनीति और मर्यादावाद' आदि अध्याय में) वही उनके दर्शन का सामाजिक सिद्धान्त है। यों वह वर्णाश्रम व्यवस्था पर आधारित दिखाई पड़ता है परन्तु उसमें कुछ आधुनिक उदारता भी आ गई थी। कर्तव्यों के नागरिकशास्त्र का 'राइट आर्डरिंग ऑफ सेवरल लॉयल्टीज' वाला सिद्धान्त भी गृहीत था। हिन्दू-मुस्लिम एकता के लिए उन्होंने जायसी को ढाल बनाकर कबीर को इसलिए ठुकरा दिया कि कबीर को अपनाने से वर्ण-व्यवस्था की मर्यादा को धक्का लगने का भय था।

शुक्ल जी के दर्शन का व्यापक व्यवहार उनकी समीक्षा पद्धति में हुआ। अभिव्यक्तिवादी होने के कारण उन्होंने काव्य को केवल व्यक्त जगत से सम्बद्ध माना और निर्णय दिया कि अव्यक्त सत्ता सम्बन्धी काव्य नहीं हो सकता। फलत: उन्होंने रहस्यवाद-छायावाद का विरोध किया। व्यक्त जगत से सम्बद्ध काव्य का अर्थ है विभाव में विभाव प्रधान होना और आलम्बन के चित्रण का विशेष महत्त्व। आलम्बन के तीन प्रकार हैं—मानव, प्रकृति और ऐतिहासिक भरतविशेष। मानव आलम्बन के व्यस्त जीवन से सम्बद्ध होने के कारण कम संकुल महाकाव्य का पक्ष

जिसमें नायक-नायिका का चरित्र-चित्रण। महाकाव्यों में भी साधना पक्ष का समर्थन। इसके विरुद्ध भाव-प्रधान गीत काव्यों का विरोध। प्रकृति के आलम्बन-चित्रण को इतना स्वतंत्र रूप दिया कि वह अकेले भी रसोद्रेक के लिए पर्याप्त माना गया। ऐतिहासिक अवशेषों के लिए तो उन्होंने रस-स्थिति का एक अलग चौखटा बना दिया। रही रस निष्पत्ति। भरत के बाद वाले अध्यात्मवादी अथवा वेदांती दार्शनिकों ने रस को अलौकिक भूमि पर प्रतिष्ठित कर दिया था। शुक्ल जी के वस्तुवादी दर्शन ने उसकी लौकिक व्याख्या कर डाली। फिर अभिनवगुप्त के 'अभिव्यक्तिवाद' को मानते हुए भी व्यक्त सत्ता प्रेमी सांख्य भट्टनायक के 'मुक्तिवाद' को तरह न दे सके। इसी दार्शनिक मतभेद के कारण शुक्ल जी ने क्रोचे के अभिव्यंजनावाद का विरोध किया। शुक्ल जी काव्य को व्यक्त जगत की सीधी अभिव्यक्ति मानते थे और वह व्यक्त जगत की अभिव्यक्ति को कला मानता था। शुक्ल जी ने इस काल्पनिक द्राविड़ प्राणायाम को दूर से ही प्रणाम किया। अनुभूति की अपेक्षा कल्पना को निम्न स्थान देना भी इसी व्यक्त दर्शन का प्रभाव है, क्योंकि कल्पना व्यक्त जगत से भिन्न एक अव्यक्त लोक का सृजन कर देती है तथा वास्तविकता से दूर ले जाती है। कल्पना प्रधान अलंकारों और कलाओं को भी काव्य के क्षेत्र से निकालने का यही कारण था। संक्षेप में शुक्ल जी की समीक्षा-पद्धति के ये कुछ सुसम्बद्ध सूत्र हैं। इनमें एक केन्द्रीय अन्विति इतनी घनिष्ठ है कि परस्पर विरोधी उक्तियों तथा असंगतियों की गुंजाइश नहीं। मानिए तो पूरा सिद्धान्त और ठुकराइए तो पूरा। 'हाँ' कहिए या 'ना'। सारसंचय की प्रवृत्ति का परिचय तो बिना पेंदी के लोग देते हैं।

3

सबसे पहले शुक्ल जी के जीवन-दर्शन तथा समीक्षा-सिद्धान्त के उपादान कारणों का विश्लेषण। शुक्ल जी आधुनिक पुनरुत्थान युग के चरम उत्कर्ष की उपज थे। वे 'निर्वाणोन्मुख आदर्शों के अन्तिम दीपशिखोदय' कहे जा सकते हैं। औद्योगिक क्रान्ति की ज्वाला में भभकती हुई भारतीय सामन्तवादी परम्परा का पूरा वैभव उनमें पुँजीभूत हो उठा। परन्तु उस पुनरुत्थान युग में दो विरोधी विचारधाराएँ समानान्तर बह रही थीं। एक आर्यसमाज की स्थूल नैतिकतावादी और दूसरी ब्राह्मसमाज तथा रामकृष्ण मिशन की औपनिषदिक वेदान्ती। पहली से प्रभावित द्विवेदी युग था और दूसरी से रहस्यवाद-छायावाद युग। कालक्रम से हिन्दी साहित्य में एक पहले आई, दूसरी पीछे। शुक्ल जी का निर्माण पहली धारा में हुआ और काम करना पड़ा दूसरी धारा में। इस प्रकार वे दो युगों के सन्धिस्थल पर दिखाई पड़ते हैं। यों वे

समझौतावादी न थे, परन्तु चिर नवीन रहने के लिए प्रयत्नशील अवश्य थे। अपनी स्थिति के अनुकूल उन्होंने बीच का मार्ग पकड़ा। सोलहवीं सदी के ह्रासोन्मुखी सामन्ती समाज का भक्ति मार्ग, जो हिन्दी में स्वर्ण युग के नाम से विख्यात हो चुका था, उन्हें सबसे अधिक उपयुक्त जान पड़ा। भक्ति मार्ग अपनाने में शुक्ल जी के मन में वही मनोवैज्ञानिक चेतना काम कर रही थी जिसका अनुमान उन्होंने भक्ति काव्य के उदय के लिए किया था। वह यह कि पराजित जाति शक्तिहीन होने पर भगवान का सहारा लेती है। सन् सत्तावन में भारतीय तलवारें टूट चुकी थीं। लोग बहुत कुछ अंग्रेजी दासता के अभ्यस्त से हो चले थे। शुक्ल जी ने उचित अवसर देखकर अवतारी भगवान की शरण ली। परन्तु जिस प्रकार भक्ति काव्य के उदय सम्बन्धी ऐतिहासिक कारणों को समझाने में शुक्ल जी अक्षम रहे, उसी प्रकार वे इस पुनरुत्थान युग के काव्योत्थान का मूल कारण समझने में चूक गए। अंग्रेजों ने भारतीयों को असभ्य, असंस्कृत तथा बर्बर कहना शुरू किया था। भारतीयों की वर्तमान निधि तो कुछ भी नहीं थी। इसलिए उनकी हीनता ग्रन्थि ने प्राचीन आदर्शों के पुनरुत्थान का प्रयत्न किया। सामन्ती राष्ट्रीयता का उदय प्रायः ह्रासोन्मुख युग एक ओर प्राचीन गौरव के बालू में मुँह छिपाता है और दूसरी ओर काल्पनिक (स्पेकुलेटिव) दर्शन के आकाश में विचरण करता है। इसीलिए रवीन्द्रनाथ ठाकुर और महात्मा गांधी जैसे दोनों महापुरुषों ने अध्यात्मवाद का सहारा लिया। रहस्यवादी और छायावादी काव्यों ने 'महाजनो येन गतः स पन्था' का आदर्श निभाया। परन्तु शुक्ल जी अध्यात्मवादी न हो सके। उनमें अवतारवाद का आग्रह इतना अधिक था कि वे व्यक्त जगत से ही सम्बद्ध रहे। इसीलिए जीवन के प्रति उनका दृष्टिकोण रवि ठाकुर और गांधीजी की तरह व्यापक तथा मानववादी न हो सका। वे अपने सिद्धान्तों को समाजवादी समता के निकट ले जाने में अन्त तक अक्षम रहे, जबकि मानवतावादी अध्यात्मवादियों ने उसे गलत-सही समेट लेने का प्रयत्न किया।

अस्तु, शुक्ल जी ने बार-बार छायावादी काव्य को जीवन की व्यापक भावभूमियों पर विचरण करने के लिए नारा बुलन्द किया, तो कवियों के सामने कुछ स्पष्ट नहीं हो सका कि जीवन से उनका अभिप्राय क्या है! कुछ लोग इसे शुक्ल जी की प्रगतिशीलता समझते हैं। परन्तु वह उस युग के मानवतावादी दृष्टिकोण से अधिक प्रगतिशील न था। शुक्ल जी ने मोटे तौर से जगत को जीवन का पर्याय मान लिया, जिसमें एक ओर वन्य प्रकृति थी और दूसरी ओर विभिन्न प्रकार के काल्पनिक प्राचीन शील से युक्त कुछ मानव व्यक्ति। महाकाव्यों में वर्णित कुछ 'टाइप' के चरित्र ही उनके 'जीवन' के प्रतीक थे, जिनका शील वैचित्र्य शेक्सपीरियन युग के पात्रों के अनुसार निश्चित किया गया था। न तो उन्होंने अपने युग की आर्थिक-सामाजिक-राजनीतिक समस्याओं की विशद व्याख्या की और न

गांधीवादी राष्ट्रीय मोर्चे के पास ही फटकने का साहस किया। इस प्रकार शुक्ल जी के जीवनवाद में न तो तत्कालीन समस्याओं की ऊपरी सतह को स्थान था और न गहरी मौलिक समस्याओं में उतरने का प्रयत्न। इसीलिए वे 'रामराज्य' की वर्ण-व्यवस्था के आदर्शों में ही उलझे रह गए। कुछ और आगे बढ़े तो पंत जी के प्राकृत-चित्रण पर रीझ उठे। ऐतिहासिक स्थानों के प्रति उनका मोह भी पुनरुत्थान युग की चेतना का प्रतिफलन था। ये सभी बातें तत्कालीन जीवन से पलायन की सूचना देती हैं। इसका सबसे बड़ा प्रमाण यही है कि बीसवीं शती के चौथे दशक तक समाजवादी सिद्धान्तों के प्रचार होने पर अध्यात्मवादी छायावादी कवियों के मानवतावाद ने तो सहज ही उसे अपना लिया, परन्तु जीवन-जगत के अनुरागी आचार्य शुक्ल बहुत पीछे रह गए। वस्तुतः शुक्ल जी का 'जीवनवाद' उस समय के अंग्रेज समीक्षक मैथ्यू आर्नल्ड के उस हवाई सिद्धान्त पर स्थित था, जिसमें 'कविता जीवन की आलोचना' कही गई थी।

वस्तुतः शुक्ल जी द्विवेदी युगीन मान्यताओं के सुधारक रूप में खड़े हुए। द्विवेदी युग आर्यसमाजी 'प्यूरिटन' नीतिमत्ता से बुरी तरह प्रभावित था। साहित्य सरसता नहीं रह गई थी। इसलिए उन्होंने सरस भक्ति-भावना की पुनःप्रतिष्ठा की, जिसके द्वारा मूर्ति-खंडन, अवतार-विरोध, हिन्दू-मुस्लिम-विभेद आदि का तो वितंडावाद हटा ही, साहित्य की छाती से इतिवृत्तात्मकता की सिल भी हट गई। इससे साहित्य की सरस स्रोतस्विनी मरुस्थल पार करके उर्वर भूमि में उतरी। आचार्य ने स्वच्छन्दतावाद का समर्थन किया। उन्होंने स्वयं कविताएँ लिखीं। उधर द्विवेदी युग के स्वच्छन्दतावादी कवियों ने अंग्रेजी के गोल्डस्मिथ, ग्रे, बर्न्स, वर्ड्सवर्थ वाले प्रथम रोमांटिक उत्थान का अनुसरण किया। छायावादी कवियों ने आगे बढ़कर अंग्रेजी रोमांटिक धारा के द्वितीय उत्थानवाले शेली, कीट्स, बायरन आदि कवियों से प्रभाव ग्रहण किया। यहीं आचार्य बिगड़ गए। वे स्वयं भी विदेशों से प्रभावित थे, किन्तु फिर भी आगे बढ़ने वाली स्वच्छंदतावादी काव्य-धारा को विदेशी कहकर कोसने लगे। कवि आगे बढ़ गया, समीक्षक पीछे रह गया। यहाँ शुक्ल जी का स्वच्छन्दतावादी कवि समीक्षक बोल रहा था। छायावाद का विरोध करने के लिए शुक्ल जी ने दूसरा अस्त्र उठाया। उसी समय मैथ्यू आर्नल्ड ने रोमांटिक धारा के विपरीत 'क्लासिकल' काव्य-धारा प्रवर्तित की थी। शुक्ल जी ने भी छायावादी स्वच्छन्दतावाद के विरुद्ध तुलसी-जायसी के 'क्लासिसिज्म' का पुनरुत्थान किया। वहीं पता चलता है कि शुक्ल जी अपने युग के काव्य को निश्चित दिशा देने की जगह बीच धारा में अड़कर खड़े हो गए। जो होना था वही हुआ। आचार्य खड़े-खड़े ताकते रहे और काव्य-गंगा उन्हें कतराकर कल-कल हास्य करती हुई आगे बढ़ गई। इस प्रकार नए युग के बीच आचार्य कुछ उलंग दिखाई पड़े।

महाकाव्य का शरीर उपन्यास, नाटक और प्रगीति मुक्तक तीन भागों में बँट चुका था। सारा समाज काव्य से प्रगीत माँग रहा था और शुक्ल जी उसे महाकाव्य का गोला देने पर तुले थे। इतिहास संश्लेषण से विश्लेषण की ओर जा रहा है। शुक्ल जी ने इस बात को लक्ष्य न कर प्राचीन प्रबन्ध-काव्यों की उद्धरणी का आग्रह किया। कवि समीक्षक का साथ देने में असमर्थ रहा। प्रसाद जी ने कामायनी लिखी भी तो वह छायावादी गीतों का संग्रह मात्र ही बन सकी।

रहा छायावाद के विरोध का दार्शनिक आधार। तब एक ही सत्ता के अव्यक्त और व्यक्त दो पहलू हैं तो एक को सत्य और पूर्ण कहना भ्रान्ति है। व्यक्त से दूर रहनेवाला उतना ही एकांगी है, जितना अव्यक्त से दूर रहनेवाला। यदि व्यापकता की दृष्टि से देखा जाए तो अव्यक्त कहीं अधिक रहस्यगर्भी और असीम है। नए छायावादी युग की उदात्त भावना को इस असीम अव्यक्त सत्ता में विचरण करना अधिक सुखद मालूम हुआ। परन्तु शुक्ल जी ने इस भावना को जीवन से दूर कहा। सच तो यह है कि छायावाद समूचे जीवन से दूर नहीं केवल उसके व्यक्त वस्तुगत (ऑब्जेक्टिव) रूप से दूर था। इस प्रकार जीवन का एक टुकड़ा अपनाने के कारण वह एकांगी था। परन्तु एक पक्ष भावगत (सब्जेक्टिव) भी है, जो कम महत्त्वपूर्ण नहीं। काव्य कभी एक पक्ष को अपनाता है कभी दूसरे को, और दोनों को। अपनाने में ही काव्य की पूर्णता है। छायावाद-रहस्यवाद ने प्रधानतः भाव पक्ष को अपनाया। छायावाद जीवन से दूर न होने के कारण ही शुक्ल जी के इतने आक्रमणों पर भी अविचलित रहा। गिरा तो यथार्थवादी-मार्क्सवादी दर्शन के आघात से और तब जब स्वयं छायावादी कवि भी अव्यक्त से उतर कर व्यक्त समाज के निकट आने लगे थे। विरोध का एक कारण और था। शुक्ल जी को विश्वास न था कि ये कवि सममुच ही अव्यक्त से प्रेम करते हैं। परन्तु सच तो यह है कि छायावादी काव्य में भावों का उदात्तीकरण ही महान अव्यक्त सत्ता का रूप धारण कर लेता है। और यह तर्क कि अज्ञात के प्रति जिज्ञासा हो ही सकती है, लालसा नहीं हो सकती, व्यक्त और अव्यक्त दोनों पक्षों के लिए लागू हो सकता है। मनुष्य यदि अपने को प्रेम कर सकता है तो व्यक्त जगत और अव्यक्त जगत दोनों को प्रेम कर सकता है। परन्तु आत्मा से मनुष्य का प्रेम, अनुराग या लालसा है, इसीलिए वहाँ व्यक्त-अव्यक्त का झगड़ा नहीं उठता। अव्यक्त की भाँति व्यक्त जगत से भी अनुराग होने के पूर्व जिज्ञासा ही होती है। काव्य में दोनों गृहीत हैं। छायावादी कवियों की कविता का आधार भले ही मानवीय प्रेम रहा हो, परन्तु उच्च भाव दशा में उस अशरीरी भावना ने अवैयक्तिकता की स्थूल सतह छोड़कर किसी उदात्त अव्यक्त सत्ता का अनुभव किया हो, तो क्या आश्चर्य! क्या उसे रस की लौकिक भूमि पर स्थित अलौकिक अनुभूति की सी शुक्ल व्याख्या प्राप्त नहीं हो सकती?

हाँ, शुक्ल जी ने जो 'कलावाद' का विरोध किया, उसे भी देखना है। मेरा अनुभव है कि यह उच्चकोटि के छायावादी कवियों में कभी नहीं आया। रसवादी आचार्य को केवल अलंकारवाद का विरोध करना था और उन्होंने यूरोपीय 'कलावाद' के आगमन का संकटकालीन भोंपू बजाना आरम्भ कर दिया। मुझे ऐसा लगता है कि समीक्षा को छोड़कर हिन्दी के अन्य क्षेत्रों में उस समय यूरोपीय 'कलावाद' आया ही नहीं। आचार्य ने केवल आसमान में मुक्का मारा।

इस प्रकार काव्य समीक्षक होकर आचार्य ने जब अपने युग के काव्य को उचित दिशा न दी तो उपन्यास, नाटक, कहानी आदि अन्य अंगों के लिए उनसे आशा करना व्यर्थ था। नाटक के क्षेत्र में उन्होंने भारतीय रसवाद और पश्चिमी चरित्र-वैचित्र्य का जो समर्थन किया वह प्रसाद जी का क्रिया-कौशल देखकर, परन्तु समस्त नाटकों के प्रति उनका उपेक्षा भाव अन्य भावी प्रयोगों के लिए बाधक सिद्ध हुआ। आचार्य शुक्ल ने न केवल हिन्दी समीक्षा को व्यवस्थित रूप दिया, दिशा भी दिखाई और भाषा भी दी।

4

आचार्य शुक्ल भारतीय रस-परम्परा के अन्तिम आचार्य थे। उन्हें संस्कृत आचार्यों की कड़ी में रखते समय हम भरत, आनन्दवर्द्धन, अभिनवगुप्त के साथ उनकी तुलना नहीं कर रहे हैं। हमारा अभिप्राय यही है कि वे स्वयं परम्परा वाहक और साथ ही नई रूढ़ियों के निर्माता थे। एक तो रीतिकालीन समीक्षा पद्धति, जिसका सैद्धांतिक पक्ष समकालीन ह्रासोन्मुखी नायिका भेद की बोझिल रीति-अलंकार (अलंकार विशेष रूप से) के संस्कृत लक्ष्ण-ग्रन्थों का अन्धानुकरण था और व्यावहारिक पक्ष केवल कुछ रिमार्कों और टीकाओं तक सीमित था। हिन्दी के रीति-कालीन आचार्यों ने रस-सिद्धांत को छोड़ ही नहीं दिया, समकालीन संस्कृत साहित्य का विवेकपूर्ण अनुसरण भी नहीं किया। संस्कृत गद्य इतना प्रौढ़ था कि संस्कृत आचार्यों के लिए विचार-वितर्क का पूरा अवसर था, परन्तु हिन्दी समीक्षकों की पद्यबद्ध समीक्षा बेकाम रही। जब सिद्धांत का यह हाल तो व्यवहार क्या करता। या तो 'सूर सूर तुलसी ससी' और 'और कवि गढ़िया नन्ददास जड़िया' जैसी वैयक्तिक सूक्तियाँ कही गईं या बिहारी सतसई की पद्यबद्ध टीकाएँ। मल्लिनाथ जैसी टीका भी हिन्दी में होती तो मानते कि समीक्षा में कुछ काम हुआ। आधुनिक युग में भारतेन्दु युग गद्य को पाकर भी ललित साहित्य में अधिक लगा रहा। छिटपुट 'वाहवाही' सुनाई पड़ जाती थी। इससे पूर्व 'चौरासी वैष्णवन की वार्ता', 'दो सौ बावन वैष्णवन की वार्ता', 'शिवसिंह सरोज' जैसे कुछ जीवन वृतांत प्रधान ऐतिहासिक समीक्षा के ग्रन्थ अवश्य आए, परन्तु

उसके बौद्धिक व्यायाम की जगह केवल शारीरिक श्रम से काम लिया गया था। भारतेन्दु युग में ऐसा भी काम न हुआ। द्विवेदी युग में कुछ तो 'कविता क्या है' जैसे विषयों पर विषमयादिबोधक निबन्ध लिखे गए, कुछ कवियों को छोटा-बड़ा सिद्ध करने में एड़ी-चोटी का पसीना एक किया गया, कुछ शास्त्रीय आलोचनाओं के नाम पर टीकाएँ लिखीं गईं। मिश्रबन्धु विनोद जैसी साहित्य नाममाला प्रस्तुत की गई और बाबू श्यामसुन्दर दास ने शिक्षोपयोगी ग्रन्थ प्रस्तुत किए, जो साहित्य के अंगों-उपांगों का विवरण भर दे सकते थे। द्विवेदीयुग में समीक्षा प्राय: अंग्रेजी की समीक्षा पुस्तकों से प्रभावित थी।

शुक्ल जी ने इन बिखरे प्रयत्नों को समेटने के साथ-साथ इनमें से प्रत्येक प्रयत्न को चरम अवस्था पर पहुँचाया। टीकाओं की चरम परिणति तुलसी, सूर, जायसी की व्याख्यात्मक समीक्षा में हुई। तुलनाएँ भी इतिहास में यत्र-यत्र विवेचनात्मक ढंग से आती गईं। शास्त्रीय लक्षण ग्रन्थों के अनुसार लाक्षणिक और व्यंग्य-उक्तियों की बारीकी पहचानने की ओर विशेष ध्यान दिया गया। अलंकारों की सूक्ष्म परख द्वारा उधर भी विद्वत्ता की झलक दिखाई गई। इस प्रकार शुक्ल जी हिन्दी समीक्षा का सम्पूर्ण वैभव समेटकर खड़े हुए। यदि वे इतना ही करते तो भी कम न होता। परन्तु आगे बढ़कर धाक तो जमाई उन्होंने रस सिद्धान्त के निरूपण में वितर्काश्रई समीक्षा-पद्धति के द्वारा। यह थी बाबू श्यामसुन्दर दास के प्रयत्नों की चरम परिणति। अब कवि-कर्म और कविता की कारयित्री प्रतिभा का मनोवैज्ञानिक विश्लेषण किया गया। शुक्ल जी ने इस परम्परा को नवीन मनोवैज्ञानिक स्थापनाओं के आलोक में बहुत आगे बढ़ाया। पुराने भावों को नए जीवन से सम्पर्कित किया। भावों की इतनी विशद व्याख्या साहित्य में पहले नहीं हुई थी। उन्होंने स्थायी और संचारी भावों के क्षेत्र में कुछ नई भावनाओं की ओर संकेत किया। साथ ही विभाग के क्षेत्र को विस्तृत किया। पश्चिमी चरित्र वैचित्र्य को, जो दु:खान्त नाटकों के सिद्धान्त का अंग था, भारतीय रस-सिद्धान्त ने निम्न कोटि के रूप में ग्रहण कर लिया। कविता को केवल रस लेने की वस्तु न कहकर कर्मक्षेत्र की ओर प्रवृत्त करनेवाली प्रेरक शक्ति कहा। इससे निष्कर्ष रसानन्द में गति और सक्रियता आई। व्यावहारिक समीक्षा में भी शुक्ल जी ने इस आदर्श को रखा। भरत तो नाटक के क्रिया-व्यापारों में ही रस खोजने का आदेश कर गए थे, परन्तु परवर्ती आचार्य एक-एक श्लोक में भाव-विभाग-अनुभाव तथा संचारी भाव खोज-खोजकर रस-निष्पत्ति करने लग गए थे। यह बीमारी यहाँ तक पहुँच चुकी थी कि अश्लील, असामाजिक तथा हानिकारक श्लोकों की व्यंग्य और चमत्कारिक उक्तियों में रस की स्थिति बतलाकर उत्तम काव्य के उदाहरणस्वरूप उपस्थित किया जाता था। शुक्ल जी ने मृत और स्थावर रस-सिद्धान्त को जीवन-जगत की भूमि पर स्थापित किया और निर्णय दिया कि उत्तम काव्य के लिए

सामाजिक उपयोगिता तथा सुरुचि पहली शर्त है, फिर उसमें रस के सभी अंग भले न हों, परन्तु यदि वह आह्लाद योग्य है, तो उत्तम रस काव्य के भीतर आ सकता है। उन्होंने सीमित तथा रूढ़ नायक–नायिका–पद्धति को व्यापक चरित्र वैचिर्त्य की भूमि दी। शुक्ल जी का यह आचार्यत्व युग निरपेक्ष रूप से देखने पर भी महान् है। इसलिए छायावाद युग को उचित दिशा न देने पर भी वे हिन्दी के अद्वितीय समीक्षक हैं। उनकी चिन्तन–शक्ति इतनी गहरी थी कि किसी विषय का विश्लेषण करते हुए वे वैज्ञानिक की तरह छोटे–से–छोटा टुकड़ा करते चले जाते थे, यहाँ तक कि कुछ छूटने की सम्भावना नहीं रह पाती थी। उनकी पकड़ अद्‌भुत थी।

परन्तु युग के अनुकूल शुक्ल जी की सीमाएँ थीं। भावों का विश्लेषण करते हुए उन्होंने गतिशील और द्वन्द्वात्मक सामाजिक पीठिका का ध्यान नहीं रखा। दूसरी ओर उन्होंने मैकडूगल आदि चेतन मन सम्बन्धी मनोवैज्ञानिकों का ही सहारा लिया, जबकि उपचेतन मन सम्बन्धी अनेक अनुसन्धान हो चुके थे। इसीलिए अनेक नए उपन्यासों तथा छायावादी गीतों के लिए उनके भावों का मानदंड अधूरा रह गया। इसके अतिरिक्त वे अपने युग की व्यापक सांस्कृतिक चेतना को स्पर्श करनेवाली आलोचना न कर सके। उन्होंने हिन्दी साहित्य का इतिहास तो लिखा, परन्तु वह संग्रह मात्र रहा। उसमें ऐतिहासिक सूत्र स्थित सामाजिक परिवर्तनों की लड़ी में साहित्य को देखने का प्रयत्न न हो सका। परन्तु आज भी इस काम को कौन कर सका? इसके लिए वैसे ही सन्तुलित और व्यवस्थित व्यक्तित्व की आवश्यकता है, जो भाव–योग की साधना के साथ ऐतिहासिक चेतना से युक्त हो और जिसमें कवि हृदय, आलोचक बुद्धि और दार्शनिक विश्लेषण का आनुपातिक समन्वय हो। इस युग की बिखरी हुई समीक्षा पद्धतियों पर नवीन समीक्षा का मानदंड स्थिर करने के लिए उदात्त व्यक्तित्व अपेक्षित है।

जनवाणी/जनवरी, 1950

कैसे लिखें?

'क्या लिखें,' 'कैसे लिखें' आदि प्रश्नों को देखकर सम्भव है कि कुछ मूडी कवि भड़क उठें और सोचें कि यह तो उन्हें परीक्षा-भवन में बैठाकर इन प्रश्नों के उत्तर में उनसे कविताएँ माँगी जा रही हैं या कलम पकड़ाकर उन्हें लिखना सिखाने की धृष्टता की जा रही है। इसलिए पहले ही स्पष्ट कर देना होगा कि ये प्रश्न जागरूक कवि के उस चेतन मन से सम्बन्ध रखते हैं जो समीक्षक की भाँति प्राय: कवि के उपचेतन से प्रादुर्भूत रचनाओं और युग की आवश्यकताओं की तुलना किया करता है। कवि अपनी प्रत्येक अभिव्यक्ति के बाद रुककर देखता है कि वह जो लिखना चाहता था, वह कहाँ तक अभिव्यक्त हो सकता है? अभीष्ठ और अभिव्यक्ति में कितनी भिन्नता है? यह भिन्नता आधिक्य की सूचना देती है या न्यूनता की सूचना देती है तो फिर किस माध्यम से उस क्षति की पूर्ति की जाए? यहाँ यह पूर्वकल्पित है कि काव्याभिव्यक्ति सोदेश्य होती है। कविता प्रेम की तरह अपने-आप 'हो' नहीं जाती, 'की' जाती है। ये आत्म-समीक्षात्मक प्रश्न मन के चेतन धरातल पर उठते हैं और उपयुक्त अवसर आने पर उपचेतन मन उनका रचनात्मक उत्तर देता है। कवि की तरह कविता को स्वयंभू समझने वाले जो कविर्मनीषी श्रम से बचने के लिए यह कनकौआ उड़ाते फिरते हैं कि कविता प्रबल भावावेग का आकस्मिक उद्गार है, वे उसी कवि की यह अधकटी उक्ति क्यों छोड़ देते हैं कि शान्तिमय क्षणों में संस्मृत भाव ही कविता बन जाते हैं। वस्तुत: कवि-कर्म का पूर्वार्द्ध सचेष्ट प्रयत्न है। उपचेतन में स्थित अपार भाव-राशि कभी-कभी किसी घटना, दृश्य या भाव की ठेस से सहसा बह निकलती है।

अब 'कैसे लिखें' प्रश्न का तात्पर्य? इसका सम्बन्ध रूप-विधान (फार्म) से है केवल शैली-शिल्प (टेकनीक) से नहीं। कवि और सामाजिक के बीच अभिव्यक्ति और तृप्ति के अन्तराय को दूर करने अथवा सम्बन्ध स्थापित करने के लिए कवि की ओर से जितना किया जाता है वह सब रूप-विधान के अन्तर्गत आता है। इसका अर्थ है अभिव्यक्ति का माध्यम जिसके बिना अभिप्रेत भाव या विचार आकार भी नहीं पा सकते। टेकनीक तो इसका एक अंग है जिसका सम्बन्ध रचना-कौशल की बारीकियों से रहता है।

यहाँ कुछ लोग टोक सकते हैं कि वस्तुतः कवि के सम्मुख ये प्रश्न ही नहीं उठते कि वह क्या और कैसे लिखे ? यदि ये दोनों प्रश्न उठाते भी हैं तो अलग-अलग नहीं, बल्कि एक ही साथ। तत्त्वतः चरम विश्लेषण पर वस्तु और रूप प्रायः अभिन्न सिद्ध हैं चाहे वह बाह्य रूप मिथ्या हो चाहे सत्य। परन्तु वस्तु से अलग रूप की कोई सत्ता ही नहीं है। प्रश्न व्यवहार का है। कविता भावों या विचारों से नहीं लिखी जाती, शब्दों से लिखी जाती है। चाहे भाव और विचार वस्तु-रूप के प्रक्षेपण हों चाहे वस्तु-रूप-भाव विचार का प्रतिबिम्ब, परन्तु साधारणीकरण के लिए भावों और विचारों को मूर्त्त रूप में ही उपस्थित करना पड़ता है। कवि-कर्म में इस मूर्ति-विधान या बिम्ब-योजना के महत्त्व को स्वीकार करते ही हम मान लेंगे कि 'कैसे लिखें' प्रश्न कितना महत्त्वपूर्ण है ? इसका तात्पर्य यह कदापि नहीं है कि मैं काव्य में विषय-वस्तु अथवा वर्ण्य विषय से अधिक महत्त्व रूप-विधान को दे रहा हूँ। वर्ण्य विषय मूर्त हो चाहे अमूर्त उसके मानसांकित रूप का मूर्त प्रक्षेपण ही अभिव्यक्ति की सबसे बड़ी समस्या है।

अब इस सनातन प्रश्न को वर्तमान परिस्थिति के प्रकाश में लेना चाहिए। 'छायावाद स्थूल के प्रति सूक्ष्म का विद्रोह था'—इस सूक्ति को मैं यहाँ इस रूप में ग्रहण कर पा रहा हूँ कि इसका वर्ण्य-विषय ही नहीं, रूप-विधान भी अमूर्त तथा हवाई था। उसके वर्ष्य विषय तो प्रायः भाव अथवा विचार हैं और काव्यरूप प्रगीत मुक्तक। एक ओर मूर्त आलम्बनों का अभाव है और दूसरी ओर नाटकीयता का। इन सब के मूल में एक ही बात है कि छायावाद 'इमैजरी' के मौलिक सिद्धान्त से दूर था। नाटक भी एक प्रकार का मूर्तिविधान और प्रतीक-योजना है। यही नहीं मूर्ति-विधान का सबसे उत्कृष्ट रूप नाटक में ही पाया जाता है। क्योंकि उसमें सजीव और गत्वर मूर्तियों का उपयोग किया जाता है। इसका अर्थ यह नहीं है कि भावों को ही पात्रों के रूप में रंगमंच पर खड़ा कर दिया जाए। ऐसे अन्यापदेशिक (एलिगोरिकल) नाटक प्रगति मुक्तकों से किसी प्रकार भिन्न नहीं माने जा सकते। छायावादी कवियों में नाटकीय भावना के अभाव का सबसे बड़ा प्रमाण यह है कि उन्होंने ज्योत्स्ना, कल्पना जैसे गीत-नाट्य और कामायनी जैसा अन्यापदेशिक नाट्य-प्रबन्ध लिखा। यों प्रसाद जी अच्छे नाटककार हुए परन्तु काव्य में नाटकीय भावना का सुष्ठु समावेश करने में निराला ने सबसे अधिक कौशल दिखलाया।

आज छायावाद की प्रतिक्रिया आवश्यक है। यह युग सूक्ष्म के विरुद्ध स्थूल का विद्रोह है। इसका अर्थ इतना ही है कि हम प्रत्यक्ष जगत की स्थूल वस्तुओं पर कविताएँ लिखें। यह तो एकांगी प्रतिक्रिया हुई। अन्तः और बाह्य दोनों जगत प्रत्यक्ष की कोटि में आते हैं। प्रत्येक स्थूल वस्तु एक सूक्ष्म सत्ता से युक्त होती है। सौन्दर्य तक केवल ऐंद्रिय नहीं हो सकता। यह 'चेतना का उज्ज्वल वरदान' भी है। स्थूल

का अर्थ आलम्बन–भूमि के उस प्रसार से है जो प्रगीत–मुक्तकों के संकीर्ण घेरे को तोड़कर नाटकीयता के व्यापक क्षेत्र में अभिव्यक्त होता है। वर्तमान कवि को सबसे पहले उस शैली का परित्याग करना है जिसमें वह स्वयं आकाश भाषित की भाँति अपने विचार या भाव उगलने लगता है। कविता 'क्रिया' है, केवल 'भाव' नहीं। वह पाठक में 'भाव' उठाकर ही नहीं रहती, 'क्रिया' के लिए भी प्रेरित करती है। इसलिए उसके रूप–विधान में भी सक्रियता अपेक्षित है। यह कार्य नाटकीयता द्वारा ही सम्भव है। हमारे यहाँ 'नाटक' को इतना महत्त्व देने का यही कारण है कि साधारणीकरण के लिए यह अभिव्यक्ति का सर्वोत्कृष्ट माध्यम है। इसीलिए अन्तिम क्षणों में कीट्स नाटक लिखने के लिए आकुल हो उठा था।

यहाँ संक्षेप में यह विचार कर लेना समीचीन होगा कि कविता में नाटकीयता का इतना आग्रह क्यों है? मूलतः भाव या अनुभूतियाँ मूर्ति–बिम्ब के ही रूप में मन में स्थित रहते हैं। वियोग की अनुभूति का अर्थ है प्रिय के अलग होने की अन्तिम मुद्रा, बातचीत, क्रियाकलाप आदि के अभाव का बोध। यदि आत्मघटित या कल्पनानुभूत की स्मृति का नाम ही 'भाव' है तो स्मृति किसी मूर्त्त या रूपवान सत्त की ही हो सकती है। दूसरे शब्दों में स्मृति मूर्ति या बिम्ब के ही रूप में होती है अर्थात् भाव एक प्रकार का मानस बिम्ब है। भाव और विचार में कोई तात्त्विक अन्तर नहीं है। विचार अनुभूति का ही परिणाम है। इसीलिए बड़े–बड़े विचारक, बड़े अनुभूतिप्रवण व्यक्ति ही होते हैं। कभी अपढ़ प्रेमी ऐसी दार्शनिक सूक्तियाँ बोलते पाए जाते हैं। गोपियों के सामने ज्ञानी उद्धव के झुकने का यही रहस्य है। अस्तु, स्मृति के ये बिम्ब ही मन पर सामूहिक रूप से सुखात्मक या दुःखात्मक प्रभाव डाल लेते हैं। जिन्हें हम किसी एक भाव का नाम दे देते हैं। अब देखना है कि इस प्रभाव की अभिव्यक्ति अधिक प्रभावशाली हो सकती है या प्रभावों के पीछेवाले मानसिक बिम्बों की अभिव्यक्ति। उदाहरण के लिए, याचना पर निराश होने की अनुभूति का वर्णन। एक तो यह होगा कि माँगना बुरा है, दूसरा यह कि याचना से निराश लौटने पर मेरा हृदय टूट गया। तीसरे प्रकार का वर्णन कुछ इस प्रकार का होगा जिसमें एक स्वर्ण–कलश युक्त भवन के सम्मुख क्षुधाकातर जीर्ण–शीर्ण भिखारी खड़ा होगा और घंटों उसके पुकारने पर एक चपरासी आकर उसे ठोकरों से मारते हुए निकाल देगा। प्रथम अभिव्यक्ति विचार की है, दूसरी भाव की, तीसरी बिम्ब की। भोक्ता के मन में अनुभूति का क्रम इसका ठीक उलटा रहा होगा परन्तु प्रायः अभिव्यक्ति का क्रम उपर्युक्त देखा जाता है। कहना न होगा कि सबसे अधिक प्रभावशाली बिम्ब या मूर्तिविधान वाली अभिव्यक्ति होगी। प्रगीत मुक्तक भी एक प्रकार का नाटक ही है जिसमें केवल एक पात्र होता है। कवि जो निश्चेष्ट भाव से आकाशभाषित या स्वगत भाषण के रूप में अपने विचार अथवा भाव का प्रलाप कर जाता है। अच्छा हो कि

इस नाटक को रंगमंच के सांकेतिक परिपार्श्व और एकाधिक सक्रिय और गतिशील बिम्बों द्वारा प्रभावोत्पादक बना दिया जाए। इसे नाट्यगीत कह सकते हैं, गीतनाट्य नहीं। इसमें एक ओर पूरा ढाँचा नाटक का रहता है और दूसरी ओर प्रभावान्विति, उचित लघुत्व तथा तीव्रता प्रगीत मुक्तक की–सी रहती है। यदि हम नाटक नहीं लिख सकते और न छोटे–छोटे प्रबंध काव्य ही, तो नाट्यगीत सबसे अधिक उपयुक्त सिद्ध होंगे।

'नाट्यगीतों' के उपयोग से हम अनेक छायावादी और प्रगतिवादी त्रुटियों से बच जाएँगे। न तो इसमें वैयक्तिकता का खतरा है और न सीधी उपदेशात्मकता का। नाट्य गीतों में कवि का अभिप्रेत इतना विकेन्द्रित हो जाता है कि इसमें एक प्रकार की निर्वैयक्तिकता आ जाती है। इसके लिए उच्च कोटि की तटस्थता और आत्म–संवरण की अपेक्षा है। इसमें काल्पनिक स्वप्न–लोक की उड़ान का भी साधन नहीं है। दूर प्रसारी प्रलम्बित विचार सूत्र तो इसमें और भी असम्भव है। इसमें सामाजिकता तो स्वाभाविक है। कम से कम इसके ढाँचे में, विषय चाहे ऐकान्तिक ही हो। इसका नाटकीय तत्त्व प्रत्यक्ष अनुभूति के रूप में यथार्थ जीवन के तात्कालिक वर्तमान से सम्बद्ध रहने के कारण इस यथार्थवादी युग में बहुत उपयुक्त है।

नाट्यगीत की इतनी उपयोगिता बतलाने के साथ ही उसके गठन का भी परिचय देना अपेक्षित है। गीतों के बीच अन्तरा के रूप में संवाद–योजना का नाम ही नाट्यगीत नहीं है। नाटकीयता का अर्थ है क्रियाशीलता, संवाद उसके अनेक माध्यमों में से एक है। उदाहरणस्वरूप किसी स्थान के नाटकीय वर्णन के लिए उसकी पूरी चौहद्दी और पेड़–पल्लव, तृण–पात आदि से युक्त भौगोलिक दशा का विस्तृत वर्णन ही पर्याप्त नहीं है, बल्कि उसके परिपार्श्वसूचक दो–चार प्रतीकों के बीच उसमें कुछ घटित होना दिखा दिया जाए। यदि उस स्थान को निर्जन या उजड़ दिखाना है तो वह भी मानव क्रियाओं के अभाव द्वारा। यहाँ बिना संवाद के भी नाट्यगीत हो सकता है। जो लोग प्रकृति–चित्रण में ही पिल पड़े हैं उन्हें देखना चाहिए कि मानव–क्रिया से हीन निर्जीव स्थावर वस्तुओं के नाम–परिगणन या रेखाचित्र से ही वास्तविकता नहीं आ जाती। इसका अर्थ यह नहीं है कि प्रकृति की जड़–विभूतियों का ही मानवीकरण कर दिया जाए। यह तो और भी अनाटकीय या अवैज्ञानिक हुआ।

नाट्यगीत का मूल आधार है बिम्ब–योजना। भोगे हुए या पढ़े हुए विचारों से वजन का भाव–बिम्ब सजाना ही इसका आरम्भ है। प्राय: किसी दृश्य या घटना को देखते ही हमारे सामने पठित काव्य के अनेक अनुबंध (एसोसिएशन) हो जाते हैं। हमें उन सभी विचारों को या तो उस बिम्ब द्वारा विकीर्ण (रेडिएट) करना है या उन विचारों के समकक्ष का बिम्ब खड़ा करना। यह स्पष्ट हो जाता है कि कविता में दर्शन का उपयोग कैसे किया जाए? दार्शनिक विचारों की पूरी पृष्ठभूमि स्थापित करने के

लिए उपदेशात्मक पद्धति का सहारा न लेकर जीवन्त और चुने हुए प्रतीकों द्वारा मितव्ययिता का परिचय देना अधिक अच्छा है। विचारों के ये स्थानापन बिम्ब अथवा मनुष्य भी हो सकते हैं और देशकाल सूचक कोई स्थिति या घटना भी। इस प्रकार हम वर्तमान ज्ञान-विज्ञान और प्राचीन दर्शन तथा काव्य-परम्परा का उपयोग बहुत सांकेतिक ढंग से कर सकते हैं। हमारे यहाँ जिस व्यंजना और सांकेतिकता का इतना बखान किया गया है, उसका उत्कृष्ट रूप वक्र-उक्तित्व में नहीं, बल्कि सुन्दर प्रतीक-योजना में ही दिखाई पड़ता है। न तो यहाँ अर्थ विशेष का गर्भत्व संदेहास्पद होता है और न अस्पष्ट। एक निश्चित बिम्ब पर स्थित होने के कारण वाच्यार्थ का तो निश्चय रहता है किन्तु व्यंग्यार्थ का व्यापक एवं आनन्दप्रद अर्थ निश्चय है। इससे रसानुभूति और भी बढ़ जाती है।

यह तो हुई भाव और विचार के अनुकूल सम या सदृश प्रतीक की बात। कभी-कभी प्रतिकूल, असदृश, असंगत अथवा विरोधमूलक प्रतीक के द्वारा भी भावों को तीव्र बनाया जाता है। यहीं व्यंग्य-काव्य की उत्पति होती है। प्राय: गम्भीर और उच्च भावों के लिए अत्यन्त ओछे और सामान्य प्रतीक का संघटन किया जाता है। इस असंगति से एक प्रकार की व्यंग्यात्मक विद्रूपता आ जाती है। संघर्ष का भी साहित्य के लिए रचना उपस्थित करते समय इस अस्त्र का उपयोग बहुत उपयुक्त होता है, परन्तु इसका उपयोग बहुत सँभलकर करना चाहिए अथवा इसमें नग्न अश्लीलता और कटु गाली लिखे जाने की अधिक आशंका रहती है। विरोधमूलक प्रतीक-योजना वस्तुत: द्वितीय कोटि की है जो रसानुभूति के ऊपरी यानी बौद्धिक स्तर को ही स्पर्श करती है। इसलिए इसके प्रभाव के विषय में अनुकूलता या प्रतिकूलता का निश्चय नहीं रहता। अस्तु, शुद्ध व्यंग्य काव्य, उत्कृष्ट साहित्य के अन्दर कभी नहीं आ सकता। इसका प्रयोग पूरी रचना में यत्र-तत्र एकाध जगह आकस्मिक कौंध के रूप में कर देना चाहिए।

अब यह प्रश्न कवि की वैयक्तिक क्षमता से सम्बन्ध रखता है कि वह किसी भाव और विचार के लिए किस प्रकार के प्रतीक लाए। प्रतीकों का चयन कवि की पर्यवेक्षण शक्ति पर निर्भर है। नवीन प्रतीकों का निर्माण प्राय: कवि के मन में दो या अधिक बिम्बों के मिश्रण से हो जाया करता है। सामान्य जन के मन में भी यह मिश्रण-प्रक्रिया काम करती है और स्वप्न में तो प्राय: ऐसा हुआ करता है परन्तु वह इसके प्रति सचेत नहीं रहता। अध्ययन और अनुभव दोनों के परस्पर संयोग से भी प्रतीक-निर्माण में सहायता मिलती है। यदि काव्यानुभूति अथवा अध्ययन द्वारा गृहीत विचारों के उपयोग से प्रत्यक्षानुभूति को व्यापक बनाना ही काव्य का सर्वोत्तम उपयोग है तो अध्ययन और अनुभव के संयोग से प्रतीक-गठन स्वाभाविक है। जिस प्रकार किसी पूर्व-पठित प्रेम-कविता के संस्मरण से प्रत्यक्ष प्रेमानुभूति को व्यापक

और तीव्र बनाया जा सकता है उसी प्रकार किसी दार्शनिक विचार के अनुबंध से भी उसे उदात्त किया जा सकता है। कृती कवि प्रेम और मार्क्सवाद का उपयोग संयुक्त प्रतीक-योजना में एक साथ कर सकते हैं।

अभिव्यक्ति में मूर्तिमत्ता को इतना अधिक महत्त्व देने से कविता को मूक-चित्रकला समझने का घपला न होना चाहिए। कविता मुखरित मूर्तिमत्ता है। कवि मानस मूर्तियों के मुख में जीभ रख देता है। इसलिए नए कवि के सम्मुख सूक्ष्म के प्रति स्थूल का विद्रोह करने के लिए नई भाषा का निर्माण बहुत आवश्यक है। इसका तात्पर्य यह नहीं है कि हम प्राचीन काव्य-भाषा के युग-संगृहीत कोश का लाभ उठाना छोड़ दें। यह तो हम सचेष्ट प्रयत्न द्वारा भी नहीं कर सकते। हमारे मन के सभी भाव और विचार प्रारम्भिक रूप में परम्परित भाषा में ही उठते हैं। जिसकी भाषा जितनी ही संकुचित होती है उसकी अनुभूतियाँ उतनी ही मिश्रित तथा उलझी होती हैं। सामान्यजन की अनेक अनुभूतियों के लिए प्रायः कुछ उभयनिष्ठ शब्द ही काम देते हैं। वियोगजन्य अनेक अनुभूतियों के लिए उनके पास केवल एक शब्द है—दुःख। जिस कवि के उपचेतन में काव्य-परम्परा का जितना ही वृहद और जीवन्त कोश होता है वह सूक्ष्म से सूक्ष्म अनुभूतियों की अभिव्यक्ति में उतना ही समर्थ होता है। इसका अभिप्राय यह नहीं है कि हम अपनी प्राचीन काव्य-परम्परा की अविकल उद्धरणी कर दें। ऐसा तो परीक्षार्थी समीक्षक करते हैं। प्रश्न कोरे उद्धरण का नहीं, काव्य-परम्परा के पुनर्जीवन का है। इसके लिए कवि को शब्द के इतिहास से परिचित होना बहुत आवश्यक है। किसी शब्द की नाना अर्थच्छायाओं में से एक को चुनना अथवा उसमें नवीन अर्थच्छाया भरकर या पदावली को उलट-फेरकर ऐसी पदशृंखला के बीच उस शब्द को रखना कि वह नया हो उठे, आदि प्रयत्न काव्य-भाषा को पुनर्जीवित करते हैं। तुलसी की महत्ता इसी में है। उन्होंने 'नाना पुराण निगमागम' का उपयोग इसी ढंग से किया है। मानस में पदे-पदे प्राचीन कवियों की पदावली का प्रसंग-गर्भत्व मिलता है। आधुनिक कवियों में प्रसादजी ने इस दिशा में सबसे अधिक काम किया। इसमें प्रतीक-योजना की ही भाँति कवि की सांकेतिक मितव्ययिता की परख होती है। जिस प्रकार वह अनेक भाव-मूर्तियों में से एक प्रतिनिधि मूर्ति चुन लेता है उसी प्रकार प्राचीन पदावली की अपार राशि में से केवल कुछ प्रतिनिधि नमूने चुनता है।

पूछा जा सकता है कि नवीन पदावली के निर्माण की आवश्यकता क्यों आई ? नवीन परिस्थिति नए शब्दों का निर्माण स्वतः करती है, नए बिम्ब नई भाषा बोलते हैं। अतः प्राचीन पदावली में नई बात कहना असम्भव है। नवीन परिस्थिति नए शब्दों का निर्माण स्वतः करती है, नए बिम्ब नई भाषा बोलते हैं। अतः प्राचीन पदावली में नई बात कहना असम्भव है। नवीन प्रगतिवादी कविताओं की असफलता का

सबसे बड़ा कारण यह है कि वे छायावादी पदावली से लिखी जाती हैं और छायावादी पदावली में उनका बंदी होना सूचित करता है कि नई परिस्थितियों के बिम्ब उनके, मन में नहीं बने हैं, दूसरे शब्दों में ये कवि ईमानदार नहीं हैं। खड़ी बोली काव्य में प्राचीन पदावली से मुक्त होने के लिए अब तक तीन प्रयत्न हो चुके हैं। पहला मैथिलीशरण गुप्त का प्रयत्न, दूसरा श्री सुमित्रानंदन पंत का और तीसरा बच्चन और अज्ञेय का। नई कविता अभी तीसरे प्रयत्न में है। पंत जी ने जिस शक्ति से नवीन पदावली का सृजन किया था, उस शक्ति से अभी तक किसी नए कवि ने नहीं किया है। बच्चन और अज्ञेय में अभी छायावाद से केवल मुक्त होने का प्रारम्भिक प्रयत्न है। काव्य-भाषा के निर्माण की दृष्टि से सन् 1920-35 ई. के बीच का समय बहुत महत्त्वपूर्ण है। इसका कारण यह है कि उस समय समस्त भारतीय जीवन में विशेष प्रकार की सक्रिय और जागरूक चेतना आ गई थी। सन् पैंतीस के बाद गांधीवादी जोश ह्रासोन्मुख हो गया। सन् बयालीस की क्रान्ति भी पानी के बुलबुले की तरह रही। इधर वैधानिक स्वतंत्रता प्राप्ति के बाद तो और भी मुर्दनी आ गई। इस ह्रासोन्मुख जन-जीवन में नई भाषा का निर्माण बहुत कठिन है। रूसी क्रान्ति ने जनजीवन को इतना बदल दिया कि गलियाँ नई अनगढ़ ग्रामभाषा से उमड़ उठीं। इसलिए वहाँ की प्रगतिशील कविताएँ और उपन्यास आदि एक जीवन्त ओघ से आप्लावित दिखाई पड़ते हैं। अस्तु, हम उस धरती की भाषा उधार लेकर उग्र प्रगतिशील साहित्य नहीं लिख सकते। परन्तु अपनी धरती की भाषा को भी काव्य में स्थान देना कम नहीं है और तय है कि वर्तमान जन-भाषा छायावादी पदावली से काफी भिन्न है। माना मायाकोव्सकी ने लिखा है कि मैं दस से पन्द्रह घंटे तक नित्य पदावली एकत्र करने में लगाया करता था। हमें भी इतना श्रम स्वीकार करना होगा।

जहाँ तक नई भाषा की रूपरेखा का प्रश्न है, दो विरोधाभास दिखाई पड़ते हैं। एक तो विशद सरलता और दूसरी वैज्ञानिक नपी-तुली मितव्ययिता। यों इन दोनों में कोई विरोध नहीं है, परन्तु आभास ऐसा ही होता है। प्रायः अर्थ-गौरव से संपृक्त कसावट लाने में भाषा क्लिष्ट हो उठती है। परन्तु हमें इसी को बचाना है। वैज्ञानिक की-सी मितव्ययिता इसलिए अपेक्षित है कि छायावादी प्रभाव के कारण आज भी अनेक लोग एक ही उक्ति के लिए उपमाओं और रूपों का खजाना मुक्त हस्त लुटाते चलते हैं। भाषण-काव्य वालों से भी कविता को बचाना है। मूर्तिमत्ता को ध्यान रखने पर यह फिजूल खर्ची कम हो सकती है। जो लोग लम्बी कविताओं को ही प्रगतिशील काव्य का एक मात्र माध्यम समझ रहे हैं उन्हें जरा अपना हाथ बटोरना चाहिए। दूसरे 'एपीग्राम' के चक्कर में पड़कर जो लोग गीत की एक पंक्ति ध्यान में आते ही शेष तीन चार चरण भारती के जुटा देना आवश्यक समझते हैं उन लघु चित्रवादियों को भी आत्मवंचना से बचना चाहिए। एक ओर गीत कवि सोच भी

नहीं पाते कि अन्विति की रक्षा करते हुए एक उठान में बड़ी कविता कैसे लिखी जाए, दूसरी ओर भाषण-कवि लिखते-लिखते थककर ही किसी कविता को समाप्त करें। वस्तुतः ये लम्बी कविताएँ भी अस्त-व्यस्त मुक्तक ही हैं जो एक भाव को रबड़ की तरह बढ़ा देने से तैयार हो जाती हैं। नाटकीय समाहार से ही दोनों एकान्तों में समन्वय सम्भव है।

आजकल कुछ लोग नए शब्दों को अकाव्यात्मक कहकर तिरस्कार कर देते हैं, परन्तु उनके काव्यात्मक शब्द की सीमा भी देख लेनी चाहिए जो प्रायः परम्परा-सापेक्ष है। ऐसे लोगों की मानसिक सीमा छायावादी क्षितिज है। कविता ऐसी लिखनी है जिसके चारों ओर तथाकथित काव्यात्मकता का कोई आवरण न हो। वह इतनी पारदर्शी हो कि हम कविता को न देखें, जो कविता में है सीधे उसी को देखें। यह तभी सम्भव है जब स्वयं वस्तु ही काव्य हो उठे, आत्मा ही शरीर हो उठे, विषय ही रूप हो उठे। सादगी भी अलंकार है जो सभी अलंकारों को हटाने से ही नहीं आती, चेतना के निरावरण सौन्दर्य की प्रदर्शित भावभंगी से आती है। गड़बड़ी वह है कि जहाँ लोग क्लिष्ट काव्य के सामने आतंकित होकर झुक जाते हैं वहाँ सरल काव्य को आयास-हीन और हल्की समझकर फूँक उड़ाते हैं। बच्चन की कविताओं को हल्की समझने का यह भी कारण है कि वे रोज की आई-गई बात-सी सहज लगती हैं।

अब तक जिस पदावली की बात की गई है उससे गद्य और पद्य में तो अन्तर नहीं जान पड़ता। गद्य और पद्य में तो अन्तर है ही, कविता और गद्य में भी अन्तर है। यह अन्तर संगीत सम्बन्धी है। गद्य का संगीत अर्थात् शैली कविता के संगीत से भिन्न होता है। जिस प्रकार बिम्ब अपने अनुकूल शब्द बना लेते हैं उसी प्रकार शब्द भी अपने अनुकूल संगीत चुन लेते हैं। कविता का आरम्भ संगीतात्मक पदावली से ही होता है। प्रत्येक युग का लय और संगीत परिस्थिति सापेक्ष होता है। कविता अपने युग-संगीत की प्रतिध्वनि है, इसलिए पदावली के साथ कविता के छंद भी बदलते रहते हैं। कुछ लोगों का विश्वास है कि नई कविता मुक्त छंद में ही हो सकती है। यह कोई अनिवार्य नहीं। चाहे वह सम चरणवाला तुकान्त छंद हो, चाहे विषम चरणवाला अतुकान्त, उसमें एक ओर लययुक्त प्रवाह अपेक्षित है और दूसरी ओर मधुर यति जिससे एकरसता भंग होती रहे। छंद में प्रवाह और लहर दोनों आवश्यक है। मुक्त छंद का अर्थ तुक और चरण का बन्धभंग नहीं बल्कि भाव को अकड़ने वाले स्थावर मृत बन्धन का उच्छेद है। यह कृत्रिमता के विरुद्ध स्वाभाविकता का विद्रोह है। स्वयं मुक्तछन्द भी जब कृत्रिम हो जाता है तो इसके विरोध में आन्दोलन होता है। यह अवश्य है कि जड़ बन्धन से मुक्त होकर कविता वेगवती नदी की तरह दौड़ पड़ती है। उस समय उसमें हृदय को आप्लावित करने की उद्दाम शक्ति आ

जाती है। छन्द-बन्धन हट जाने से पदावली या पंक्ति स्वयं संगीत की लहर बन जाती है। छन्द से मुक्त का अर्थ है छन्द की मुक्ति। मानना होगा कि वर्तमान युग का जीवन-संगीत पिछले दशकों से भिन्न है। हमें इसी जीवन-संगीत को मन में रेकार्ड करना है। इस प्रकार जो कविता का छन्द-लय परिवर्तित करता है वह हमारी अनुभूति का विस्तार और संस्कार करता है। वस्तुतः मुक्त छन्द वही लिख सकता है जो स्वयं भी सभी प्रकार के पूर्वाग्रहों और बन्धनों से मुक्त हो।

इन बातों से यह भ्रम न होना चाहिए कि मैं नवीनता के लिए नवीनता का पक्षपाती हूँ। प्रयोग के लिए प्रयोग व्यर्थ ही नहीं असम्भव भी है। कविता में उसी प्रयोग का मूल्य है जो मनोवैज्ञानिक रूप से आवश्यक हो उठता है। उत्तरी या दक्षिणी ध्रुव के खोजियों की तरह कवि भी किसी प्रयोग के लिए शौकिया अभियान नहीं कर देता। प्रयोग या नई टेकनीक का जन्म तब होता है जब कवि का अपनी अनुभूति पर नियंत्रण नहीं रह जाता और वह नूतन अभिव्यक्ति के लिए विवश हो जाता है। आशा है कवि वर्तमान परिस्थितियों द्वारा नए रूप विधान के निर्माण के लिए बाध्य होगा।

समाज/2 मार्च, 1950

1950 की हिन्दी कविता

दिनकर और गुप्तजी की चिर-परिवर्तनशीलता में इतना ही अन्तर है कि गुप्तजी धारा की तरह रहे और दिनकर लहर की तरह। इसीलिए एक को चिर गतिशील कहा जाएगा और दूसरे को अवसरवादी। फिर भी दिनकर इस वर्ष जनशक्ति की ओर से बोल रहे हैं। अब उनमें प्राचीन भाषण शैली नहीं रही। सीधी अभिव्यक्ति का अभ्यास छूट गया जो उनका गुण था। इधर वे अन्योक्ति पद्धति से तथा कभी-कभी तुतले प्रतीक प्रयास से व्यंग बाण चला रहे हैं। बीच-बीच में 'ओसित' खोजी दिनकरजी कभी-कभी रहस्यवादी लकीरें भी पहेली बुझाने के लिए छोड़ देते हैं। गरज कि दिनकर जी बहुमुखी साधनावाले हैं। 'पंचतिक्त' और 'व्याल विजय' में अन्योक्ति पद्धति के अच्छे उदाहरण हैं। वे वर्त्तमान स्वतंत्रता के विषय में 'अनिल स्कंध पर चढ़े हुए प्रच्छन्न ज्वाल' तथा 'हुत-प्राण वीर की ज्वलंत इच्छा अशेष' से कहते हैं—

यह नहीं तुम्हारे स्वप्नों से उत्पन्न देश
यह नहीं तुम्हारी अभिलाषाओं की मंजिल

वे देख रहे हैं कि—

काया प्रकल्प के बीच मृत्ति में ऊँघ रहे

अत: उन्हें विश्वास है कि—

यह सुर-निर्मित चाँदनी छिप जाएगी
जब बलि की खेती पर पड़ी पपड़ियों को उछाल
नर के जब सूरज और चाँद उग आएँगे।

सूरज के आने पर चाँदनी का छिपना तो संगत है लेकिन चाँद के उगने पर वह क्यों छिपेगा? फिर भी वह बंदिश तो है ही!

पुराने लोगों में रामकुमार वर्मा तथा भगवतीचरण वर्मा ने भी इस वर्ष दो एक कविताएँ लिखी हैं परन्तु जहाँ रामकुमार जी 'प्राणहीन अतीत पर अपनी जीत हारते हुए एक कलिका के लिए शत कंटकों के बीज बोने में लगे हैं, वहाँ भगवती चरण जी 'प्यार प्रदान' से दूर हटकर चिल्ला रहे हैं कि 'वर्माजी ने मारी लात!' उनका व्यंगकार आज भी मध्य वर्ग की दुर्दशा के प्रति सजग है।

पुरानों की चर्चा के बाद शेष नवीन कवियों को आसानी से प्रयोगवादी, प्रगतिवादी तथा स्वच्छंदतावादी (रोमांटिक) तीन धाराओं में अलग कर सकते हैं। अंग्रेजी के 'न्यू सिगनेचर्स' की तरह हिन्दी में जिन सात नए कवियों ने 'तार सप्तक' निकाला था उनमें आज सभी प्रयोगवादी नहीं रहे। उस दल के नेता 'अज्ञेय' आज भी अपने पद पर विराजमान हैं परन्तु रामविलास शर्मा उसमें नहीं रहे। कुछ नए विद्यार्थी भी उस दल में आ जुड़े हैं। सच तो यह है कि हिन्दी में प्रयोगवादी और प्रगतिवादी राज्यों की सीमाएँ इतनी बदलती रहती हैं कि कहना मुश्किल है कि कौन प्रयोगवादी नहीं है! अधिकांश प्रगतिवादी भी प्रयोग-लालची हो रहे हैं। हाँ, इस वर्ष कम्युनिस्ट कवियों ने प्रगतिवाद की सीमा स्पष्ट कर दी है जिसमें रामविलास, केदार, नागार्जुन स्थायी हैं और शेष कवि कभी इधर आते हैं, कभी उधर जाते हैं जैसे, सुमन। 'प्रतीक मंडल' के संचालक 'अज्ञेय' में अब अंग्रेजी का प्रभाव पचे रूप में प्रकट होने लगा है। भाषा भी जनबोलियों से शब्द माँगकर मजेदार हो चली है। पहेली बुझौवल की आदत छूट गई। सद्यः प्रकाशित काव्य 'हरी घास पर क्षण भर' उनकी नई शक्ति और अभिव्यक्ति का प्रशस्त संकेत चिह्न है।

कुहरा झीना और महीन
झर झर पड़े अकास नीम
उजली लालिम मालती
गन्ध के डोरे डालती
मन में दुबकी है हुलास ज्यों परछाईं हो चोर की
तेरी बाट अगोरते ये आँखें हुईं चकोर की
आँखें हुईं चकोर की!

चित्रांकन चाहे प्रकृति का हो चाहे मन की किसी अनिर्वचनीय भावना का, अज्ञेय उसमें माहिर हैं। एक ओर जहाँ वे 'ओस की तिप्-तिप्' और 'पहाड़ी काक की हाक्-हाक्' जैसी नवीन ध्वनियों का निर्माण करते हैं, वहाँ दूसरी ओर मन का तूफान केवल इतने से शब्दों में रख देते हैं-

क्या जरूरी है दिखाना
तुम्हें वह जो दर्द
मेरे पास है!

'अकेली न जैयो राधे जमुना तीर' शीर्षक कविता में अज्ञेय ने नाटकोपयुक्त संवाद तथा रंगमंच सुलभ परिपार्श्व के द्वारा सजीवता ला दी है। गरज कि अज्ञेय के नवीन प्रयोग अब प्रेषणीय हो चले हैं।

प्रयोगवादियों में दूसरे ख्यात कवि हैं गिरिजा कुमार माथुर! माथुर की सफलता का आधार है रोमानी, रंगीनी और लाक्षणिक वक्रता। जहाँ वे किसानों-मजदूरों के

विषय में अनभ्यासी कलम चलाते हैं वहाँ फिसल जाते हैं परन्तु रंगों की छटा दिखाने का अवसर आते ही चमक उठते हैं। 'प्रतीक' में प्रकाशित 'हेमंती रात' और 'नवजीवन' होलिकाँक में छपी 'फागुन की रात' में उनका यही स्वर मुखर हुआ है। लघु-लघु पदों द्वारा ध्वनि प्रतीकों के आधार पर मुक्त छन्द में भी माथुर जो नाद वातावरण रच देते हैं, वह अन्यत्र दुर्लभ है। इसीलिए ये प्रगतिवादियों के काम के नहीं रहे।

ध्वनि चित्रवादी शमशेर बहादुर सिंह में अंग्रेजियत सबसे अधिक है। ये वाक्य नहीं लिखते, शब्द लिखते हैं और शब्द भी जैसे ग्राफ के बिन्दु। इन्हें मिलाकर आकृति बनाना पाठकों के ऊपर है। मुक्तिबोध की चीजें इधर प्रकाश में कम आईं। 'प्रतीक' के क्षितिज पर उनके 'बुद्धि के नक्षत्र' उगे थे जिनके आलोक में 'पथ की रेखा' भी खिंची थी। पथ की रेखा तो लाल क्रान्ति का प्रतीक थी परन्तु 'बुद्ध के नक्षत्र', 'क्रासवर्डियन' ढंग के थे। दुरूह तथा संश्लिष्ट प्रतीक योजना के कारण मुक्तिबोध की पंक्तियाँ काफी बौद्धिक श्रम माँगती हैं। 'बरगदों की प्यास' को वे 'व्यंग आकृति में बँधी मूलों में उभरी' देखते हैं। वैदिक देव प्रतीकों की उद्धरणी करनेवाले नरेश कुमार मेहता 'मेघ-मैं' जैसी कविताओं के साथ अब इसी प्रयोगवादी रजिस्टर पर नाम लिखा रहे हैं। साढ़े पाँच सौ इंच वार्षिक वर्षा वाले चेरापूँजी से भी प्यासे ही लौटने वाले कवि सुमन को भी यही देख लेना ठीक होगा। व्यास शैली के अभ्यासी कवि सुमन ने भी इधर हाथ समेट कर प्रतीक योजना में हाथ लगा दिया है। गाड़ी छूट जाने पर स्टेशन पर बैठे-बैठे वे 'आग्रह' कर रहे हैं—'स्वयं के प्रति कुछ-कुछ तने से' हैं तथा 'गगन मगन अथक कपोतों की गुमकती भीड़' भी देख रहे हैं। अन्त में कहते है :-

ढूँढ़ तरु के कोटरों में
वृद्ध गृद्ध कराहते निरुपाय
दग्ध दावा की दहक में उग रहे अंकुर
सुनहले
कुलबुलाते नीड़ वन प्रच्छाय
आज इस संक्रमण बेला में मिले तुम
हाय, जी भर कर न पाया बात
तट विचारा किस तरह सुथरा रहे
जब लहर व्याकुल कर रही आघात पर
आघात!

यह है 'एशिया की आग' देखने वाली आँखों के पीछे वाले मन की आग!

'मेधावी' रांगेय राघव प्रायः गद्य को कई पंक्तियों में तोड़कर इस तरह लिख देते हैं कि वह पद्य मालूम होने लगता है। मूलतः ये विचार प्रधान कवि हैं। प्रभाकर

माचवे को भी यही समझना चाहिए।

प्रगतिवादियों के दो व्यंग बाण केदार और नागार्जुन हैं जिनके पीछे प्रत्यंचा की तरह रामविलास शर्मा रह-रहकर टंकारते रहते हैं। 'केदार के बोल' सरकार के ऊपर खूब सधे हैं।

कहता है केदार सुनो जो नेता हैं सरनाम
लोगों के कहने से कब वे होते हैं बदनाम!

इसी प्रकार नागार्जुन ने भी 'राम राज्य' के विषय में जो आल्हा लिखा है उसकी कुछ पंक्तियाँ प्राय: इधर-उधर सुनाई पड़ जाती हैं—

1. पीते हैं नेता निश्चिंत हो घोल-बोल पहले का जस
2. संगीनों से पूजा होती गाँधी के फोटो की।
3. बाघिन बनकर गुर्राती है कांग्रेस की बुढ़िया गाय।

ये प्राय: काव्योचित शिष्टाचार की सीमा फाँदकर नेताओं का स्पष्ट नामोल्लेख करते हुए गालियाँ दे रहे हैं। 'कला' को तो ये बुर्जुआवृत्त कहते ही हैं। इसलिए इसे उनकी कविताओं में कौन ढूँढ़े!

अब हैं रोमानी कवियों की बिखरी क्यारियाँ! बच्चन और अंचल आज भी वही कह रहे हैं जो दस वर्ष पहले कहते थे परन्तु नरेन्द्र शर्मा मार्क्सवाद से लौटकर अब न जाने किस आदर्श दर्शन के आधार पर जीवन-मरण के रहस्यों की चर्चा करते हैं। स्पष्ट ही यह चर्चा पंत जी के अरविंद दर्शन से काफी दूर है। सचमुच प्रगतिवादी समीक्षाओं ने 'प्रवासी के गीत' और 'पलाशवन' वाले रोमानी नरेन्द्र को छीन तो लिया परन्तु चूसकर अन्त में सिट्ठी की तरह फेंक दिया, बुद्धि विलासी नरेन्द्र को जिनकी बातें समझ में नहीं आतीं। भाषा की वह सफाई और ताजगी भी जाती रही। जन-जन की भाषा लिखने के बाद नरेन्द्र अब मन-मन भर की भाषा लिख रहे हैं। मांसल सौन्दर्य की ऐन्द्रिय लालसा वाले कलाकार और हिन्दी के डी.एच. लारेंस अंचल आज भी रूप के बाजार में उसी प्रकार रमे रहे हैं। आचार्य जानकी बल्लभ शास्त्री भी इसी क्यारी के हैं परन्तु 'निराला' जी के शिष्य होने के कारण वे प्राय: मुँह भरे शब्दों के प्रयोग द्वारा अपने आचार्यत्व का प्रदर्शन करते रहते हैं, उनकी अप्रकाशित हंसकिंकिणी, जिसके प्रकाशित होने से पूर्व ही अनेक स्वर प्रकाशित हो चुके हैं, ऐसी ही झंकार से भरी पड़ी है। वे आज भी 'नि:स्व नि:श्वसन घन', 'पंक-पंक की रंक पंजा', 'पुंज-पुंज गुंजन', 'परि पाण्डुर मदन ग्लपित वामा' तथा 'विद्रूम सख हीरक नख' ही निरख रहे हैं। फिर भी कभी-कभी छायावादी ढंग में उनके 'निरयन नयन' में 'सूनेपन के सादे बादल' छा जाते हैं तथा 'सूनेपन के तनुतन' पर 'छवि की आत्मा उतर' आती है। बिहारी कवियों में हंस कुमार तिवारी के कुछ प्रकृति चित्रण तथा मधुर गीत नई रोमानी धारा के प्रतीक हैं। इधर और भी

कुछ कवि ग्रामीण प्रकृति के रूप रंगों को सादी रेखाओं में सरल बोली के साथ उभारने लगे हैं जो पंत जी की बौद्धिक सहानुभूति से भिन्न हैं। बिहार के आरसी आज भी अनवरत रूप से काफी लिख रहे हैं और काफी लिखी हुई चीजें जैसी होती हैं वैसी उनकी भी हैं।

मध्य प्रदेश के गीतकार भवानी प्रसाद मिश्र में जितना स्वर-वैभिन्य है उतना भाव वैभिन्य नहीं। ये लोग छायावाद के परिशिष्ट हैं। गया के गुलाब ने भी इधर दो तीन कविता पुस्तकें दनादन निकाली हैं जिन पर प्रसाद पदावली की छाप पर्याप्त है। सानेट की तरह उन्होंने भी इधर काफी 'स्वानुभूतियाँ' गाँधीजी पर लिखी हैं जिनमें उपमाओं का जमघट देखने योग्य है।

रोमानी कवियों की एक धारा ऐसी भी है जिसके अग्रणी हैं काशी के श्री शंभूनाथ सिंह। प्रेम की सामान्य अनुभूतियों को मार्मिक भाषा में उभारकर व्यक्त करने में इधर जितनी सफलता इन्हें मिली उतनी कम लोगों को मिली होगी। यों तो इन्होंने इस वर्ष 'गूदर' और 'अपने गाँव' के विषय में व्यंग-वर्णन की लम्बी कविताएँ भी लिखीं परन्तु इनका मुख्य स्वभाव रोमानी ही मानना चाहिए। शंभूनाथ जी प्राय: 'प्यास' के कवि हैं। लिखते हैं—

बंदिनी अब तक जवानी हो न पाई।
प्यास प्राणों की पुरानी हो न पाई

बच्चन की तरह इनके जीवन में भी विवाह ने मनकेरम पार्ट अदा किया है जिससे तड़पती वाणी की जगह अब तृप्त डकार सुनाई पड़ती है। इनके साथ उभरती हुई नई पीढ़ी के अनेक कवि हैं जिनमें विलक्षण उपमा खोजी 'क्षेम', ऐन्द्रियता लोभी हरि मोहन, नैराश्य व्यंजक गिरिधर गोपाल, नागर दृटि से ग्राम प्रकृति को देखने वाले विजय देव नारायण साही, इन्द्रधनुषी सपनों वाले रामदरश मिश्र और जबांदानी के कवि रमानाथ अवस्थी मुख्य हैं।

नवयुवक कवियों में धर्मवीर भारती का नाम भाव और भाषा की दृष्टि से अलग होना चाहिए यों तो ये 'छांहवादी' से लगते हैं जिनके कंठों से कभी-कभी माखनलाल जी भी बोल उठते हैं परन्तु 'नवजीवन होलिकांक' में छपी 'फागुन की शाम' शीर्षक कविता के आधार पर भारती के स्वतंत्र व्यक्तित्व को स्वीकार करना पड़ता है। स्वर, शब्दावली और उपस्थिति करने का ढंग सब कुछ इस कविता में नया है—भारती बहुत कुछ प्रयोगवादी हैं।

घाट के रस्ते, उस बँसबट में,
इक पीली सी चिड़िया,
उसका कुछ अच्छा-सा नाम है
मुझे पुकारे, ताना मारे,

भर आई आँखड़ियाँ,
उन्मन ये फागुन की शाम है।

यहाँ पोखरे की टूटी सीढ़ी पर बने तुलसा के बीच बैठी हुई तोतापंखी किरनों में बाँसों की हिलती फुनगी को देखती हुई एक युवती अपने शैशव प्रेम की सुधि कर रही है। अन्त में कहती है 'यह ऋतु इतनी बदनाम है।' निश्चय ही यह वर्ष की उत्तम कविताओं में से है यद्यपि इस पर रवि बाबू के एक गीत का प्रभाव स्पष्टतया परिलक्षित होता है।

'महामानव' के कवि ठाकुर (प्रसाद सिंह) ने भी इधर कुछ फुटकल गीत लिखे हैं। 'संघ की आग' उनके जनपक्षी स्वभाव का अच्छा उदाहरण है! यों मुक्त गीतों में ठाकुर के हाथ उतने नहीं मँजे हैं जितने आख्यानक काव्य में। प्रयोग की रेखाओं से चित्र बम तैयार करने वाले 'शिव' भी नहीं भूले जा सकते।

सम्भव है, यहाँ कुछ कवि छूट गए हो परन्तु यदि सभी हिन्दी कवियों का केवल नाम परिगणन ही किया जाए तो एक लेख हो जाएगा। इतने परिचय से स्पष्ट हो जाएगा कि हिन्दी कविता की सरल स्रोतस्विनी आज भी उसी प्रकार प्रवाहित हो रही है। यह तो संक्रान्तिकाल में ग्रीष्म का प्रभाव है जो इस रेत के बीच भी वह कई धाराओं में बँटकर बह रही है। इस वर्ष की हिन्दी कविता में संघर्ष, शान्ति और सुख सभी प्रकार के स्वर सुनाई पड़ते हैं। कुछ मित्र–मंडलियों में एकत्र होते हुए भी सभी कवियों का स्वर स्वतंत्र और वैयक्तिक विशेषताओं से युक्त है। यदि इस लेख में कवयित्रियों का अभाव कुछ लोगों को खटके तो वे महादेवी जी की कविताओं को फिर से पढ़ जाएँ। यों तो इस वर्ष सर्वत्र ही 'किरण' चमकती रही और 'शान्ति' छाई रही परन्तु कवयित्री और कविता में अन्तर कर सकना कठिन है। क्या छायावाद की कनिष्ठा महादेवी जी अनामिका को सार्थवती कर देंगी?

समाज/मई, 1950

हिन्दी-कविता के पिछले दस वर्ष

बीसवीं सदी के चौथे दशक के साथ हिन्दी कविता ने सामाजिक यथार्थ की एक नवीन ऐतिहासिक भूमिका में प्रवेश किया। इस नवीन सामाजिक चेतना की पृष्ठभूमि में उत्तर-छायावाद के समस्त अन्तर्विरोध हैं जिनमें एक ओर वैयक्तिक निराशा, कलाजगत में पलायन तथा अध्यात्म मोह था तो दूसरी ओर सामाजिक विषमताओं के प्रति असन्तोष, अराजकतावादी विप्लव, प्रकृति कुंज से बाहर निकलकर मानव-जीवन की ओर दृष्टिपात। इस अन्तर्विरोध के मूल में छायावादी व्यक्तिवाद की पराकाष्ठा थी। जिन कवियों ने '20 के आसपास सामाजिक बन्धनों के विरुद्ध व्यक्तित्व के विकास के लिए व्यक्ति-स्वातंत्र्य के गीत गाए थे, वही अब समाज से कटकर तड़प रहे थे। 'मनु' ने बड़ी पीड़ा के साथ स्वीकार किया :

इस विजन प्रान्त में बिलख रही मेरी पुकार उत्तर न मिला
लू-सा झुलसाता दौड़ रहा कब मुझसे कोई फूल खिला
मैं स्वप्न देखता हूँ उजड़ा कल्पना-लोक में कर निवास।

स्वप्नों का रमणीक लोक उजड़ता दिखा; आदर्शवाद टूट चला; प्रकृति के निभृत कुंज में भी मन रम न सका। एक एकाकीपन की प्रतिक्रिया पैंतीस-छत्तीस तक आते-आते न्यूनाधिक सभी रूमानी कवियों में हुई। प्रसाद जी ने इस व्यक्तिवाद को अपना ही विरोधी कहा: 'अपनी शंकाओं से व्याकुल तुम अपने ही होकर विरुद्ध...'। उनकी मानववादी दृष्टि ने भाँप लिया कि यह सामाजिक विषमता सहृदयता की दुश्मन है, इसलिए उन्होंने बौद्धिकता के बहाने मशीन-युग के विकृत प्रभावों का विरोध किया। लेकिन आदर्शवादी दृष्टिकोण ने उस समस्या को सिर के बल देखा और मनोवैज्ञानिक निदान तथा समाधान प्रस्तुत किया। पंत जी का व्यक्तिवाद आरम्भ से ही प्रकृति-रमण की रूमानियत के माध्यम से व्यक्त होता रहा, इसलिए इस संक्रान्ति-युग में उनमें मानवोन्मुख प्रतिक्रिया हुई। 'सुन्दर हैं विहग सुमन सुन्दर, मानव! तुम सबसे सुन्दरतम।' इसी परिवर्तन को उन दिनों लोगों ने यथार्थ की स्वीकृति मानी। बारीकी से देखने पर ये 'मानव' और 'जीवन' शब्द भी वस्तुतः अस्पष्ट, हवाई तथा आदर्शवादी लगेंगे। पंत जी का आरम्भिक प्रकृति-प्रेम

ऊपर से देखने पर मानव-निरपेक्ष भले ही रहा हो, परन्तु वास्तव में वह रोमांटिक वैयक्तिकता की भावना से रँगा था। वस्तुतः प्रकृति समाज का ही एक अंग है और उसकी सुषमा-सम्बन्धी सम्पूर्ण मान्यताएँ समाज की समसामयिक मान्यताओं से सम्बद्ध रही हैं। इसीलिए जब 'युगान्त' में पंत जी प्रकृति से मानव की ओर आए तो वस्तुतः वे व्यक्तिवादी दृष्टिकोण से कुछ सामूहिकता की ओर मुड़े या उसकी आकांक्षा से भर उठे।

निराला और महादेवी जी में यह प्रतिक्रिया अधिक वैयक्तिक स्तर पर हुई, क्योंकि आरम्भ से ही इन दोनों अहंवादी प्रतिभाओं में व्यक्तित्व का उभार अधिक था। इनका 'अहं' विरोधी शक्तियों से जितना ही टकराता गया, स्वर में उतनी ही उग्रता, स्पष्टता, निराशा तथा एकाकीपन घना होता गया। जिसके 'दुख ही जीवन की कथा रही' उसने यदि यह अनुभव किया कि :

मैं अकेला
देखता हूँ, आ रही मेरे दिवस की सान्ध्य बेला

तो कोई आकस्मिक बात नहीं। यही स्वानुभूति के कारण यथार्थ की पकड़ इतनी दृढ़ है कि हवाई मानव-प्रेम या समाजोन्मुखता की आवश्यकता नहीं। घोर वैयक्तिक होते हुए भी निराला का स्वर सर्वाधिक विद्रोही, स्पष्ट तथा प्रत्यक्ष रहा है। महादेवी जी में आरम्भिक भावाकुलता से भिन्न एक बौद्धिक अवसाद तथा उद्‌बोधन की भावना जाग उठी।

इस व्यक्तिवाद ने एक ओर तो अपना ही विरोध किया और दूसरी ओर दलित जन पर करुणा करने की प्रवृत्ति दिखलाकर अपनी सामाजिकता का परिचय दिया। निराला और पंत दोनों ही महाकवियों ने ऊँचे से सहानुभूति बिखेरी; परन्तु निराला ने यह भी कहा :

सहज-सहज पग धर आओ उतर
देखें वे सभी तुम्हें पथ पर।

रूमानी कविता के व्यक्तिवाद तथा तज्जन्य असन्तोष, निराशा और नियतिवाद की स्पष्टतर और तीव्रतर अभिव्यक्ति बच्चन और नरेन्द्र ने की, क्योंकि वे इसी संक्रान्ति-युग की उपज थे। यहाँ भी नरेन्द्र में अपेक्षाकृत निर्वैयक्तिकता अधिक थी तथा बच्चन में वैयक्तिकता। 'संघर्ष' से टूटा हुआ बच्चन का कवि 'अग्निपथ' पर अश्रु-स्वेद-रक्त से लथपथ मनुष्य की ओर भी दृष्टि डालता है।

व्यक्तिवादी सामाजिकता का एक और रूप अराजकतावादी विप्लव के रूप में प्रकट हुआ, जिसमें 'उथल-पुथल मचाने वाली तान' के कवि 'नवीन', 'विनाशकारी बादल' के गायक भगवती चरण वर्मा तथा 'विपथगा क्रान्ति' की हुंकार भरने वाले 'दिनकर' मुख्य हैं। यहाँ भी दलितों के प्रति कभी-कभी दूरस्त सहानुभूति दिखाई

पड़ती है। वर्मा जी की बहुप्रशंसित प्रगतिशील रचना 'भैंसा-गाड़ी' इसका उत्कृष्ट उदाहरण है।

इस प्रकार इस दशक के आरम्भ के सामने सामाजिक उत्तरदायित्व का प्रश्न अपूर्व रूप में आ खड़ा हुआ और कवि ने व्यक्तित्व के समाजीकरण की आवश्यकता अनुभव की। रोमानी युग के बाद यह यथार्थवाद का आरम्भ था।

विषयवस्तु के साथ-साथ रूप-तत्त्व में भी परिवर्तन हुआ, कल्पना-वैभव, चित्र-मोह, शब्द-मोह, पेलवता, कोरी भावुकता, स्वप्निल कुसाहा, लाक्षणिक वक्रता आदि साज-सज्जा जाती रही। तथ्य-कथन, खरापन, विचारगत प्रौढ़ता, अलंकृति में सादगी और सफाई, मुक्त छन्द का निर्बाध प्रवाह, भाषा में गद्यात्मक व्यावहारिकता आदि बातों का समावेश हुआ।

कहना न होगा कि कविता का यह वस्तुरूपगत परिवर्तन सामाजिक परिवर्तन के समानान्तर ही था। मध्यवर्गीय मान और मान्यताओं में संकट उपस्थित हो गया था; स्त्री-पुरुष के सम्बन्ध, मानव-प्रकृति के सम्बन्ध तथा स्वयं मानव समाज के भीतर अन्तर्वैयक्तिक सम्बन्ध मध्यवर्गीय ह्रास की छूत से विषाक्त हो उठे थे। आर्थिक समस्याएँ सभी मान्यताओं में उभर कर स्पष्ट दिखाई पड़ने लगी थीं। जागरूक जन मार्क्सवादी जीवन-दर्शन के उदार मानवतावाद को नैतिक आस्था के रूप में मानने लगे थे। 1940 से आरम्भ होने वाली नई कविता में सबसे ऊँचा स्वर इसी नैतिकता का था और 'ग्राम्या' उसकी पहली पोथी बनकर सामने आई। आधुनिक हिन्दी कविता में यह यथार्थवाद की ओर सजीव प्रयत्न था। एक ओर ग्राम-प्रवृति की अब तक उपेक्षित सुषमा का मुग्ध अंकन, ग्रामीण जनों के हर्ष-उल्लासपरक नृत्यों की जीवन-भावना तथा नाद चेतना का चित्रण, ग्राम-युवती के अकृत्रिम स्वस्थ मांसल सौन्दर्य की प्रशंसा तथा दूसरी ओर रूढ़ि-जर्जर गाँवों की प्रथाओं पर प्रहार—ग्रामदेवता की भर्त्सना, पतिगृह जाने वाली ग्रामवधू की नकली रुलाई का उपहास—और इन सबके ऊपर साम्राज्यवादी व्यवस्था द्वारा ध्वस्त गाँवों की आर्थिक हीनता का मार्मिक उद्घाटन, ये सभी बातें कवि की जागरूक दृष्टि तथा व्यापक सहानुभूति का पता देती हैं। 'ग्राम्या' में नागरिक जीवन का भी चित्रण है और मध्यवर्गीय ढोंगों पर तेज रोशनी डाली गई है। 'आधुनिका' और 'स्वीट पी के प्रति' जैसी कविताएँ शहराती महिलाओं की कृत्रिम और रुग्ण शोभा के साथ-साथ उनके अस्वस्थ यौन-सम्बन्धों की भी भर्त्सना करती हैं, क्योंकि उनके हृदय में 'कृत्रिम रति की आकुलता' तथा 'भाव-कल्पित मनोज' का उद्दीपन है। लेकिन नगर के मध्यवर्गीय संवेदनशील मन की वास्तविक भाव-तरलता को बड़ी सहानुभूति से चित्रित किया गया है। 'ग्राम्या' के 'याद नक्षत्र' जैसे गीतों में भी एक नवीन ढंग की संयत वैयक्तिकता तथा यथार्थता की अभिव्यक्ति मिलती है। कुल मिलाकर ग्राम्या में एक समाज-निरपेक्ष

मध्यवर्गीय व्यक्ति की तटस्थ किन्तु सहृदय दृष्टि का आभास मिलता है और कहीं-कहीं तो यथार्थ की पकड़ बड़ी ही मार्मिक हो उठी है :

माली की मँड़ई से उठ, नभ के नीचे की धूमाली,
मन्द पवन में तिरती, नीली रेशम की सी हल्की जाली।
बत्ती जला दुकानों में बैठे सब कस्बे के व्यापारी,
मौन मन्द आभा में हिम की ऊँघ रही लम्बी अँधियारी।
धुआँ अधिक देती है टिन की ढिबरी कम करती उजियाला,
मन से काढ़ अवसाद श्रान्ति, आँखों के आगे बुनती जाला।
...
कँप-कँप उठते लौ के संग, कातर उरक्रन्दन मूक निराशा
क्षीण ज्योति ने चुपके ज्यों, गोपन मन को दे दी हो भाषा।

इन पंक्तियों का भाव और रूप दोनों ही एक विलक्षण अवसाद की व्यंजना करते हैं; यथार्थ को रोमान की हल्की रंगीनी वास्तविक और मार्मिक बना देती है; छन्द में एक प्रकार की शिथिल स्वरमयता है; शब्दावली छायावादी स्वप्निल पेरालता से रिक्त सीधी-सादी, नपी-तुली और गद्य के निकट की है; यहाँ भी आँखों के सामने स्वप्न की जाली बुनती है, लेकिन यह स्वप्न दीनता के प्रतीक ढिबरी की मन्द रोशनी में आकार ग्रहण करता है और जीवन की वास्तविकता के विषाद से धुमैला है।

यथार्थ की इतनी सच्ची पकड़ होते हुए भी 'ग्राम्या' के कवि की दृष्टि मूलतः आदर्शवादी है। कवि की आकांक्षा है कि धरणी जनों की हो, लेकिन वह 'भय-मानवता' के वर लिए प्रभु-समाज की किसी अस्पष्ट आन्तरिक शक्ति के प्रतीक—के निकट प्रार्थी है।

इस सामाजिक यथार्थवाद की अभिव्यक्ति 'निराला' जी में दूसरे स्तर पर हुई। संघर्षों में अहं की पराजय ने उनके मन को अत्यन्त क्षुब्ध और विक्षिप्त कर दिया; एकाकी विद्रोही मखौल और व्यंग के रूप में बदल गया। निराला में पंत जी की अपेक्षा यथार्थ की अनुभूति अधिक निजी और तीखी रही, लेकिन संयत और व्यवस्थित कम थी। वैसे आदर्शवाद तथा अज्ञात शक्ति का भरोसा यहाँ भी उतना ही था। पंत जी जहाँ सामाजिक संघर्ष में भी तटस्थ दीखते हैं, निराला जन-जन की लगी हुई आग में 'करूँ आरती मैं जल-जलकर' की कामना करते हैं। व्यंग को स्पष्ट होना ही पड़ता है और निराला जी ने सामन्ती तथा साम्राजी मान्यताओं पर बहुत स्पष्ट प्रहार किए हैं, लेकिन आरम्भ में यहाँ भी स्पष्टता न थी। 'कुकुरमुत्ता', 'कैपिटलिस्ट गुलाब' का उग्र विरोध तथा अपनी महानता का उद्घोष करने के बाद भी उपयोगितावाद का शिकार बनाया जाता है। 'नए पते' की 'कुत्ता भौंकने लगा', 'महँगू महँगा रहा' आदि कविताएँ निश्चय ही बहुत आगे बढ़कर किसानों और

मजदूरों की विवशता तथा जागरण को स्पष्ट शब्दों में कहती हैं। गजलों में कहीं-कहीं बिलकुल सीधी चोट की गई है :

खुला भेद विजयी कहाये हुए जो
लहू दूसरे का पिये जा रहे हैं।

लेकिन खेद के साथ कहना पड़ता है कि जिन निराला जी ने कविता को 'बहु जीवन की छवि' कहा था, उन्होंने इस युग में जीवन की विविध अर्थभूमियों, गहरी अनुभूतियों तथा मानव और प्रकृति-सम्बन्धी मर्म-छवियों की समृद्धि का परिचय नहीं दिया जो पंत जी की 'ग्राम्या' में कुछ हद तक प्राप्त होता है। हर्ष-विषाद यथार्थ रूप में जाग उठा है; पंत जी के ग्राम-चित्रण से तुलना करते ही निराला जी के ये चित्र सूक्ष्म पर्यवेक्षण की श्रेष्ठता प्रमाणित करते हैं। परन्तु निराला की इस युग की कविताओं का रूप-तत्त्व नवीन होते हुए भी काफी अनगढ़ है।

सामाजिक यथार्थ के इस स्तर की परम्परा को रामविलास शर्मा, केदारनाथ अग्रवाल, नागार्जुन तथा त्रिलोचन ने आगे बढ़ाया। 'तार-सप्तक' में प्रकाशित रामविलास शर्मा की कविताओं में निराला-पंत के अद्‌भुत सम्मिश्रण का विकसित रूप मिलता है। उनमें ग्रामीण मानव से अधिक प्रकृति का यथातथ्य रेखांकन है; कहीं-कहीं 'सिलहार'—जैसे दीन जनों का भी चित्र है। भाषा में भदेसपन अधिक है। इन चित्रों के बीच एकाध जगह मध्यवर्गीय व्यक्ति का विषाद भी खुल पड़ता है, जैसे :

बीते वर्षों का मैं, जिसको है ढँके हुए
गाढ़े वर्षों की छायाओं का तन्तुजाल!
...
गरजता अनागत का अगाध फिर अन्धकार!

केदारनाथ ने इस यथार्थ को अधिक ओज तथा मार्मिकता दी। बुन्देलखंड की चटियल भूमि का यह कवि भाव और भाषा दोनों क्षेत्रों में ग्रामीण जनता का अधिक अपना कवि प्रतीत हुआ। इनकी 'युग की गंगा' रूढ़ियों की चट्टानें तोड़ती हुई 'सुरसरि सम सब कहँ हित होई' का आदर्श लेकर 1947 ई. में सामने आई। यहाँ गँवई प्रकृति भी अजीब मस्तानापन लिए आती हैं :

हवा हूँ हवा मैं वसन्ती हवा हूँ।
चढ़ी पेड़ महुआ थपाथप मचाया
गिरी धम्म से फिर चढ़ी आम ऊपर
उसे भी झकोरा किया कान में कू
उतरकर भगी मैं हरे खेत पहुँची
वहाँ गेहुँओं में लहर खूब मारी
पहर दोपहर क्या अनेकों पहर तक...

गँवई लोगों का भी चित्रण है, परन्तु यहाँ ग्राम्या की तरह कोरी सहानुभूति नहीं है। कवि रूढ़िबद्ध 'चित्रकूट के बौड़म यात्रियों' की मीठी चुटकी भी लेता है; चैतू, चन्दू, रनिया की भी दुर्बलताओं पर तेज रोशनी डालता है। उसके लिए ग्रामीण जन देवता नहीं हैं बल्कि मानव हैं और वे भी अपने सगे। इसलिए वह उनकी अन्धपूजा न करके कटु आलोचना भी करता है। यह मजदूर की शराबखोरी और शहरी छोकरों की आवारागर्दी की भी भर्त्सना करता है। केदार के व्यंग में निराला की-सी विक्षिप्तता नहीं, बल्कि कठोर सोद्देश्यता तथा संयम है। समूचे व्यंग को जनता की विजय का अडिग विश्वास मार्मिक मानवीयता तथा शक्ति प्रदान करता है। ऐसे स्थलों पर स्वर में अद्भूत दृढ़ता आ जाती है :

घन गरजे जन गरजे
बन्दी सागर को लख कातर
एक रोष से
घन गरजे जन गरजे!
छिति की छाती को लख जर्जर
एक शोध से
घन गरजे जन गरजे!

केदार में पुराना 'आदर्शवाद' नहीं मिलता। कुल मिलाकर उनमें बहुजीवन की छवियाँ, अभिव्यक्ति के सीधे और व्यंगगर्भी विधान, चित्र-विधान का लाघव तथा भावानुकूल नूतन संगीत-सृष्टि बड़े ही सहज ढंग से एकत्र मिल जाती है।

केदार की निर्वैयक्तिकता से भिन्न प्रकार की निजी पीड़ा और कठोरता को लेकर नागार्जुन की कविताएँ आईं। मिथिला के ठेठ गाँवों की मिट्टी से लिपटा हुआ यह 'यात्री' देश-देशान्तरों के अनुभवों और दृश्यों से इतना संपृक्त हो उठा है कि सामाजिक चेतना उसकी सरस्वती में शतधा रूपायित हो उठी—कहीं व्यंग की तिक्त बौछार तो कहीं करुणा के मार्मिक उत्स; कहीं गँवई प्रकृति के यथार्थ चित्र तो कहीं शहरी ढोंग का उद्‌घाटन। भाषा भी तद्‌नुरूप—कहीं प्रांजलता तो कहीं ठेठ बोलचाल। छन्द योजना की बेगवती धारा में नाटकीय विधान घटित होता चलता है। इसके रूप-विधान में केदारनाथ का-सा तराश तो नहीं मिलता, लेकिन मार्मिकता अधिक मिलती है; स्पष्टता और खरापन शायद सबसे अधिक। इनकी कविताओं में ऐसी सहज आत्मीयता तथा ईमानदारी की तड़प भरी रहती है जो रूप-विधान के सारे अनगढ़पने को ढककर सीधा चोट करती है।

त्रिलोचन की 'धरती' (1945 ई.) में सामाजिक चेतना का उभार केदार और नागार्जुन का-सा तो नहीं मिलता, लेकिन परम्परा वही है जिसमें मूलत: एक किसान

कवि का हृदय बोलता है। गँवई प्रकृति का बड़ा ही स्वस्थ उभार 'धरती' में हुआ है और ग्राम-जीवन के अनेक दुर्लभ चित्र दिए गए हैं :

तारकों से ज्योति चलकर भूमि तल पर
आ रही है आ रही है आ रही है।

है अँधेरी रात कल है ब्याह का दिन
दीपकों से गाँव का एकान्त अमलिन
जागती हैं नारियाँ
आज अपने गीत से वे तारकों को हैं जगातीं!

'चम्पा', 'बूआ', 'भोरई केवट' आदि सामाजिक इकाइयों के माध्यम से वास्तविकता मूर्तिमान हो उठी है। आगे चलकर 1950 में उनके 'सॉनेटों' में ग्राम-जीवन का यह यथार्थ और गाढ़ा हो उठा। त्रिलोचन की 'धरती' का महत्त्व सबसे अधिक इसकी स्वर-विविधता तथा रूपगत समृद्धि के कारण है जो इस प्रकार के अन्य कवियों में अपेक्षाकृत कम था।

इन कवियों के निर्माण को समझने के लिए आवश्यक है कि इनके समानान्तर रचना करनेवाले जन-बोलियों के कवियों से परिचित हों। इस दशक की कविता के भाव और रूप-निर्माण में जन-बोलियों के साहित्य ने बहुत बड़ा काम किया। बलभद्र दीक्षित 'पढ़ीस', चन्द्रभूषण त्रिवेदी, विसराम, रामफेर, बंशीधर शुक्ल और मुकुल आदि बोली के कवियों ने इस युग के शिष्ट कवियों को लोक-तत्त्व की अक्षय सामग्री दी।

सामाजिक यथार्थ का दूसरा स्तर नरेन्द्र शर्मा, दिनकर, सुमन, भवानी प्रसाद मिश्र, रांगेय राघव, गोपालसिंह नेपाली, शंकर शैलेन्द्र आदि कवियों में अभिव्यक्त हुआ। इन कवियों ने थोड़े-बहुत अन्तर के साथ उत्साह और उद्बोधन का बढ़ा-चढ़ा रूप दिखाया। इन्होंने जीवन की मर्म-छवियों के चयन में समय न लगाकर आविष्ट भाषण-सुलभ ओजपूर्ण शैली में अनेक उत्तेजक कविताएँ लिखीं। इस युग में दिनकर ने 'कुरुक्षेत्र', 'सामधेनी' तथा 'इतिहास के आँसू' कविता-संग्रह उपस्थित किए, 'जीवन के गान' और 'प्रलय-सृजन' के कवि सुमन के बीच 'आज देश की मिट्टी बोल उठी है', 'नई आग' तथा 'जल रहे हैं दीप जलती है जवानी' जैसी उत्साहवर्धक बड़ी लोकप्रिय रचनाएँ दीं। इन कवियों में भवानी प्रसाद मिश्र का लहजा थोड़ा भिन्न है; रोजमर्रा की बातचीत में बड़े ही बेतकल्लुफ ढंग से वे व्यंग, विनोद, सूक्ति तथा मार्मिक कहानी कह जाते हैं। नरेन्द्र शर्मा का स्वर इस प्रकार के कवियों में सर्वाधिक कलात्मक तथा स्पष्ट रहा है। इन कवियों ने समसामयिक महत्त्वपूर्ण घटनाओं को भी छन्दों में बाँधकर जागरूकता का परिचय दिया।

सामाजिक यथार्थ का तीसरा स्तर उन कवियों ने झनझनाया जिनके संवेदनशील मन में एक ओर मध्यवर्गीय संस्कारों की कटु अतृप्ति थी तो दूसरी ओर नवीन सामाजिक चेतना को बौद्धिक रूप से स्वीकार करके व्यावहारिक रूप से ग्रहण करने की ललक। इस अन्तर्द्वन्द्व ने इन संवेदनशील कवियों की अभिव्यक्ति को अस्पष्ट और उलझनपूर्ण बना दिया। इन्होंने कविता के रूप-विधान की ओर अधिक ध्यान दिया। इनमें अज्ञेय, गिरिजा कुमार माथुर, प्रभाकर माचवे, नेमिचन्द्र जैन, भारत भूषण अग्रवाल, गजानन मुक्तिबोध, शमशेर बहादुर सिंह, हरि व्यास, धर्मवीर भारती, रघुवीर सहाय, नरेश मेहता और चन्द्र कुँवर बर्त्वाल मुख्य हैं। इन कवियों में गिरिजा कुमार, मुक्तिबोध, हरि व्यास, नरेश और बर्त्वाल में सामाजिक चेतना अधिक गहरी और प्रौढ़ है।

गिरिजा कुमार की मानसिक पीठिका छायालोक की थी, इसलिए 'नाश और निर्माण' की कुछ कविताओं में प्रणय-सम्बन्धी रूमानियत की काफी धूप-छाँह मिलती है। स्मृति के छिन्न अनुषंगों के सहारे उन्होंने मध्यवर्गीय केलि-विलास के नूतन यथार्थ तथा 'प्रौढ़ रोमांस' प्रस्तुत किए तथा रंग-रेखा के नए सौन्दर्य-बोध जगाए। उनकी आरम्भिक मीठी थकान, सूनापन तथा उदासी मध्यवर्गीय जीवन की गहरी वास्तविकता का प्रतीक बनकर आई जो आगे चलकर वस्तुनिष्ठ दृष्टिकोण के समन्वय से अधिक शक्तिशाली हो उठी। यह प्रौढ़ रोमान 'एशिया के जागरण' और 'शाम की धूप' जैसी कविताओं में प्रकट हुआ। जिनमें यथार्थ रूमानियत की रंगीनी से चटक हो उठा है। नरेश ने माथुर के कल्पना-वैभव और मूर्ति विधान को 'समय-देवता' और 'चीन' जैसी कविताओं में बड़ा कैनवस प्रदान करने का प्रयत्न किया। इन कविताओं ने अपनी दूरारूढ़ तथा प्रसंगगर्भी मूर्ति-योजना के बावजूद विराट मानवता का उदास चित्रण किया। मुक्तिबोध की मर्मस्पर्शी निराशा क्रमशः 'जीवन की लौ' के रूप में प्रज्वलित हुई जिसमें मध्यवर्गीय समाज का खोखलापन उभारकर दिखाया गया। हरि व्यास के निर्ग्रन्थि व्यक्तित्व ने प्रकृति के अनेक मनोरम चित्र तथा श्रमिक आस्था के तेजोदृप्त गीत लिखे हैं। समीक्षकों द्वारा उपेक्षित तथा अकाल ही धरती से उठ जाने वाले कवि 'बर्त्वाल' ने प्रतिभा के अनेक जौहर दिखाए। विषय-वैविध्य तथा रूप-वैमिन्य की दृष्टि से उन्होंने अनेक सफल रचनाएँ उपस्थित की और उस रूमानी छाया की सीमा में भी अद्‌भुत सामाजिक चेतना का परिचय दिया।

अन्य कवियों में से नेमिचन्द्र में शैथिल्य तथा एकाकीपन का मार्मिक विषाद गहरा है। उनकी निराशा का कारण 'तिरस्कृत व्यक्तित्व', 'मन की कुण्ठित धार' तथा जीवन्त शक्तियों से सहयोग न कर सकने की अक्षमता है। समाज की इस शक्ति को उन्होंने अस्पष्ट रूप में 'विविध गतिमय प्राणमय संचलित तत्त्व' नाम से ही स्मरण किया है। भारत भूषण में गद्यात्मक सामाजिक चेतना है, परन्तु बौद्धिक है, परन्तु उनके ग्रन्थिहीन सादे मन में जहाँ स्वस्थ सौन्दर्य-दर्शन, व्यंग-बौछार या अपनी

विवश तरलता का बोध है, वहाँ वे विशेष सफल हैं। प्रभाकर माचवे की कविता में यद्यपि अनुभूति की गहराई कम मिलती है तथा रूप-विधान में भी अनमना कौतुक है, तथापि उनके हाथ व्यंग्यात्मक रेखांकन तथा नुकीले सूत्रों और सूक्तियों में अधिक मँजे हैं। भारती में जवानी की मिठास और रूप-रस के प्रति आसक्ति है तो रघुवीर सहाय में असमय बार्धक्य का प्रतीक बौद्धिक शुष्कता और जीवन से विरक्ति। संगीतगर्भी प्रयोगों की झीनी खूबसूरती में ढकी हुई सामाजिक चेतना के कवि शमशेर ने नई कविता को सम्भवत: सबसे अधिक स्वर-सम्पन्न बनाया है; उनके चित्र-विधान में बारीकी तथा शब्दों में अत्यधिक मितव्ययिता अथच अर्थ की दुरूहता है। उन्होंने अपनी उर्दू कविताओं में अवश्य ही स्पष्ट बाँकपना भर दिया है। इन नामों के साथ इनके सधर्मा कुछ और नए नाम जुड़ते हैं जिनमें सर्वेश्वर, केदारनाथ सिंह तथा सूर्यप्रताप के नाम मुख्य हैं।

इस युग की सीमा में 'अज्ञेय' की 'इत्यलम्' के उत्तरार्द्ध तथा 'हरी घास पर क्षण-भर' की कविताएँ आती हैं। 'इत्यलम्' के उत्तरार्द्ध की अधिकांश कविताएँ समाज-निरपेक्ष व्यक्ति-मन की ग्रन्थियों और यौन-वर्जनाओं का आसक्तिपूर्ण तथा उलझाव-भरा चित्र उपस्थित करती हैं। लेकिन 'हरी घास पर क्षण-भर' में आते-आते वे सामाजिक चेतना का महत्त्व समझने लगते हैं: 'अपने से बाहर आने को छोड़ नहीं आवास दूसरा'। वे अपनी 'अहं, अन्तर्गुहावासी स्वरति' आदि सीमाओं को स्वीकार करते हैं और ईमानदारी के साथ। इस ईमानदारी तथा लाचारी ने इस संग्रह की कविताओं में कुछ स्पष्टता तथा तन्मय गीतात्मकता भर दी है। इसमें सहसंवेदनजन्य अनुभूति की कोमलता प्रधान तथा बुद्धि की ललकार गौण है।

सामाजिक चेतना के इस तृतीय स्तर को प्राय: प्रयोगशील कविता के नाम से अभिहित किया जा रहा है। नाम को लेकर यहाँ कोई विशेष झगड़ा नहीं, किन्तु इतना अवश्य है कि इन कवियों ने 'प्रयोग-आकांक्षा' तथा 'रूप-विधान' पर इतना अधिक बल दिया है कि उक्त कवियों की कतिपय रचनाएँ रूपवादी अथवा प्रयोगवादी हो उठी हैं। जहाँ तक विषयवस्तु का सम्बन्ध है, इन कवियों में प्राय: सबकी रचनाएँ ह्रासोन्मुख मध्यवर्गीय मान्यताओं की चौहद्दी में घिरी हैं; खैरियत इतनी ही है कि इनमें से अधिकांश उस सीमा को तोड़ने के लिए आकुल हैं। ह्रासशील मान्यता की इन कविताओं का भी अपना सौन्दर्य है तथा अपनी संवेदनशीलता है; विशेषत: प्रकृति और प्रणय-सम्बन्धी अनुभूतियाँ अधिक मोहक और संवेद्य हैं।

इस युग में कुछ ऐसी भी कविताएँ हुई हैं जिन्हें 'नूतन रहस्यवाद' की संज्ञा दी जा सकती है। पुराने आदर्शवादी कवियों में जिन्होंने भिन्न वर्ग के प्रति केवल बौद्धिक सहानुभूति प्रकट की थी, परन्तु उनका मूल मनोजगत व्यक्तिवादी और आदर्शवादी था उन्होंने नए रहस्य लोक की शरण ली। श्री सुमित्रानन्दन पंत, निराला,

नरेन्द्र शर्मा, नवीन, भगवतीचरण वर्मा आदि कवियों का प्रयास इधर इसी ओर हुआ है। यह नूतन रहस्यवाद छायावाद युग की रोमांटिक रहस्य–भावना से भिन्न है, क्योंकि इसमें उत्थानशील मध्यवर्गीय व्यक्ति की आशा–आकांक्षाओं तथा कल्पना–शक्ति का वह स्वस्थ यौवन नहीं है। उस रहस्य–भावना में बार–बार 'प्रभु' का आश्रय नहीं लिया जाता था। वह चेतन–सत्ता समाज की अन्तर्निहित शक्ति थी जो उस युग–धर्म का संचालन कर रही थी। इस 'नूतन रहस्यवाद' में वह सामर्थ्य तो नहीं है किन्तु उदार मानवतावाद अवश्य है जो मध्यवर्गीय कुंठाग्रस्त कविताओं से श्रेयस्कर प्रतीत होता है। इस 'नूतन रहस्यवाद' में भी स्तर–भेद हैं। नवीन जी में यह अधिक सैद्धान्तिक तथा नैराश्य मूलक है; पंत जी में 'विराट मानवता' का वितान तानता है; 'निराला' की 'अर्चना' का रहस्यवाद यथार्थ की पीड़ा से सिक्त है; नरेन्द्र की रहस्य–भावना भी लोकाश्रयी है।

इनके अतिरिक्त बच्चन, शम्भूनाथ सिंह, जानकीबल्लभ शास्त्री, हंसकुमार तिवारी आदि गीतों के राजकुमार भी रचनारत रहे। ठाकुरप्रसाद सिंह के मौलिक से प्रतीत होने वाले संथाली गीतों का अनुवाद भी इसी कोटि में आएगा। इन कवियों में मुख्यत: यथार्थ चित्रण से भिन्न भाव–कल्पित सुख–दु:ख का रोमानी चित्रण मिलता है, परन्तु युग के अनुरूप कुछ–कुछ सामाजिक चेतना भी आई है।

इस प्रकार पिछले दशक में हिन्दी–कविता की मुख्यत: तीन प्रवृतियाँ रही हैं—सामाजिक यथार्थवाद, रूपवाद तथा नूतन रहस्यवाद। अनेक कवियों में एकाधिक प्रवृतियाँ एक–साथ मिलती हैं। कुछ ऐसे हैं जिनमें आरम्भ में एक प्रवृत्ति प्रधान थी, परन्तु धीरे–धीरे दूसरी प्रधान हो गई। विभिन्न वर्गों के संस्कारों और मान्यताओं वाले समाज में इस प्रकार की परस्पर–विरोधी प्रवृत्तियों का मिलना स्वाभाविक है, परन्तु यह निस्संकोच कहा जा सकता है कि इस दशक में सामाजिक यथार्थ की कविता परिस्थितियों के साथ क्रमशः स्पष्ट, प्रौढ़, मानवोचित और जीवन–सौन्दर्य से परिपूर्ण होती गई। भविष्य इसी कविता के हाथ है, यह सभी अनुभव कर रहे हैं। रूपवादी कवियों ने इसे अनगढ़, कलाहीन, आक्रोशपूर्ण तथा एकांगी कहा है, लेकिन यह उनकी मध्यवर्गीय दृष्टि की सीमा का परिणाम है। इन कविताओं में अनगढ़पन हो सकता है और बहुत सम्भव है वह कवि की असावधानी अथवा शक्ति की सीमा के कारण हो, परन्तु रूपवादियों की इस समीक्षा के पीछे जो उद्देश्य है वह श्रमिक–वर्ग की मान्यताओं तथा रचनाओं के प्रति सह–संवेदनहीन है। प्रश्न यह है कि विकास के बीज किस कविता में हैं? रूपवादी रचनाओं में कुछ सफल, सुन्दर, आकर्षक और मोहक प्रतीत हो सकती हैं, लेकिन उनमें वह जीवनी शक्ति नहीं है जो बहुजन को स्पन्दित कर सके। कुछ रूपवादी कवियों ने अपना जन–प्रेम प्रदर्शित करने के लिए लोकगीतों की भी धुनें अपनाई हैं तथा कुछ ग्रामीण शब्दों का भी

प्रयोग किया है, किन्तु वह अपनाव नहीं बल्कि चेतना को अलग करके शरीर का अपहरण है। लोक-काव्य रचने के लिए लोकगीतों की धुन तथा शब्द अपनाना ही काफी नहीं है; देखना यह है कि वे लोकगीत किस ऐतिहासिक भूमिका के हैं। लोकगीतों का भी काफी भाव-रूप में विकास होता है और आज के कवि के लिए आवश्यक है कि वह अपने समसामयिक लोक-काव्य से प्रेरणा ले। लेकिन देखा तो यह जा रहा है कि शिष्ट कवि ब्याह-शादी, मेला-ठेला, झूला-चक्की, वृद्धा आदि पुराने लोकगीतों को ही अपनाकर निहाल हो रहे हैं। लोक-जीवन तथा काव्य के प्रति यह रूमानी दृष्टिकोण है।

नि:संदेह सामाजिक यथार्थवाद की सच्ची कविता लोक-काव्य से ही उत्पन्न और विकसित होगी लेकिन लोक-काव्य के रचयिताओं को इस योग्य बनाने के लिए वर्तमान मध्यवर्गीय कवि जन-शिक्षार्थ काव्य की रचना करते रहेंगे। नि:संदेह इन दस वर्षों में जागरूक कवियों ने इस दिशा में यथाशक्ति परिश्रम किया है।

इस अवधि में कुछ कवियों ने कविता को समृद्ध बनाने के लिए नवीन अर्थ-व्यंजना वाले कुछ नए शब्दों का प्रयोग किया है तथा पुराने शब्दों में नई अर्थ-व्यंजना भरी है। परन्तु शब्द-भंडार की दृष्टि से समृद्ध होती हुई भी इस प्रकार की रचनाएँ सीमित और दरिद्र हैं, क्योंकि ये प्रयोगाई सार्वजनिक मूल्यों वाले शब्दों से रिक्त हैं। दूसरे शब्दों में इनकी दरिद्रता का कारण इनके पाठकों की सीमा है।

यही दशा छंदोविधान की बहुलता के विषय में है। नए-नए स्वरों का उपयोग करने अथवा खड़ी हिन्दी के लय में अंग्रेजी ढंग का स्वरपात, बलाघात देने से ही कविता समृद्ध नहीं होती। यदि यही बात होती तो केशव की रामचन्द्रिका तुलसी के 'रामचरितमानस' से बहुमान पाती। मध्यवर्गीय अन्तर्द्वंद्व-प्रधान रूपवादी कवियों ने छंद-वैविध्य का बहुत ध्यान रखा है। इस प्रयोग का भी मूल्यांकन पाठकों की सीमा के ही अनुसार होगा।

इसी प्रकार इस युग की कविता में आधुनिक अंग्रेजी वाक्य-विन्यास की 'पैरेंथीसिस', कोष्ठक, भावानुकुल विराम-चिह्न, ध्वनि-प्रतीक-योजना, दिवा-स्वप्न-विधान, फ्री एसोसिएशन आदि के जो प्रयोग किए गए उनका मूल्यांकन उस मध्यवर्गीय विषय-वस्तु को ध्यान में रखकर ही किया जाएगा।

इन तमाम असंगतियों के बावजूद पिछले दशक की कविता के विषय में ये तीन बातें निश्चित रूप से कही जा सकती हैं—

1. कविता में वर्ण्य-विस्तार तथा अर्थ-भूमि का प्रसार हुआ। यदि मायाकोव्स्की से शब्द लेकर कहें तो—

आज हमारे रंग की हुई कूची सड़कें
और कैनवस हुए पार्क गलियाँ चौराहे।

2. खड़ी हिन्दी में लोक-कंठ के अनुकूल ऋजुता आई। गाँवों और मजूर बस्तियों से उठी हुई ताजी कच्ची भाषा माँजा की भाँति कविता में मात गई। भाषा में बारीकी के साथ एक नया ओज आया।

3. इस युग की कविता ने सामाजिक उत्तरदायित्व को निभाने में प्रत्यक्ष और परोक्ष रूप में यथाशक्ति अपूर्व योग दिया। इसके मानवतावाद की सीमाएँ तथा असंगतियाँ समाज की सीमाएँ तथा असंगतियाँ हैं। लेकिन कविता का प्रधान स्वर मानव-लय की स्पष्ट दिशा का सहयात्री रहा।

इस प्रकार इन दस वर्षों की कविता हिन्दी कविता की महान मानवतावादी परम्परा को युग की आवश्यकता के अनुसार आगे बढ़ाती है।

आलोचना, अंक—4/ जुलाई, 1952

रचनात्मक समीक्षा

ऐसे समय जबकि आलोचनाएँ प्रायः आलोचना के लिए हो रही हों, यदि कोई सहृदय समालोचक अपने जीवन का रचनात्मक कार्य समझकर कुछ साहित्यिक कृतियों का अध्ययन प्रस्तुत करता है तो उसका प्रयत्न ध्यान देने योग्य हो जाता है। श्री शान्तिप्रिय द्विवेदी की सद्यः प्रकाशित 'प्रतिष्ठान' ऐसी ही महत्त्वपूर्ण रचना है। 'प्रतिष्ठान' मुख्यतः समकालीन हिन्दी साहित्य का सिंहावलोकन है और इस सिंहावलोकन की पृष्ठभूमि में लेखक के निजी जीवन का पथ-संधान, कुछ साहित्यिक संस्मरण और समाज-साहित्य-सम्बन्धी कतिपय विकीर्ण विचारों का फलन है। लेकिन इस पुस्तक का वास्तविक महत्त्व इस बात में है कि वह साहित्य का एक मौलिक सवाल उठाती है। सवाल वह यह है कि रचनात्मक समीक्षा का स्वरूप क्या हो?

इस सवाल के पीछे शान्तिप्रिय के जीवन की सम्पूर्ण समीक्षा-साधना है, इसलिए प्रस्तुत पुस्तक की चर्चा अप्रासंगिक होते हुए भी प्रस्तुत प्रश्न को समझने के लिए उनके पूर्ववर्ती प्रयत्नों का स्मरण करना प्रासंगिक होगा। शान्तिप्रिय ने छायावादी काव्य की व्याख्या से अपना साहित्यिक कार्य आरम्भ किया है। जिस तरह कवियों-कथाकारों को कविता, कहानी, उपन्यास आदि की रचना करना स्वांतःसुख का स्रोत प्रतीत होता है, समीक्षा शान्तिप्रिय के लिए भी बहुत-कुछ वैसी ही रचनात्मक वस्तु रही है। समीक्षा उनके निकट जीवन और साहित्य की अनुभूति की सहज अभिव्यक्ति रही है। यह वह आलोचना नहीं थी जो दूसरों की ज्ञान-वृद्धि के लिए लिखी गई हो, बल्कि हृदय का वह आकुल आवेग था जिसको अभीष्ट कवियों के माध्यम से व्यक्त करने में आत्म-तृप्ति मिलती रही है। यही वह अहैतुक सहृदयता है जिसने उस अपेक्षाकृत अल्पज्ञ, किन्तु भावुक युवक को भी वह अन्तर्दृष्टि दी जो उस युग में छायावाद के बड़े-बड़े बहुज्ञ आलोचकों में भी दुर्लभ थी। कभी-कभी बुद्धि से जहाँ नहीं पहुँचा जा सकता, भावना से सहज ही पहुँचा जा सकता है—इस तथ्य को आलोचना के क्षेत्र में शान्तिप्रिय ने प्रमाणित करके दिखा दिया। काव्य का निरंतर अनुशीलन और अभ्यास किस प्रकार सहृदय समीक्षक को जन्म देता है—इसे यहाँ देखा जा सकता है।

उस युग में आचार्यों की बुद्धि की प्रखर किरणों ने जिस सहृदयता को हल्की-फुल्की प्रभाववादी समीक्षा कहकर उड़ा दिया था, उसमें जीवन शक्ति कितनी थी—यह उन समीक्षाओं के रचनात्मक प्रभाव से ही देखा जा सकता है। आज की व्यावसायिक और राजनीतिक आलोचना के युग में आरम्भिक आवश्यकता के रूप में उस सहृदयता की कमी बेहद खटक रही है और यदि कुछ बँधती भी है तो शान्तिप्रिय जैसे कतिपय आलोचकों के द्वारा ही। यह ध्यान देने योग्य तथ्य है कि आज अधिकांश साहित्यिक कृतियों के साथ जो थोड़ा- बहुत न्याय हो पाता है वह ऐसे ही सहृदय समीक्षकों के हाथों, और आलोचना की व्यापक विध्वंस लीला के बीच साहित्य-रचना के लिए यदि यथेष्ट उत्साह नहीं तो सरल आश्वासन भी इन भावुक हृदयों की सहानुभूति में ही सम्भव रह गया है। 'प्रतिष्ठान' में 'प्रगतिवाद', 'प्रयोगवाद' तथा नए उपन्यासों पर व्यक्त किए गए विचारों में इस कथन की सार्थकता ढूँढ़ी जा सकती है।

नई कविता के प्रति पुराने पंडित और यहाँ तक कि छायावादी और उत्तर छायावादी कवि जिस प्रकार खड्ग-हस्त हैं, उनके विचारों के समानांतर छायावादी भावभूमि को शान्तिप्रिय से यदि सच्ची सहानुभूति मिलती है तो इसे कोरी उदारता अथवा दुर्बल स्वीकृति न समझकर सहृदयता का सहज प्रसाद ही समझना चाहिए। इसी प्रकार नए यथार्थवादी उपन्यासों में व्यक्त होनेवाले जीवन की वास्तविकता के प्रति पुरानी पीढ़ी के आलोचक जहाँ संदेहशील हैं, शान्तिप्रिय उसका स्वागत करते हैं। यशपाल को शरत्चंद्र और प्रेमचंद के साथ रखने का साहस शान्तिप्रिय ही कर सकते हैं।

उपन्यासों की आलोचना करते समय आजकल आलोचक का अपना दृष्टिकोण लेखक के दृष्टिकोण से अकसर टकराता है और इसीलिए नए उपन्यासों के साहित्यिक मूल्यांकन में बाधा उपस्थित हो जाती है। लेकिन यहाँ भी शान्तिप्रिय ने जिस प्रकार वादों से ऊपर उठकर भगवतीचरण वर्मा, नागार्जुन, यशपाल, रांगेय राघव, सेठ गोविन्द दास के उपन्यासों में व्यक्त अनेक स्तरों के जीवन-वास्तव को परखने की कोशिश की है वह भी उनकी उसी सहृदयता का प्रमाण है। दूसरी ओर सामयिक समस्याओं से ऊपर उठकर वाणभट्ट की आत्मकथा, गढ़, कुंडार, विराटा की पद्मिनी, झाँसी की रानी, मृगनयनी आदि ऐतिहासिक उपन्यासों में चित्रित जीवन-मर्मों को पहचानकर भी शान्तिप्रिय ने गहरी साहित्यिक सूझ का परिचय दिया है। इनके अतिरिक्त शेखर, नदी के द्वीप, सुखदा, विवर्त आदि तथाकथित मनोवैज्ञानिक उपन्यासों पर शान्तिप्रिय ने जो छोटे-छोटे 'रिमार्क' दिए हैं वे भी विचारणीय हैं।

प्रश्न है कि क्या लेखक के पास सहानुभूति प्रकट करना ही रचनात्मक समीक्षा है। कोरी सहानुभूति में रचनात्मक प्रेरणा कहाँ तक सम्भव है। यहाँ विवाद की विशेष गुंजाइश नहीं है कि सहानुभूति रचनात्मक समीक्षा की केवल आरम्भिक

आवश्यकता है, अन्तिम परिणति नहीं। कोरी सहानुभूति से सक्रिय गति और दिशा-निर्देश नहीं मिल सकता।

सम्भवत: शान्तिप्रिय की सहृदयता भी कोरी सहानुभूति तक ही नहीं रुकना चाहती। उन्होंने निर्मम भाव से अवांछनीय प्रवृत्तियों की ओर संकेत भी किया है। यहाँ शान्तिप्रिय में नैतिक बल तथा ईमानदारी आज के उन अनेक आलोचकों से कहीं अधिक है जो तरह-तरह के सिद्धांतों और तर्कों की ओट में पद-प्राप्त अधिकारी लेखकों अथवा अपने गुट के लेखकों की प्रशंसा करते नहीं थकते। इस विषय में एक ही प्रमाण देना काफी होगा। पंत जी शान्तिप्रिय की सबसे बड़ी कमजोरी समझे जाते हैं। लेकिन उनकी भी खरी आलोचना करने में वे नहीं चूकते। लिखते हैं—"पंत जी अपनी आर्थिक और मानसिक स्थिति के अनुसार साहित्य में बदलते रहे हैं। सुसम्पन्नता में वे छायावाद के कवि थे, विपन्नता में प्रगतिवाद के कवि, अब अध्यात्मवाद के मनीषी हैं—(इधर उनकी कविता में एकरसता आती जा रही है।) अब वे समझौते की नीति लेकर चल रहे हैं। इसीलिए जिसे नहीं चाहते उसे चाहना पड़ता है; जिसे चाहते हैं, उसे अपना नहीं सकते।"

इसी तरह महादेवी और निराला के प्रति भी शान्तिप्रिय के स्पष्ट विचार बड़े ही तथ्योद्घाटक हैं। साहित्यिक आलोचना करते समय व्यक्तिगत जीवन की भी चर्चा करना कहाँ तक वांछनीय है—यह विवादग्रस्त विषय हो सकता है, फिर भी निराला की विक्षिप्तता के विषय में शान्तिप्रिय ने जो कारण विश्लेषण किया है, वह साहित्य के तथाकथित अनेक आर्थिक व्याख्याताओं से कहीं अधिक वैज्ञानिक है। "उनकी वर्तमान मन:स्थिति का कारण विषम मात्रिक मुक्तछंद की तरह उनके जीवन की गतिविधि में भी खोजना होगा। निरालाजी के जीवन में एक उद्दाम वेग था, किन्तु गति का नियंत्रण नहीं था।" इसके बाद निराला के तथाकथित तरफदारों का पर्दाफाश करते हुए शान्तिप्रिय लिखते हैं—"उन्हें विपन्न देखकर लोग-बाग अपनी निर्जीव संवेदना का प्रदर्शन कर सस्ती वाहवाही लूट लेना चाहते हैं। जो स्वयं दयनीय हैं, वे निरालाजी के नाम पर महनीय बन जाना चाहते हैं।" आगे इस विषय में सुझाव देते हुए वे कहते हैं, "निरालाजी के प्रति सक्रिय संवेदना यही हो सकती है कि उनके उपयुक्त कोई ऐसा कार्यक्षेत्र प्रस्तुत किया जाए जिसमें उनका मन लगे और सबका कल्याण हो। निरालाजी को पूजा की प्रतिमा की तरह अपने ही में अवरुद्ध और सीमित बना देने से न तो उनकी मानसिक स्थिति में परिवर्तन हो सकता है और न उनके मनन, चिन्तन और चेतना को विस्तृत क्षेत्र मिल सकता है। वे विक्षिप्त नहीं, कुंठित है।"

यह है रचनात्मक संवेदना और रचनात्मक समीक्षा का नमूना। सवाल लेखक की प्रशंसा और निंदा अथवा सहानुभूति और विरोध का नहीं है, सवाल है लेखक

के विविध अन्तर्विरोधों के बीच काम करनेवाली रचना-शक्ति को पहचानने और पहचानकर उसे उचित ढंग से विकसित होने देने अथवा करने में योग देने का।

इतने महत्त्वपूर्ण कार्य के लिए जीवन के प्रति भी रचनात्मक दृष्टिकोण की आवश्यकता है। यह केवल साहित्यिक मान्यता और प्रभाव का प्रश्न नहीं है। शान्तिप्रिय ने ठीक ही कहा है कि उनकी समीक्षा का आधार उनका विशेष जीवन-दर्शन है। यह जीवन-दर्शन ही वह ठोस आधार है जो किसी लेखक को अवसरवाद से बचाता है, यही उसका मेरुदंड होता है। शान्तिप्रिय की सहृदयता एकदम लचीली और सर्वत्र ढुलकनेवाली कोई तरल वस्तु नहीं, बल्कि उसके पीछे एक व्यवस्थित मेरुदंड है। इसी अर्थ में वे कोरे प्रभाववादी नहीं हैं। यही वह आदर्श है जो उन्हें व्यावसायिक आलोचनाएँ, परीक्षोपयोगी पुस्तकें तथा 'टेक्स्ट बुक' लिखने से रोकता आया है।

शान्तिप्रिय का यह जीवन-दर्शन है—उन्हीं के शब्दों में—गाँधीवाद और उसी का आधुनिक रूप सर्वोदयवाद। फलस्वरूप वे एक और आधुनिक बाजारू सभ्यता के तीखे आलोचक हैं तो दूसरी ओर जीवन में नैसर्गिक सरलता के स्वप्नद्रष्टा। जहाँ वे बाजारूपन पर प्रहार करते हैं, वहीं अनेक महत्त्वपूर्ण स्थापनाएँ करते हैं और बड़े से-बड़े प्रगतिशील विचारक को प्रतिध्वनित करते दिखाई पड़ते हैं। लेकिन जब वे इन उलझनों से घबराकर शुद्ध निसर्ग के सौन्दर्यलोक की सरलता में मुँह छिपाना चाहते हैं तथा दयनीय हो उठते हैं। उनके निबन्धों के सबसे नीरस प्रकरण वही हैं जहाँ वे यंत्रों का विरोध करते हुए सरल नैसर्गिक जीवन पर लम्बा व्याख्यान देते हैं। और यहीं उनकी भावुकता की सीमा स्पष्ट हो जाती है। यह ठीक है कि कभी-कभी भावुकता से वहाँ तक पहुँचा जा सकता है जहाँ बुद्धि की भी गति नहीं है, लेकिन भावुकता के बेध की भी एक सीमा होती है, जहाँ से आगे वह नहीं जा सकती है।

अव्यवस्था से असंतोष ही काफी नहीं है, आवश्यकता होती है कारण-विश्लेषण की। ऐंद्रिय बोध ही ज्ञान की काष्ठा नहीं है, उससे आगे बढ़कर कार्य-कारण सम्बन्ध स्थापित करके उसके अन्तःसूत्र को भी पकड़ना पड़ता है। भोगना ही काफी नहीं है, जानना और समझना भी जरूरी है। शान्तिप्रिय के दृष्टिकोण में इसी दूसरे पक्ष की कमी है। यही वजह है कि इतना सहृदय समीक्षक समीक्षा के क्षेत्र में कुछ महत्त्वपूर्ण मान न दे सका। दृष्टिकोण तो शुक्लजी का भी सीमित था, किन्तु सहृदयता के साथ ही उनकी मति इतनी तर्कप्रतिष्ठ थी और प्रज्ञा ऐसी तल-स्पर्शिनी कि दृष्टिकोण की सीमा के बावजूद उन्होंने साहित्य में कुछ महत्त्वपूर्ण मान और मान्यताएँ निश्चित कर दीं।

शान्तिप्रिय के मूल्यांकन की सीमाएँ इसी कारण स्पष्ट हो जाती है। इसीलिए उनकी रचनात्मक समीक्षा से लेखकों को प्रोत्साहन तो मिलता है, लेकिन दिशा नहीं

मिल पाती। ऐसा क्यों हुआ ? इसे ही समझाने के लिए उन्होंने 'पथ-संधान' में अपने जीवन की विषम बाधाओं का मार्मिक ढंग से चित्रण किया है। 'परिव्राजक की प्रजा' में उस आत्म-निर्माण का सविस्तार वर्णन है। आत्मकथाएँ तो बहुत-सी लिखी गई हैं, और साहित्यकारों ने भी लिखी हैं, लेकिन हिन्दी में ऐसी साहित्यिक आत्मकथा एक भी देखने में नहीं आई। वह हिन्दी की 'बॉयोग्राफिया लिटरेरिया' है।

इतनी सीमित सुविधा, शक्ति और शिक्षा के होते हुए भी शान्तिप्रिय ने हिन्दी-समीक्षा के इतिहास में जो रचनात्मक योग दिया है वह उनकी निष्ठा का ही परिणाम है।

शान्तिप्रिय रुचिर गद्य के शिल्पी हैं, वे उन एकनिष्ठ कलाकारों में हैं जो तन्मयता के साथ अपने शिल्प में ही सारा जीवन जड़ देते हैं। जीवन की इस आपा-धापी में जहाँ सब-कुछ चलता कर देने की आदत पड़ती जा रही है, शान्तिप्रिय की गद्य-रचना अतीत के गद्य-शिल्पियों की याद दिलाती है। वे सुकुमार सूक्तियों के संचालक हैं और उनकी आलोचना में भी जगह-जगह अनेक चमत्कृत सूक्तियाँ छूट-छूटकर छिटकती चलती हैं। जिस प्रकार शुक्लजी ने हिन्दी में समालोचना की भाषा का निर्माण किया है, शान्तिप्रिय ने भी समालोचना की भाषा के निर्माण में महत्त्वपूर्ण योग दिया है। उनके निर्णय सुचिन्तित होते हैं और उनकी पदावली सुनिश्चित। काश कि वे उतने ही संतुलित और संश्लिष्ट भी होते।

अवंतिका/जुलाई, 1954

दार्जिलिंग की एक झलक

'...मेंह बरसावन में, सावन में झूलिबो सुहावनों लगत हैं,' परन्तु वह क्वार था और फिर भी झूलना कम सुहावना न था। पके जामुन के गदराए फलों-सी काली घटाएँ झुक आई थीं, झीनी फुहार उड़ रही थी; हरी कचर तरुराजिते ढकी नुकीली पर्वत श्रेणियाँ झीम रही थीं, हवा में वाष्प की कुहरिल कभी उठ रही थीं। कभी हम ऊपर उठते, कभी हम नीचे जा पड़ते। हिंडोले-सी मोटर हिमालय की उस उपत्यका में झूलती चली जा रही थी। कौन नहीं झूलता था?

सावन बहार झूलै घन की घुमंड पर
वन की घुमंड पौन चंचला के दोले पै।
चंचला हूँ झूलै घन सेवक अकास पर
झूलत आकाश लाज हौसले के टोले पै।

यह छूटा सिलीड़ी का धानी आँचल और छूटी उसके क्षणिक परिचय की गाँठ! वह गई चाँदी के साँप सी तिस्ता हृदय पर लौटती हुई! नीचे तारकोल की काली सड़कें ऐसी दीख रही हैं मानो हिमालय के सिर से जामुनी पाग छूटकर खिसकती जा रही है। सूक्ष्म रूप धरकर बादल मोटर की खिड़की से घुस आते और मुझे भिगोकर 'बातुल चोर' की तरह भाग जाते। मैं कोरी आँखों उन्हें देखता रह जाता। कर्सियांग सपने की तरह निकल गया और घूमकर आ गया 'घुम'! सड़क पर पत्थर लगा है सिन्धुतल से 8000 फीट। और दार्जिलिंग? उस ढाल पर एक विशाल इन्दीवर के चारों ओर उजले-उजले हँसों की पाँत सो रही है। मुझे विस्मय विमुग्ध देखकर एक सहयात्री ने बताया—वे दार्जिलिंग के धवल सौध हैं तथा वह छोटे लाट के बँगले की नील गुम्बद!'

मोटर दूरी निगलती जा रही थी। बात की बात में हम दार्जिलिंग दाखिल हुए। मेघाच्छिन्न दिन के चेहरे पर वय का कोई चिह्न न था। अनुमानत: दोपहरी ढल रही थी। आतिथेय के घर पहुँचा। उन्हें देखते ही, 'तुमहिं देखि सीतल भइ छाती' की बात सुनाई कि वे मेरे 'उष्ण स्वागत' (वार्म वेलकम) में लग गए और देखते-देखते उनका स्वागत प्याले में चाय का रूप धरकर छलकता आ धमका। गृहस्वामी साठ

वर्षीय वयोवृद्ध थे जिनके जीवन के पैंतालीस वर्ष दार्जिलिंग में ही व्यतीत हुए थे और जिन्होंने दार्जिलिंग गाँव से शहर बनते देखा था। उस घर के मेरे समवयस्क सदस्य उन्हें आपस में विनोद से तपाई ('आप' का समानार्थी नेपाली शब्द) कहते थे। तपाई दार्जिलिंग सम्बन्धी 'नाना विधि कहि कथा पुराना' मेरा मनोरंजन करते रहे।

उस दिन विजयादशमी थी। हम निकल पड़े भूटिया बस्ती की ओर। आधुनिक सभ्यता से अछूते उन प्रकृति पुत्रों में विलक्षण उल्लास था। धातु के गहनों की कौंध से चौंधियाई आँखों ने पहाड़ी फूलों के आभूषणों से सुसज्जित ग्राम-बंधुओं को देखा। ऐसा लगा कि कुसुमों से लदी हुई लताएँ चल रही थीं और स्थान-स्थान पर भंवर की तरह घूमकर बैठ जातीं। फिर दूसरे ही क्षण उठकर आगे बढ़ जातीं। वहाँ के आदिवासी लपचा लोगों का भी उत्सव देखा। पर वे अब वहाँ न्यून संख्या में रह गए हैं। घूमते फिरते हम दार्जिलिंग के शीश पर विराजमान 'महाकाल' के पास पहुँचे। साँझ के उस झुटपुटे में केले के पत्तों के से उजले वस्त्र खंडों की, भूटिया अक्षरों से अंकित सैकड़ों पताकाओं के बीच महाकाल का छोटा-सा मन्दिर स्वर्ग के एक टुकड़े की तरह लग रहा था। तपाई से पता चला कि महाकाल के पर्याय 'दुर्जयलिंग के ही नाम पर उस नगर का नाम दार्जिलिंग पड़ा।

दूसरे दिन 'जिमखाना क्लब' की ओर से आयोजित लेबंग की घुड़दौड़ देखने पहुँचे। देखा कि जुए में रुपया कितना तेज दौड़ता है! अभी तक केवल सुना था कि अमुक ने रुपया पानी की तरह बहा दिया परन्तु वहाँ देख आया कि रुपयों की नदी किस चाल से बहती है? उतरे मुँहवालों की चढ़ाई देखते हुए घर लौटे और अगले दिन सिदरापोंग का 'हाइड्रो एलेक्ट्रिक हाउस' देखने निकल पड़े। शिव के जटाजूट से झरती हुई गंगा के से 'विक्टोरिया जलप्रपात' से नयन शीतल करते हुए हम ढाल की सर्प डगर पर आगे बढ़े। टेनिसन की 'ब्रुक' कविता के 'आई स्लिप, आई स्लाइड, आई ग्लूम, आई ग्लांस के स्वर में जैसे कोई लयपूर्वक मुझे बहाता जा रहा हो! पार्श्व में दोनों ओर नीलम की सीढ़ियों से चाय के खेत और उन पर उजले-उजले मोती से चाय के फूलों के बूटे और उस तरंगित नील सागर पर सोने के पानी-सी हिलती हुई अपराह्न की पहाड़ी धूप रह-रहकर तैरती हुई छाँह की नौका। 'प्रत्यक्ष देखता था जो कुछ वह बनता जाता था सपना!' गदूगबंउ और भोजपत्र के पेड़ अपनी क्षणिक छांह से परिचय की गाँठ लगाते हुए छूट रहे थे। नन्हें-नन्हें सोतों के किनारे इलायची की लताएँ फलहीन होने पर भी मुख को मानो सुगन्धित मिठास से भर देती थीं। दूर से ही वृक्षों के बीच 'आभाति पर्यन्त तन विदूरान्मेघान्तारालक्ष्य-मिवेन्दुबिम्बम्' की तरह सिदरापोंग का जलाशय घाटी में दीख पड़ा। सिदरापोंग के झाग भरे निर्झर के सीकरों पर किरण निर्मित इन्द्रधनुषों की मेहराब में कब तक आश्रय मिलता। हम घर लौटे।

दार्जिलिंग जाकर 'टाइगर हिल' का सूर्योदय न देखना दार्जिलिंग को ही नहीं देखना है। परन्तु दार्जिलिंग से सूर्योदय देखने जाने के लिए 'चरणदास की जोड़ी' पर आश्रित मुझ जैसे लोगों को आधी रात में ही रवाना होना पड़ता। इसीलिए तपाई ने एक दिन पूर्व ही मुझे अपने एक घुमवासी मित्र के पास रवाना कर दिया। घुम के उस कुटीर में हम अंडे की तरह आग से ही रहे थे कि टिन की छत पर 'करका नृत्य' शुरू हो गया। डेढ़ घंटे बाद जब वह विकट घोषी तांडव बन्द हुआ तो हम सिंचल झील के लिए बाहर निकले। सर्वत्र हिम की पतली परत बिछ गई थी। अभी घंटे भर पहले जो पेड़ जवान थे वे बुड्ढे हो गए। आसमान बच्चे की ईषत् नील आँख की तरह स्वच्छ था और पश्चिम की ओर दो शैलशृंगों के बीच कुंकुम बिन्दी की तरह लाल सूर्य चमक रहा था। मन रंग उठा। धरती के लिए यह तुषार वर्षा थी पर मेरी आशा के लिए पुष्पवर्षा। रात इसी उल्लास में बीती कि टाइगर हिल का सूर्योदय मेघमुक्त स्वच्छ होगा। तीन बजे प्रातः उठने पर जब कपड़े की किलेबन्दी कर शीशे में मुँह देखा तो ऐसा लगा गोया पुस्तकों में छपा 'एस्किमो' का चित्र हो। टार्च, डंडा और कम्बल लेकर हम दो जने चल पड़े 'टाइगर हिल' के मुँह में।

सड़क पर बिजली बत्तियों की कतार—हमारी परछाई कभी आगे जाती कभी पीछे। ऊपर पेड़ों की ओट में चौदस का चाँद हमारे साथ-साथ चल रहा था। चन्द्रातप चीड़ के पत्तों की फाँकों से छन रहा था। 'क्वचित्प्रकाश क्वचिदप्रकाश'। हम लोग उस छाया-प्रकाश में चल रहे थे। इच्छा होती थी 'इस अबाध में मैं होऊँ बस बढ़ते ही जाने का बन्दी।' पहाड़ों में रात साँय-साँय बोल रही थी। इक्की-दुक्की मोटरें हमें घूरती हुई आगे बढ़ जाती थीं। अन्त में आ गई 75 डिगरी की चढ़ाई। अब गंतव्य पर पहुँच गए। वहाँ दर्शकों के खड़े होने के लिए लगभग पचास फीट ऊँचा एक स्थान बनवा दिया गया है। उस पर चढ़ गए। रहे होंगे कोई तीस आदमी। तीखा विभात वायु बह चला। रात के परदे उठने लगे। धीरे-धीरे पूरब दिशा में सैकड़ों मील लम्बा धानी मैदान उभर गया जैसे—'समुद्रात् सकानना निष्पाततीव भूमिः।' इसी समय वायव्य कोण पर 'वप्रक्रीड़ा परिणत गत' के श्वेत दाँत की तरह एक नुकीली चोटी झलक उठी। किसी ने कहा—'एवरेस्ट है।' दूसरे ने कहा—'और चोटियाँ भी तो वैसा ही हैं, उसी में कौन सुरखाब का पर लगा है।' वाक्य समाप्त भी न हुआ कि सूरज ने सचमुच उस चोटी में सुरखाब का पर लगा दिया। सबने देखा, सूर्य की प्रथम किरण ने धरती के सर्वोच्च शिखर का अभिनन्दन किया। प्रसाद जी की 'हिमालय के आँगन में...' वाली कविता का सचित्र अर्थ उसी दिन समझ में आया। क्षण भर में किरणों ने कंचनचंगा तथा उसकी सखियों के कपोलों पर अबीर मल दी। देखते देखते हरियाली के पारावार के एक छोर पर स्वर्णकंदुक-सा सूर्य उछल पड़ा। सूर्यमुखी की तरह सबकी आँखें उधर घूम गईं। कैमरे टिक-टिक कर उठे। परन्तु मैंने

'लोचन मग सूरज उर आनी' पलकों के कपाट बन्द कर लिए। आँख खुलने पर देखा–घाटियों में सोती हुई दुग्ध धवला मेघकुल्याएँ अगड़ाई लेकर जग उठी हैं और क्षणभर में देखते ही देखते उड़ गईं। शिखरों पर कच्चा हिम पिघलने लगा जिससे कहीं–कहीं काली–काली लकीर बन गई। बहुत देर तक आलस भाव से धूप में स्नान करके हम 'घुम' लौट आए। फिर 'घुम' और 'आलू बारी' का बौद्धमठ देखते हुए दार्जिलिंग लौटे।

सब कुछ देख चुकने पर जब मैंने तपाई से विदा माँगे तो उन्होंने कहा कि मुझे भी घर चलना है और इस बार डी.एच.आर. से चलकर रेल का अनुभव कीजिए। बड़े–बड़े सन्दूकों की तरह तीन डिब्बोंवाली रेलगाड़ी जब चली तो ऐसा लगा कि पीपे में बन्द करके मुझे लुढ़का दिया गया है। मित्रों की हिलती हुई रूमालें जब चिड़ियों की तरह छोटी होती–होती अदृश्य हो गईं तो तपाई ने मेरी आँखें दक्षिण की ओर मोड़ीं! देखा, रेल एक नुकीली चोटी की परिक्रमा कर रही है। तपाई बोले, 'वह बतसिया का पुल है जहाँ रेल चार चक्कर करती है।' हमारी गाड़ी ने भी वही द्राविड़ प्राणायाम किया। गाड़ी का अनुभव भी अनोखा था—केंचुआँ की तरह कभी आगे चलती कभी पीछे।

आज जब दार्जिलिंग की याद में आँखें बन्द हो जाती हैं तो एक ओर दिखता है कंचनचंगा का धवल शिखर तथा दूसरी ओर तपाई का श्वेत सिर और दोनों ही अपने सिरों की ओर संकेत करते हुए मेरे सौन्दर्य–सुधि तन्द्रित मन से कहते हैं—

'जड़ जीव न जागत रे अजहूँ,
किन केसनि ओर ते भोर भयो।'

समाज/15 दिसम्बर, 1949

आषाढस्य प्रथम दिवसे...

हमारी जिन्दगी एक ऐसे कलेंडर के समान झूल रही है जिसमें तारीख का मतलब या तो मुकदमा है या नेताओं की तारीख पैदाइश। बिना ब्याह-शादी के हिन्दू महीनों और तिथियों का पता ही कहाँ चलता है। और मेरी जिन्दगी का कलेंडर बोल रहा है आसाढ़ का पहला दिन! लेकिन बताते संकोच जो हो रहा है कि इसका श्रेय किसी परिणय-पत्र को नहीं बल्कि घाम, धूप, नीर और समीर के सन्निपात मेघ को है! बात यह हुई कि गर्मी के परिणाम-रमणीय दिन का आखिरी पहर था! जलते बल्ब-सा दिन बुझ चला था! सुनहरा प्रकाश छाया को भी पारदर्शी बना रहा था। नीम की छतनार छाँह और उसी में बैठा-बैठा सूखे तिनके से यों ही कुछ अर्थहीन रेखाएँ खींच रहा था। मन के किनारे पर एक किसान भाई की स्वर लहरियाँ ये पंक्तियाँ लिख-लिख जा रही थीं—

निमिया रे करुआइन, तबो शीतल छाँह।
भैया रे बेगाना, तबो दाहिन बाँह।

आया था वह अपने परदेशी भाई को पत्र लिखाने लेकिन बातें कही गई थीं अपनी सरकार की कड़ुआहट पर! मैं तोल रहा था एक ओर उस विसासी दाहिन बाँह को और दूसरी ओर खेतिहर के विसात को कि मन्द्र मेघ-ध्वनि में मन्द्राक्रान्ता की ये पंक्तियाँ सुनाई पड़ीं—'आषाढस्य प्रथम दिवसे...।' कहाँ यह गाँव और कहाँ कालिदास! चकित होकर मेरी समस्त इन्द्रियाँ उस स्वर-पथ पर दौड़ पड़ीं और देखा तो क्षितिज पर बादल का एक टुकड़ा ओठ की तरह हिल रहा था! बिना पहाड़ के वह प्रक्रीड़ा में परिणत गज की तरह कैसे दिखाई पड़ता! लेकिन शायद उसकी चेतना मेरी कल्पना को निराश नहीं करना चाहती थी! अन्यथा सामने गोहरौर को ढाहने के लिए इसी समय कोई भैंसा न चला आता।

कल्पना की कोमलता को ठेस तो लगी; परन्तु विश्वास मानिए, आश्चर्य से अधिक मुझे चिन्ता हो गई। चिन्ता इस बात की कि कहीं कोई सुन न ले। अन्यथा इस अजीब गाँव में हल्ला उठ जाएगा कि फलाने का बेटा आसमान से बातें करता है। खेत में ईख के लम्बे-लम्बे हरे पत्र सूख रहे हैं और लिफाफे में टीटागढ़ पेपर

मिल्स के हरे 'पैड' पर प्रेमपत्र! प्यार का मीठा चाँद जीवन के मरूजल में ठंडा पड़ चुका है। और सामने यह नया-नया बादल!

"बन्धु, सोचते क्या हो ? आज आसाढ़ का पहला दिन है! आज आदमी बादल से बोलता है और बादल आदमी से।" बादल बोल उठा। सुनना था कि मैं सन्न रह गया। आखिर, वह मनुष्य के मन की बात समझ लेता है तो कमबख्त आदमी क्यों नहीं पहचानता। यह मन तो बादल को बादल ही समझता रहा। न सुन्दरी की तेलउँस लट और न किसी सरदार की मोमी दाढ़ी! अभी तक चेतन-अचेतन का भेदभाव भूलने वाले कामार्त्त जनों की-सी सिद्धि भी तो नहीं मिली! सरकारी मोटरों की बात दूसरी है जो आदमियों की जगह अब हवा से बातें करती हैं। सूना हाथ अपने हाथों में! कनक वलय के स्थान पर कलाई घड़ी भी तो नहीं थी जो खिसककर हाथ की दुर्बलता बतलाती। लेकिन जवाब तो देना ही था। इधर-उधर देखकर बोला—"मुझे क्यों परेशान करते हो बाबा। अपने ही समान किसी तम गत भरे कवि को पकड़ो। दो आना आसानी से खर्च कर लूँगा ?"

"तुम्हें काव्य-रसिक समझकर ही बात कर रहा हूँ। बंगाल, बिहार से होते हुए यहाँ तक आया हूँ। आगे पंजाब की सीमा तक जाने का हौसला है। बीच में कोई संदेश हो तो कहो।" वह गरज उठा। मैंने कहा, "उपयोगितावादी युग है, कुछ पानी बरसा देते तो आमों की बहार आ जाती। धरती मनसायन हो जाती। क्या चिट्ठी-पत्री की बात कर रहे हो। लेकिन संदेश ले ही जाना है तो पिछले लोगों का ही एक दो संदेश सुना जाते। बंगाल की भावुक मिट्टी में सींकिया यक्ष बहुत हैं जिनके हाथ से सुनहले वलय अनायास खिसक जाएँ।"

इतना सुनना था कि उसकी आँखों से बिजलियाँ छूटने लगीं। कहने लगा—"कनक वलय तो नहीं, लोहे के वलय जरूर खिसक रहे हैं। कुछ लोगों को स्वाधिकार-प्रमत्त कहकर बंदी बना दिया गया है। क्या तुम उस भूमि की बात पूछ रहे हो जहाँ खादी की किश्तयों में धरती के टेसू डूब रहे हैं, जहाँ गोश्त की दीवारों पर चाँदमारी का अभ्यास किया जाता है; जहाँ भूख की समस्या हल करने के लिए डाक्टर ने पेट काटकर निकाल दिया है। जहाँ सिक्कों का अचार पड़ता है और उसे खा-खाकर सत्य अहिंसा की डकार छोड़ी जाती है। जहाँ स्वराज्य के धाम में जिन्दगी का पानी सूख रहा है; जलती हुई साँसें ही हवा हैं; परिन्दों की चिता ही धूम है, इस सबका सन्निपात मैं मेघ हूँ।"

बादल ने हवा ही बदल दी। सोचा, 'डीक्लास' हो गया हो शायद। पूछा, "और बिहार?"

"वहाँ की मत पूछो। वहीं तो अजीर्ण हुआ मुझे! अब तक धुआँइन डकार आ रही है। छोआ-यज्ञ से उत्पन्न अन्तःसलिला का पय पान करके ही तो भोग रहा हूँ।

उसी को साल भर उगलता रहा–यहाँ तक कि नदियों में बाढ़ आ गई। इस कीर्ति पर परस्पर अभिनन्दन इतना कि 'अहो रूपं अहो ध्वनि' से आकाश हिल उठा है। लेकिन यह तो उत्तर प्रदेश है न?'' मेघ का चमकता स्वर फीते की तरह चंचल वायु तरंगों पर लहरा उठा। साथ ही एक कड़कता हुआ अट्टहास भी। व्यंग को तरह देकर बोलना ही पड़ा।

''पुराने समाचारों की पुष्टि के लिए बहुत–बहुत धन्यवाद। अब मुँह में जरा अखबार की दो फुट लम्बी जीभ लगाकर घूमा करो। लेकिन तुम्हारी पूजा करूँ भी तो किन फूलों से? फूल यहाँ नहीं रहे क्योंकि फूलदान बहुत हो गए हैं। (यहाँ दान माने आदान ही समझना)। स्वागत–सत्कार की धूम इतनी है कि आदमी फूलदान हो गया है। मधूक के बड़े–बड़े आँसुओं सरीखे फूल भी ढुलक गए। 'अब तो गोरो–गोरो मुख आज ओरो से विलान्यो जात।' कुछ दिन पहले तुम्हें मधूकमाल जरूर पहना सकता था। हरित कपिश अर्द्धरूढ़ केसर वाले कदम्ब कुसुम की ऋतु तो अभी आई ही नहीं। उसकी जगह तो कदंब की तरह नेताओं के गदगद बोल ही मिलेंगे। और प्रत्यग्र कुटज कुसुम? यहाँ कहाँ? अब तो वैसे फूल 'पोज' देते समय कैमरे के सामने मंत्रियों के अधखुले ओठों से झरते हैं अथवा निबन्धों में द्विवेदी जी की कलम से। मेहनत करने से अमलतास तो जुटा सकता हूँ लेकिन तुम उसे शायद किसानों का पीला चेहरा समझो। और मैं व्यर्थ मजाक करना नहीं चाहता। औढ़ौल की बहार तो खूब है। कहो तो उसी के लाल–लाल फूलों से तुम्हारी पूजा करूँ। लेकिन लाल रंग पर आजकल कड़ी नजर है...''

बीच ही में बात काटकर मेघ ने कहा—''देखता हूँ कि फूलों के नाम पर तुम भी कवि हुए जा रहे हो। काम की बात भी कोई है?''

कवित बनते–बनते बचा और बोलना पड़ा—''दिल्ली दूर है लेकिन मुहावरे के नक्शे में। विज्ञान से अधिक आज़ादी ने यह दूरी कम कर दी है। सो हे मेघ! हो सके तो दिल्ली चले जाना, उसी दिल्ली जो खादी धुले सौध राजघाट के वाह्म उद्यान में स्थित राष्ट्रपिता के फूलों के रक्त से रंजित है। पहले मार्ग सुन लो फिर संदेश कह दूँगा।

यह मेरे गाँव की पोखरी जिसका हृदय केले के पात की तरह जगह–जगह फट गया है। यहाँ सास निचुल तो नहीं है लेकिन बाँसों के ऊपर से आगे बढ़ोगे तो किसी दिङ्नाग का स्थूल हस्तावलेप न मिलेगा। मिलेगी तो हमारे मुंशीजी के खसरे खतौनी की सूक्ष्म लीपापोती, जिसके सुधार की शक्ति तुममें कहाँ? यहाँ से काशीपुरी तक का मार्ग वे ग्रामवासी बताएँगे जो दफा एक सौ सात की कृपा से सैकड़ों की संख्या में नित्य ही चीटियों की पात की तरह चलते रहे हैं और जिनके पास सम्बल के नाम पर केवल कम्बल है। शीघ्र ही तुम ही उस काशीपुरी में पहुँचोगे जो पहले कैलासपति

शिव के त्रिशूल पर थी लेकिन अब कमलापति विष्णु के चक्र पर है। पहुँचते ही वेणीमाधव का धौरहरा अथवा काटन मिल की चिमनी तुम्हारा स्वागत करेगी। महामहिम मद्यवान के प्रकृति पुरुष के रूप में अपना परिचय देने पर विजयानगरम् का भी आतिथ्य मिल सकता है। नगरद्वार पर ही हँसों के धवल बंदनवार की तरह लटका हुआ मालवीय पुल तुम्हारा अभिनन्दन करेगा। गंगा के किनारे तरंगित पहाड़ी की तरह धनुषाकार फैली हुई काशीपुरी के ऊपर जब तुम शुभ्र हिम की तरह छा जाओगे तो गैरिक वेशी साधुओं को हिमगिरि वास का ही संतोष मिलेगा। परन्तु थोड़ी देर के लिए महात्मा की वह कीर्ति भी देख आना जो विश्वविद्यालय से बदलकर नगर-राज्य बन गई है; जिसके सिर से बड़ा टीका होता जा रहा है और जहाँ टोपी की छाया में पगड़ियाँ बँधती हैं। वहाँ से बच निकलने पर यदि अन्नपूर्णा को भूल भी जाना तो जालिपा देवी की परिक्रमा अवश्य कर लेना क्योंकि अब वही जागता हो गई हैं। कांग्रेसी पंचायतों के चुनाव को आज़ादी की लड़ाई की तरह लड़ने वाले वोटरखोरों के अखाड़ों की जरा सी धूल भी ले लेना। फिर उन गृहबलि भोगी तीर्थध्वांक्ष जन-सेवकों को भी देखते जाना जो अब नीडारंभ कर रहे हैं। परन्तु उनकी आँख बचाकर शीघ्र ही खिसक भी जाना, अन्यथा तुमसे पत्थर या सीमेंट की याचना करने लगेंगे। हृदय की गति की तरह रहकर बंद हो जाने वाली उस काटन मिल को अपनी धारा-सुई से दो चार इंजेक्शन देते जाना, जिसमें अपना रक्त संचार करने वाली नाड़ियाँ अब नगर की गलियाँ बन गई हैं। इम्पीरियल बंक के 'लँगड़े' को उचकाते हुए आगे बढ़ना।

यहाँ से आगे के मार्ग तुम्हें वही सफेदपोश राजहँस बताएँगे जो राजधानियों तक जाने के लिए पाथेय के जोगाड़ में कुछ ही दिनों तक काशी में होंगे। इनमें से तुम केवल प्रयाग की ओर जाने वालों का साथ पकड़ना। इनकी पहचान यह है कि लखनऊ जाने वालों की अपेक्षा इनके पंख अधिक उजले होते हैं। मार्ग में थोड़ी देर के लिए उस सेवापुरी में भी रुक जाना जो गांधीजी के हीनयानी, महायानी और कृपालानी तीन सम्प्रदायों में से अन्तिम का गढ़ है। वहाँ उन उतान सोई हुई टिटिहरियों के पंखों को सहलाते जाना जो गिरते हुए आसमान को रोकने के लिए पैर रोके पड़ी है।

प्रयाग पहुँचते ही प्रसाद के अभाव में भी हिन्दी की वह काव्य त्रिवेणी मिलेगी जिसमें स्नान करके तुम्हारा अन्त:करण शुद्ध हो जाएगा। परन्तु कुछ और धाराओं और नालों के संगम को उमड़ते हुए देखकर त्रिवेणी का भ्रम न कर लेना। सर्वप्रथम वहाँ के सांध्य गगन में छाकर किसी 'नीर भरी बदली' की तूलिका के लिए विविध वर्णों का सामान जुटा देना। फिर अपने आँचल में डूबते हुए सूर्य स्वर्ण किरणों से कुछ बाल पल्लवों पर स्वर्ण भूलि उड़ा देना ताकि वे वायुतरंगों से पावक कण बरसा सकें। तब

कहीं आश्वस्त होकर जाना नगर से दूर रसूलाबाद। वह रसूलाबाद जहाँ हिन्दी सुमनों का जीर्णसाज ठूँठ अवधूत अक्षयवट खड़ा है। उस विशाल वृक्ष पर सांध्य तेजोमंडल की तरह घिरकर युग के नीलकंठ माहेश्वर कवि के लिए शोणित-बिन्दुवर्षी गैरिक उत्तरीय बनना-ऐसा उत्तरीय जो इन राजठेकेदारों की मुर्दा शर्म के लिए कफन के रूप में दिया जा सके। यह वही कंठ है जिसने नेताओं के कंठ फूटने से बहुत पहले ही बज्रघोषी बादल-राग से विप्लवी बादल का आह्वान किया था। अब घूम-फिरकर स्वराज्य भवन की उस परित्यक्ता परिपांडु भूमि के आँसू पोंछ देना जो स्वराज्य मिलते ही ठुकरा दी गई। पड़ोस ही में आनन्द भवन भी निरानंद होगा। समुद्रगुप्त के विजय हस्त लेखकों, और गहरा करके नए विजेताओं की कीर्ति अंकित करने में हरिषेण की भी नाक काट लेना। अन्त में 'सांसन ही में समीर गई...' के प्रतीक पी.सी.एस. के लिए पढ़ते-पढ़ते पुस्तक बन जाने वाले और विद्या के गूलर फूल जीवों के श्रम सीकर पोंछते हुए प्रयाग छोड़ देना, क्योंकि वहाँ आतिथ्य की आशा व्यर्थ है।

प्रान्त की राजधानी और विशाल श्री वाली लखनऊ नगरी का मार्ग यहाँ से कुछ टेढ़ा है परन्तु वहाँ न जाकर तुम स्वर्ग का एक कान्तिमान टुकड़ा छोड़ दोगे, क्योंकि वर्तमान भूमि-भोगियों ने अपने पुण्य के भावी स्वर्ग-फल के बदले इस स्वर्ग-खंड को माँग लिया है। मार्ग में कलयुगी राघव की कीर्ति रूप में बिखरे हुए अनेक तालाब मिलेंगे जो वस्तुत: कागज पर ही खोदे गए हैं, परन्तु जादू से जमीन पर भी निकल गए हैं। इन तालाबों की मृगतृष्णा से तृप्त होकर तुम लखनऊ पहुँचना। वहाँ कौंसिल भवन के उच्च शिखर पर विश्राम करना। पहुँचते ही सबसे पहले 'भूमिधर' पंत जी से मिलना; उस पंत जी से जिन्होंने ग्रीष्म कष्ट से बचने के लिए लखनऊ को ही शीतल भूमिधर बना दिया और बदले में लखनऊ को ही अल्मोड़ा के भूमिधरों में भेज दिया। प्रान्त के इस सबसे बड़े भूमिधर के दर्शन के बाद हिमालय दर्शन की आवश्यकता न रहेगी। इन चाँदी की मूँछों की छाँह में पड़े-पड़े सोने के सपने देखने वाले वे शिष्य भी मिलेंगे जिनकी आँखों का सपना जनता की आँखों में धूल झोंकना है। पंच बंगलिया पिंजरे के उन सत्य-अहिंसा गायकों की मीठी तान भी सुनते आना जो अपने गुनाहों पर मुस्कान का बुर्का उढ़ाकर सरेआम घूमते हैं। देश के पिस्सुओं की सिफारिश में कौंसिल भवन के आसपास नदी के कूड़े की तरह घट-घाट घूमने वाली उन गाँधी टोपियों को भी देख लेना जो ध्यान से देखने पर चाँदी की जूतियाँ मालूम होती हैं। दस गुना वसूली में सौ गुना सपना देखने वालों की आँखों को पोंछते जरा उन सड़कों की धूल भी माथे लगा लेना जो किसानों के मार्च से धूसरित हो गई थीं। कूर्मपृष्ठ की तरह सपाट माल रोड पर जब तुम सरकारी 'कार' की तरह उतरोगे तो अनेक उपोषित लोचनों से पिये जाओगे। सम्भव है, सेठों की जिह्वा की तरह प्रार्थना-चाटुकार गोमती-वात तुम्हारे अंगों का स्पर्श कर मार्ग-खेद दूर करे। यहाँ

माखन-सी जीभ वाले अनेक लोग मिलेंगे जो आदमी से अधिक 'पालसन' के डिब्बे मालूम होते हैं। इतना सब होते हुए भी यदि तुम परिणत वय में भी युवा बनने के आकांक्षी तथा मेहँदी रँगी दाढ़ी वाले नवाबी खंडहरों की सुरमेदानियों के निशाने न बने तो तुम्हारा जीवन व्यर्थ है। जरा उनकी आँखों में सुरमे की गाढ़ी लकीर बन जाना। इसी प्रकार हजरतगंज की पुतलियों की 'तन डमरू मध्य' अर्थात् थ्योरम तीन सी कमर के ऊपर-नीचे सरकती हुई देह न देखी तो देखा ही क्या ? बीसियों भी पतों के भीतर खुली हुई जब ये चलती हैं तो पता नहीं चलता कि आखिर सब छिलका ही छिलका है या...जमाने ने इतनी बड़ी अँगड़ाई ली और इनकी दुनिया कहती है कि मुझे कमर ही नहीं।

लखनऊ कोई छोड़ता नहीं; छोड़ना पड़ता है। इसलिए हे मीत मेघ! तुम्हें पहले ही सँभल जाना है। शीघ्र ही दिल्ली जाने के लिए कानपुर का रास्ता लेना। कानपुर पहुँचते ही तुम्हें चारों ओर अँधेरे अथवा अँधेरा दिखाई पड़ेगा। जिसमें इधर-उधर उड़ते दिखाई पड़ेंगे कमला के कुछ कृपापात्र पंछी। इस अँधेरी रात में कृष्णनिसार के लिए जाने वाली कुछ उजड़ी साड़ियों की गाँठे भी दिखाई पड़ेंगी। तुम उन्हें जरा विद्युत-दीप दिखा देना। यह वही नगरी है जहाँ 'बिजली की दिवारात्रि' और 'मणि-दीपों के अंधकार मय दिन' हुआ करते हैं। यहाँ दिन कम रातें अधिक होती हैं। गाँवों का जीवन आकर यहाँ कूड़ाखाना बन जाता है। अपने गाढ़े खून से माँ-बहनों की लाज बनने वाले जिन मजदूरों का जीवन चिमनियों से धुएँ की तरह उड़ा दिया जाता है उनकी आहों को समेट लेना। अब अगर-धूम की लहरें कहाँ रहीं! तुम साफ देखोगे जनता की लाज वहाँ के गोदामों में बंद है और बाहर नंगी देह पर उनके मालिकों की आँखों के गिद्ध उड़ते हैं। साइकिल के हैंडिल की तरह मूँछोंवाली उन तुंद पिटारियों को छोड़कर दिल्ली को प्रस्थान करना।

राह में बगल छूटने वाले ताज की छाया में कलियुगी हली को भी देखते जाना जो वर्ष भर तक युद्धविरत रहने के बाद अब फिर लँगोट सिला रहे हैं।

दिल्ली पहुँचते ही सबसे पहले राजघाट की वह विभूति अपने शरीर में मल लेना जिसके रंग से कितने काले कारनामे मोटे दिख रहे हैं। वहाँ के कनाट सर्कस के उस परिस्तान की ख्वाब-सी खामोशी का मधुर गीत भी सुन लेना। दिल्ली के उन काँटों में खोंसे हुए पंजाबी फूलों की दली-मली मुस्कान पर दो बूँद आँसू गिराते जाना, जिनका एकमात्र गुनाह है गरीबी। खादी की चाँदनी में गोरे मेघ-खंडों की क्रीड़ा के साथ लहराते हुए जरा दूतावासों का भी चक्कर लगा लेना और विदेशी बोतल पर फिट देशी 'कागों' को उछालते जाना। वहाँ से जानबुल की उस तोंद पर चढ़ जाना जो कभी वायसगल लाज कहलाता था। और वहाँ से उचककर कुतुबमीनार की ओर देखना कि नेहरू जी खड़े हैं या उतर गए। जब फाइल की ढंडी सीढ़ियों पर खट-

खट चढ़ती हुई नौकरशाही तुम्हें चौंककर देखे तो कह देना कि यह जनता है जो स्वयं अपने शरीर की सीढ़ियाँ चढ़कर दिल्ली के स्वर्ग पर आ बैठी है। फिर हमारे प्यारे प्रधानमंत्री को सोते से जगाकर धीरे से कह देना कि कुतुबमीनार नहीं एवरेस्ट पर चढ़कर देखिए—यह है आपका बहका सपना! फिर, जरा उठकर लाल किले पर चले जाना और विधान की फाइल-सी बोझिल पलकों के नीचे जनता के शोणित से चमकते हुए फरहरे की तरह लहरा आना। और देखते-देखते लाल किले की एक-एक ईंट गली-गली सड़क-सड़क पर बिखर जाएगी, जिस पर लिखा होगा बापू के सच्चे स्मारक भारत के निर्माण का नया नक्शा: नक्शा, जिसके पीछे उगते सूरज की किरणों की तरह साठ करोड़ बाँहें आलोक पंखी शकल में खुल रही हों। उस दिन चाँदी से मढ़ी हुई वह लोहे की मूरत भी थैली से सिर निकालकर तुम्हें देखती रह जाएगी टुकुर-टुकुर। और रहा संदेश! वह किससे कहें? दिल्ली की गिरा 'अनयन' ही 'अश्रवण' भी है।

मीत! हम भी संदेशा भेजेंगे-पहाड़ी मधु की तरह मीठा, क्वाँरे विधु की तरह सलोना, हृदय की तरह बोलता, आँखों की तरह गीला, लेकिन आज नहीं कल। इन झोंपड़ियों के आज भी यक्ष बंदी हैं लेकिन वे प्रिया-विरही नहीं लक्ष्मी विरही हैं।...

मुश्किल से इतना कह सका था कि बादल का टुकड़ा कुछ दुबकता-सा नजर आया। मैंने चौंककर पूछा—"क्या है भाई? तुम्हारी सरकारी पंख की हवा मुझे उल्टी दिशा में उड़ाना चाहती है।" इतना कहते-कहते देखता क्या हूँ कि बादल का नन्हा-सा टुकड़ा बात-बात में तूल-तोम-सा भीमाकार होता जा रहा और झोंपड़ी से उठते हुए धुएँ उससे भेंटने के लिए दौड़ रहे हैं। मेरे पैर के पास से सिर उठाकर घास के हरे अंकुर ने कहा—यह आसाढ का ही पहला दिन नहीं, धरती के लालों की हुकूमत का पहला दिन है।

10 जून, 1950 को लिखित

आचार्य केशवप्रसाद मिश्र

श्यामपट्ट पर उजले-उजले शब्द, कक्षा की दीवारों का सहारा लेती-सी ठिठकी हुई गूंज, बच्चों पर खुली हुई-सी मौन आँखें, सामने की मेजों पर खुली हुई 'कामायनी'—'कामायनी' का स्वप्न सर्ग और स्वप्न सर्ग की अन्तिम पंक्ति—'अब क्या होगा ?...' आचार्य कुर्सी से उठे, एम.ए. कक्षा से 'विभाग' की ओर चले। छात्रों की आँखें उन चरणों का अनुसरण करती रहीं—करती रहीं जहाँ तक कर सकती थीं। अन्त में वे लौटीं और दीवाल पर टँगे चित्रों की ओर गई—बाबू श्याम सुन्दर दास, लाला भगवान दीन और...और आचार्य पंडित रामचन्द्र शुक्ल (जिनका चित्र तो 'विभाग' में पड़ा है परन्तु जो स्वयं भाव रूप से कक्षा की उस चित्रावली में उपस्थित हैं) पुरानी पीढ़ी के आचार्चों की यह परम्परा! आँखों का प्रश्न और आँखों की मौन प्रतिध्वनि! क्या अब पंडितजी इस कक्षा में अध्यापन कार्य के लिए फिर न आएँगे ? क्या यह उनके अध्यापन-काल का अन्तिम व्याख्यान था ? अगर मैं भूल नहीं कर रहा तो यह था सन् 50 ईस्वी की 18 फरवरी का अपराह्न। परीक्षा की तैयारी के लिए महीने भर की छुट्टी हो गई ! पंडितजी ने अवकाश ग्रहण किया। आचार्य ने संन्यास लिया।

आदर्श आचार्य

वे कुल मिलाकर एक अध्यापक हैं—सच्चे और पूर्ण अध्यापक! प्राचीन भारतीय परम्परा के अध्यापक! शिष्य तो अनेक अध्यापकों ने पैदा किए परन्तु जिन्होंने एकमात्र योग्य शिष्य उत्पन्न करना ही अपने जीवन की साधना समझी ऐसे गुरु तो केवल पंडितजी ही थे। शायद इसलिए उन्होंने स्वयं कुछ नहीं या बहुत कम लिखा। उन्होंने अपना बहुत विद्यार्थियों को ही दान कर दिया। और अध्यापक जब पुस्तकों पर पुस्तकें तैयार करने में लगे रहे तो पंडितजी ने मनोयोगपूर्वक केवल शिष्य तैयार किए। फिर उन शिष्यों ने पुस्तकें तैयार कीं जिनमें नब्बे प्रतिशत योग पंडितजी का रहा। 'हिन्दी कारकों का विकास', 'लिंगानुशासन', हिन्दी परसर्गों का इतिहास', 'हिन्दी वाक्य विन्यास का विकास' अर्थातिशय, वैदिक स्वर, पाणिनि के समय

की शिष्ट भाषा आदि भाषाविज्ञान के अनेक दुरूह और नवीन विषयों पर पंडितजी के शिष्यों ने जो काम किया वह उन्हीं का प्रकाश है। न तो नाम की भूख और न यश की प्यास। उन्होंने आत्मदान में ही संतोष माना। इसलिए ऐसे प्रच्छन्न साहित्यसेवी तथा मौन साधक के विषय में लिखने का अर्थ है रहस्योद्घाटन! जो लोग केवल पुस्तकों से ही विद्वत्ता की माप करने के अभ्यासी हैं उनके रजिस्टर पर ऐसे आचार्यों का नाम भले न हो परन्तु जिन व्यक्तियों पर उनकी छाप है वे इतिहास की वस्तु बनेंगे। इसी कोलाहल को सुनकर शायद वे नीरवता की गहराई में अकेले ही मग्न रहे!

उन्होंने पढ़ा इतना कि लिखने की इच्छा ही दब गई। इंग्लैंड के प्रसिद्ध अध्येता लार्ड ऐक्टन के विषय में कहा जाता है, कि उन्होंने अपना सारा जीवन पढ़ने में ही बिता दिया केवल एक पुस्तक लिखने की तैयारी के लिए। मनोवांछित पुस्तक थी 'हिस्ट्री ऑफ लिबर्टी।' उन्हें पढ़ने से संतोष ही नहीं हुआ और अस्सी वर्ष की उम्र में भी उन्हें अपना अध्ययन अपर्याप्त लगा। लार्ड ऐक्टन ने पुस्तक तो नहीं लिखी, केवल कुछ नोट बनाए परन्तु आज वही फुटकल सूत्र अनेक पुस्तकों की रूपरेखा बन रहे हैं। पंडितजी ने भी अपनी पुस्तकों पर या इधर-उधर जो नोट बनाए हैं वे अनेक पोथियों से बहुमूल्य सिद्ध होंगे—इसका मूल्यांकन भविष्य करेगा। इस उम्र और इतने गिरे स्वास्थ्य में भी वे किसी विद्यार्थी से अधिक पढ़ते रहे हैं।

उनके अध्यापक रूप तथा विद्वता की थोड़ी-सी झाँकी उनके द्वारा सम्पादित तथा संकलित पाठ्य पुस्तकों से ही मिल सकती है। सातवीं-आठवीं कक्षा में संस्कृत पढ़ाने के लिए उन्होंने जो 'संस्कृत सरणि:' दो भाग लिखे हैं उससे उनकी संस्कृत विद्वता का कुछ अनुमान लगाया जा सकता है। व्यावहारिक वस्तुओं के लिए वेदादि से संस्कृत शब्द एकत्र करना तथा कालिदास के काव्यों का गद्य रूपांतर आदि विशेषताएँ देखी जा सकती हैं। इनका लाघव विज्ञ ही समझ सकते हैं। विश्वविद्यालय की इंटर परीक्षा के लिए 'गद्य भारतीयता' संकलन करने में उन्होंने डेढ़ वर्ष का समय दिया और एक-एक पाठ को कई बार सोच-विचार कर स्थिर किया। हिन्दी गद्य शैली पर काम करनेवालों को शैली सम्बन्धी पारिभाषिक पदावली खोजने में वह सामान्य पुस्तक 'कोश' का काम करेगी। इसके अतिरिक्त बी.ए. की वैकल्पिक हिन्दी के लिए उन्होंने दो भागों में जो 'रसायन' तैयार किया है वह समूची हिन्दी काव्यधारा के सर्वोत्तम भाग का बहुत सुन्दर प्रतिनिधित्व करता है। रसायन में भी 'मधुकण' का चयन तो रीतियुगीन काव्य का थोड़े में सर्वोत्तम चयन है। इन सबसे पंडितजी की रुचि, काव्य-संस्कार तथा सहृदयता का पता सहज ही लगाया जा सकता है। यों दो एक कवियों के छूट जाने की शिकायत तो किसी भी संग्रह के विरुद्ध रह जाएगी।

इनके अतिरिक्त उनकी अन्य प्रकाशित सामग्री बहुत बिखरी हुई है केवल दो पुस्तकों को छोड़कर। एक तो 'मेघदूत' का हिन्दी काव्यानुवाद और दूसरी हिन्दी वैद्युत शब्दावली।' विज्ञान की पारिभाषिक शब्दावली तैयार करने का आन्दोलन हिन्दी में अब हुआ है परन्तु सन् 1923 ई. में ही पंडितजी ने 'इंजीनियरी' का एक छोटा-सा 'अंग्रेजी-हिन्दी कोश' तैयार किया था। 'मेघदूत' का अनुवाद भी 1926 ई. में ही किया था और वह अनुवाद उनकी काव्यप्रतिभा तथा शब्द परख का प्रमाण है। इतनी सरल हिन्दी (खड़ी बोली) में उससे सुन्दर अनुवाद आजतक नहीं हुआ। उसी के संशोधित और परिवर्धित संस्करण में पंडितजी ने जो 'मधुमती भूमिका' सम्बन्धी नवीन रस-सिद्धांत की स्थापना की उसकी चर्चा हिन्दी में बहुत दिनों तक रही। उसी की पुष्टि में पंडितजी ने 'सरस्वती' में एक और लेख भी लिया। 'अपभ्रंश' के विषय में प्रसिद्ध अंग्रेज विद्वान कीथ ने जो स्थापना की उसका खंडन करने का साहस सबसे पहले सन् 1930 ई. में पंडितजी ने ही किया। 'इंडियन ऐंटीक्वेरी' के तत्कालीन सम्पादक ने उस लेख को छापते हुए कहा था कि कीथ जैसे धाकड़ विद्वान को तो आप जानते ही हैं, इसलिए जवाब देने के लिए भी तैयार रहिएगा। परन्तु कीथ उस पर मौन ही रह गए। वह लेख आज भी अपभ्रंश के अध्येताओं के लिए प्रकाश-स्तम्भ हैं।

स्वतंत्र निबन्ध में से मुख्य हैं कोशोत्सव स्मारक अंक (ना. प्र. पत्रिका) में प्रकाशित 'उच्चारण', 'गीताधर्म' के कृष्णांक में प्रकाशित निबन्ध, जिसका शीर्षक है ' ?' और प्रसाद जी, पंडित महावीर प्रसाद द्विवेदी, आचार्य शुक्ल तथा महामना मालवीय जी पर लिखे हुए संस्मरण। इनमें उनकी भाषा शैली तथा पदावली देखने योग्य है। एक-एक शब्द जैसे चिन्तामणि 'अरथ अमित अति आखर थोरे।' समृद्ध और विवेकपूर्ण पदावली की झलक तो उनके किसी एक वाक्य को लेकर देखी जा सकती है। उन्होंने अपने विद्यार्थियों को हिन्दी अथवा अंग्रेजी में जो प्रमाण-पत्र दिए हैं, यदि वही सब बटोर दिए जाए तो उनकी पदावली और शैली का उत्कर्ष दिखाने के लिए पर्याप्त होंगे। उनमें 'प्रमाण-पत्र' व्यक्तियों के नहीं बल्कि साहित्य की सम्पत्ति हैं। पंडितजी कहा करते हैं कि जो लिखो, वह पत्थर की लकीर हो। इसीलिए वे एक-एक शब्द का प्रयोग बहुत तोलकर करते हैं। इसके अतिरिक्त 'काव्यालोक', 'यथार्थ और आदर्श' आदि कई पुस्तकों की भूमिका स्वरूप उन्होंने अनेक महत्त्वपूर्ण निबन्ध लिखे हैं, जो साहित्य की निधि हैं।

पुराने पंडित प्राय: रूढ़िवादी देखे जाते हैं परन्तु इनके हृदय के 'रसायन' ने कभी अनुदार नहीं बनने दिया। इसी से आधुनिकों को भी उनका स्नेह मिल सका।

इन्हीं बिखरी हुई विभूतियों के पीछे छिपा है उनका घोर गम्भीर उदात्त व्यक्तित्व जिसकी झलक केवल पास रखनेवालों को ही मिलती है। उस व्यक्तित्व का एक

पहलू है भाषाशास्त्रज्ञता और दूसरा है मधुमय सहृदयता। वे हिन्दी के आकर विद्वान हैं—सजीव कोश हैं। एक ओर जहाँ संस्कृत-जर्मन पर अधिकार है वहाँ ग्रीक और लैटिन का भी अच्छा अभ्यास है। अवेस्ता और फारसी से पूर्ण परिचय है। इनके सिवा आधुनिक भारतीय आर्य भाषाओं की तो बात ही क्या। आकर भाषाओं पर अधिकार होने के कारण ही 'व्युत्पत्तियों' के ये विशेषज्ञ हैं। डाक्टर सुनीति कुमार चाटुर्ज्या जैसे भाषाविद् भी इस क्षेत्र में पंडितजी की धाक मानते हैं। इसीलिए उन्हें हिन्दी शब्दसागर के 'विद्युत्पति' वाले अंश का संशोधन करने के लिए दिया गया है। प्राचीन शब्दों को टकसाली बनाने तथा नए शब्द गढ़ने में वे एक ही हैं। इसके अतिरिक्त उनकी एक और विशेषता है 'अर्थच्छाया' (शेड्स आव मीनिंग) निकालना। स्मरण शक्ति तो अद्भुत है। उनके साथ बैठने का अर्थ सत्संग ही नहीं एक बहुत बड़े पुस्तकालय में बैठना है।

साथ टहलते समय उनमें एक विशेषता मैंने और देखी—वह है अपने पास से गुजरते हुए लोगों की बोलियों का अध्ययन। कहते—'भाषा-विज्ञान के विद्यार्थी को कान खोलकर चलना चाहिए।' बीच-बीच में देहाती शब्दों की व्युत्पत्ति पर विचार भी होता चलता। उनके मुख से बनारसी बोली भी बहुत मीठी लगती है। घर पुकारने पर वे ऊपर से अकसर बनारसी में ही पूछते हैं—'के हौ?'

जिन्होंने उनका पुस्तकालय देखा होगा, वे जानते होंगे कि भाषाशास्त्र पर इतना समृद्ध पुस्तकालय शायद ही किसी का हो। परन्तु कौन कह सकता है उस मानस पुस्तकालय के विषय में जो बाह्य पुस्तकालय से भी विशाल है।

सुनते हैं कि नामकरण में तो अद्भुत हैं। शुक्लजी जब 'विचार वीथी' के बाद अपने निबन्ध-संग्रह के नाम के लिए चिन्तित थे तो उन्होंने पंडितजी से नामकरण संस्कार के लिए कहा। पूछते ही पंडितजी चट बोल उठे—'पायउँ नाम चारु चिन्तामनि उर करते न खसैहों।'' शुक्लजी उछल पड़े। इस 'चिंतामणि' नाम में शुक्ल जी का चिन्तन और रागात्मिका वृत्ति दोनों का मेल तो हुआ ही उनके श्रद्धेय कवि तुलसीदास का भी समावेश हो गया जिनके आधार पर उन्होंने अपने सिद्धांतों का भवन खड़ा किया।

उनकी बहुज्ञता तो पुराने आचार्यों की याद दिलाती है। वैद्यक ज्ञान को तो वे पैतृक उत्तराधिकारी समझते हैं क्योंकि उनके पूर्वज पेशवाओं के राजवैद्य थे।

ऐसे निस्पृह मनीषी को जब काशी विश्वविद्यालय ने 'डॉक्टर आव लेटर्स' की, उपाधि देने का निश्चय किया तो मुझे बरबस पिछले वर्ष में हुए उनके अभिनन्दन समारोह का एक प्रसंग याद आ रहा है। जब उनके विषय में उद्गार व्यक्त करनेवाले बैठ गए तो स्वयं पंडितजी उठे। न आदेश, न उपदेश, न आर्शीः और न कृत्रिम उपचार। बिलकुल ही सहज भाव से इन शब्दों में उन्होंने जीवन का एक प्रसंग सुना

दिया—''उन दिनों मैं हिन्दू स्कूल में संस्कृत शिक्षक था, प्रत्यक्ष प्रणाली से लड़कों को पढ़ा रहा था। एक दिन पढ़ाते ही समय महामना मालवीय जी आ पहुँचे। देर तक मेरा पढ़ना देखते रहे। फिर निकट आए और बोले, 'तुम्हारे सिर पर यह गाँधी टोपी हंस की तरह सुशोभित हो रही है।' वह स्कूल था यह विश्वविद्यालय है। यह हिन्दी विभाग है और आज मेरे साथ इतने विद्वान सहयोगी हैं।''

इतना कहते-कहते—

गहबरि आयौ गरौ भभरि अचानक
त्यों प्रेम पर्‌यो चपल चुचाई पुतरीन सों।'

हिन्दी को उनसे बहुत-सी आशाएँ हैं यदि पक्षाघात ने उन पर इस तरह आक्रमण न किया होता तो इस अवकाशपूर्ण जीवन में वे हमें बहुत कुछ देते। पंडितजी की अपनी इच्छा केवल दो कार्य और करने की है—

(क) भाषा विज्ञान का परिनिष्ठित रूप उपस्थित करना।

(ख) भारतीय मनोविज्ञान के आलोक में रस विवेचन।

दोनों ही कार्य बहुत महत्त्वपूर्ण हैं परन्तु ईश्वर से हमारी प्रार्थना है कि पहले वे पूर्ण स्वस्थ तो हों। इन कार्यों के अतिरिक्त वे यदि 'व्युत्पत्ति कोश' पर भी कुछ काम कर गए तो वह हिन्दी की अमूल्य निधि होगी।

दैनिक 'आज'/7 दिसम्बर, 1950

उत्तरी भारत की संत-परम्परा

लगभग पौने आठ सौ पृष्ठों की इस पुस्तक में चतुर्वेदी जी ने आठ सौ वर्षों—12वीं से 20वीं शताब्दी—के संतों और सम्प्रदायों का खाता उपस्थित करके मध्ययुगीन हिन्दी-साहित्य के अध्येताओं के लिए बड़ा उपकार किया है, साथ ही उनका भार भी हल्का कर दिया है। हिन्दी क्या अंग्रेजी में भी अब तक अकेली कोई ऐसी पुस्तक न थी जिसमें एकत्र ही नाथों-निरंजनियों, कबीर पंथ, नानक पंथ, दादू पंथ, बावरी पंथ, सतनामी, दरियादासी, चरणदासी, रामसनेही आदि सम्प्रदायों का परिचय प्राप्त होता। अलग-अलग इन मत-मतांतरों पर पुस्तकें निकल चुकी हैं, परन्तु उनसे सामग्री जुटाकर एक जगह सजाना पर्याप्त श्रमसाध्य है और चतुर्वेदी जी जैसे वयोवृद्ध विद्वान ने यही कार्य किया है। उन्होंने तटस्थ भाव से सम्पूर्ण सामग्री जुटा दी है; न तो उसकी समीक्षा की ओर ध्यान दिया है और न विश्लेषण में हाथ लगाया है। इससे और कोई कमी भले ही आ गई हो परन्तु इस पूर्वग्रहहीनता के कारण किसी संत, पंथ या सम्प्रदाय के सिद्धान्त विकृत होने से बच गए हैं। सम्भव है चतुर्वेदी जी इस सामग्री के समीक्षात्मक अध्ययन का कार्य भविष्य में उपस्थित करें क्योंकि उनकी योजना के अनुसार यह ग्रन्थ तो एक बहुत बड़े ग्रन्थ का प्रथम खंड मात्र है। इसके अगले दो भागों में वह 'संत साहित्य' और 'संत मत' पर विचार करने वाले हैं।

जहाँ तक 'संत-परम्परा' में सम्मिलित किए जाने वाले संतों के चुनाव का प्रश्न है, उन्होंने प्रधानतः 'कबीर' से प्रत्यक्ष या अप्रत्यक्ष ढंग से प्रभावित होने वाले लोगों को ही लिया है। इसके अतिरिक्त कुछ ऐसे लोगों को भी स्थान देना पड़ गया है जो इतर सम्प्रदायों से सम्बद्ध थे; परन्तु इस प्रकार के केवल उन्हीं संतों को लिया गया है जो 'संत-परम्परा में गिने जाते आए हैं।' कौन संत है और कौन असंत, यह विचारणीय प्रश्न है। इधर हिन्दी-समीक्षा में निरगुनिए साधकों को संत तथा सगुणोपासकों को भक्त कहने की रूढ़ि बन रही है। इस दृष्टि से सूर, तुलसी, मीरा आदि को संत-परम्परा से अलग कर दिया जाता है। परन्तु अधिक गहराई में उतरने पर इस प्रकार का विभाजन निराधार और मिथ्या प्रतीत

होता है। सूर, तुलसी, मीरा के समय संत और भक्ति का यह अन्तर न था। व्यापक सांस्कृतिक दृष्टि से देखने पर सभी संत-परम्परा के अन्तर्गत आएँगे। इस दृष्टि से सामग्री-चयन करने पर चतुर्वेदी जी की यह पुस्तक और भी समृद्ध तथा पूर्ण हो जाती।

चतुर्वेदी जी ने अपने विषय को मध्ययुग तक ही सीमित रखा होता तो वह अधिक वैज्ञानिक होता। आधुनिक युग में आते ही उनके चुनाव का आधार टूटता दिखाई पड़ता है। यदि महात्मा गाँधी को संतों में शुमार करना ठीक है तो रामकृष्ण परमहंस, स्वामी विवेकानन्द, राजा राममोहन राय, केशवचन्द्र सेन, स्वामी दयानन्द तथा रवीन्द्रनाथ ठाकुर को क्यों छोड़ दिया जाए? रविबाबू गाँधी जी की अपेक्षा कहीं अधिक कबीर से प्रभावित थे। गाँधी जी तो तुलसी और नरसी मेहता जैसे सगुण भक्तों से अधिक प्रेरणा लेते थे। गांधी जी को संत-परम्परा में ग्रहण करने के लिए चतुर्वेदी जी ने वक्तव्य दिया है—"किन्तु जिस परिस्थिति ने इस परम्परा को सर्वप्रथम जन्म दिया था, उसके प्रायः उसी रूप में वर्तमान रहने के कारण अन्त में महात्मा गांधी के नेतृत्व में एक नई लहर एक बार फिर जागृत हो उठती है।"

ऐतिहासिक दृष्टि का धुँधलापन ही इस प्रकार की बातें कहला सकता है। 19वीं शताब्दी का सांस्कृतिक पुनर्जागरण 15वीं शताब्दी के भक्ति-आन्दोलन से तत्त्वतः भिन्न था। एक के मूल में सामन्ती व्यवस्था की मध्यवर्गीय चेतना थी और दूसरे की उन्नायक शक्ति पूँजीवादी युग का उभरता हुआ मध्यवर्ग था। शाश्वतवादी पंडित समाज के इस परिवर्तनशील रूप को नहीं भाँप पाते। इसी ऐतिहासिक चेतना के अभाव में चतुर्वेदी जी ने संत-परम्परा का विकास दिखलाने में भी भ्रान्ति उत्पन्न कर दी है। उन्होंने दिखलाया है कि कबीर साहब ने जिस परम्परा का प्रवर्तन किया वह क्रमशः विकसित होती गई। गुरु नानक के समय में पंथ-निर्माण का सूत्रपात हुआ और यह प्रवृत्ति समन्वय के आधार पर क्रमशः विकास करती गई; वर्तमान युग में आकर अवसर के अनुरूप उसने औद्योगिक कार्यों में भी हाथ लगाया। चतुर्वेदी जी ने इसे संत-परम्परा का स्वाभाविक विकास माना है। पर मध्ययुगीन ह्रास (डिकेडेन्स) का प्रभाव संत-परम्परा पर भी पड़ा, यह दिखाने का प्रयत्न उन्होंने नहीं किया। वस्तुतः ऐतिहासिक दृष्टि से ईसा की 16वीं शताब्दी तक ही संतों का उत्थान-युग था। इसके बाद वह तत्कालीन सामाजिक ह्रास के कारण कुछ स्वार्थी महंतों और सम्प्रदाय-निर्माताओं के चक्कर में पड़ गई। परवर्ती परम्परा सांस्कृतिक विकास का मुख्य अंग न थी। संत-परम्परा का इतिहास मठों के आधार पर नहीं बल्कि समाज की अपेक्षा में उसकी मूल चेतना पर लिखा जाना चाहिए। सम्प्रदायों और मठों का इतिहास लिखने के लिए कोई रोक नहीं परन्तु उसमें यह उल्लेख

अवश्य कर देना चाहिए कि यह ह्रास-युग की गौण धारा है और उसने परवर्ती साहित्य तथा सांस्कृतिक जीवन को बहुत कम प्रभावित किया है, साथ ही सामाजिक विकास में बाधक रही है।

इसके सिवा 'संत-परम्परा' के मूल में सामाजिक चेतना को प्रधान न मानकर, एक व्यक्ति 'कबीर' को इतनी प्रधानता देना भी चिन्त्य प्रतीत होता है।

पुस्तक की उपयोगिता 'सहायक साहित्य-सूची' तथा 'शब्दानुक्रमणी' से और भी बढ़ गई है।

आलोचना, अंक-एक/अक्टूबर, 1951

उत्तरी भारत की संत-परम्परा, लेखक: परशुराम चतुर्वेदी,
प्रकाशक : भारती भंडार, प्रयाग

दूसरा सप्तक

'दूसरा सप्तक' सात कवियों का एक कविता-संग्रह है जिसमें सम्पादक की भूमिका के अतिरिक्त कवियों का आत्म-परिचय तथा कविता सम्बन्धी वक्तव्य भी है। समूचा संग्रह एक विचारधारा अथवा काव्य-धारा का नमूना माना जाए इसका संकेत न तो संकलित कवियों में से किसी के वक्तव्य में मिलता है और न सम्पादक की भूमिका में। परन्तु 'दूसरा सप्तक' नाम तथा 'तार सप्तक' के सम्पादक अज्ञेय जी द्वारा इसका भी सम्पादन भ्रम पैदा कर सकता है—विशेषतः उनको जो कविताओं के अनुशीलन की अपेक्षा योजना के पूर्वग्रह से ही निष्कर्ष निकालने के आदी हैं। यह इसलिए कहना पड़ता है कि 'तार सप्तक' में संकलित कवियों के साथ भी यही व्यवहार हुआ। प्रायः अज्ञेय जी के काव्य सम्बन्धी विचार शेष अन्य कवियों के ऊपर भी आरोपित हुए। 'तार सप्तक' 'दूसरा सप्तक' नाम से एक 'सप्तक माला' अथवा 'सप्तक परम्परा' का आभास मिलता है और ऐसा प्रतीत होता है कि 'दूसरा सप्तक' के कवि 'तार सप्तक' की विचारधारा तथा योजना की पुष्टि में प्रयुक्त हुए हैं। अस्तु, हमारे सामने विचारणीय प्रश्न दो हैं—

1. संकलित कवियों की कविताओं तथा वक्तव्यों का तुलनात्मक रूप से अध्ययन।

2. सम्पादक की भूमिका तथा संकलन के उद्देश्य के साथ संकलित कवियों की तुलना।

भवानी प्रसाद मिश्र (जन्म 1914 ई.—) क्रम की दृष्टि से सबसे पहले आते हैं। अपने द्वारा अपनी कविताओं के बारे में बहुत कम कहते हुए भी उन्होंने कविताओं की सहज भावभूमि पर अनायास-सी प्रतीत होती व्यंजना के द्वारा अपना व्यक्तित्व मूर्तिमान कर दिया है। यह व्यक्तित्व है—मस्ती। वे 'बहुत मामूली रोजमर्रा के सुख-दुख' 'यथासम्भव बोलचाल के करीब की भाषा' में कहना चाहते हैं और इसके बाद भी 'बड़ा दिखने' का आदर्श सामने रखते हैं। न तो लम्बा चौड़ा दर्शन का वाद बघारने का दम्भ है और न 'उसका सोच जिसे टेकनीक कहते हैं।' 'टेकनीक में सहज लक्ष्य ही मेरे बन जाएँ, ऐसी कोशिश है।' बड़ी से बड़ी बात सहज ढंग से कह जाना

भवानी प्रसाद जी का काम है। कविताओं में 'केला के पात पात में पात' की सी अन्विति ऐसी है कि बीच से एक या दो पंक्ति उद्धृत कर चमत्कार नहीं दिखाया जा सकता जैसे वह 'कमल के फूल' हो या 'गीत फरोश'।

सीधी-सादी रेखाओं में प्रकृति का यथार्थ चित्रण और वह भी किसी रूमानी प्रकृति का नहीं बल्कि 'सतपुड़ा के घने जंगलों' का, यही उनका स्वभाव है। 'मंगल वर्षा' गँवई हृदय की सहज आकांक्षा से लिपटा हुआ लोकगीत का खड़ी हिन्दी में रूपान्तर-सा है।

जहाँ— *'अन्ध प्राण ही बही, उड़े पंछी अनमोले री*
फिसली सी पगडंडी, खिसली आँख लजीली री
इन्द्रधनुष रंग रँगी, आज मैं सहज रँगीली री
ऊँचे-ऊँचे पैंग हिंडोला सरग-नसेनी री!
और सखी सुन मोर! विजन वन दीखे घर-सा री।

'विजन वन का घर सा दीखना' गँवई सहृदयता की झलक है। गीत के ढाँचे में नाटकीय ढंग से कहानी कह जाना भवानी प्रसाद जी का ही कौशल है। 'सन्नाटा' स्वयं बोलता है—

लो पहले अपना नाम बता दूँ तुमको
फिर चुपके चुपके धाम बता दूँ तुमको
फिर चौंक नहीं पड़ना यदि धीमे धीमे
मैं अपना कोई काम बता दूँ तुमको।

बेचारे सन्नाटे पर 'जनश्रुतियों का पहरा है' और वह समझ नहीं पाता कि लोग उससे डरते क्यों हैं, क्योंकि—

बस एक बात है, वह केवल है ऐसी
कुछ लोग यहाँ थे, अब वे यहाँ नहीं हैं।

भवानी प्रसाद जी सूक्तियाँ भी कहते हैं तो ईमानदारी से सरस हो उठती हैं—

तापित को स्निग्ध करे
प्यासे को चैन दे,
सूखे हुए अधरों को
फिर से जो बैन दे
ऐसा सभी पानी है!

'सभी' शब्द में सारी मार्मिकता सजीव हो उठी है। रूढ़ि और बन्धन मुक्त होने में टूटने का सुख है ही, 'इस दिशा से उस दिशा तक छूटने का सुख' तो गजब का है!

और ऐसी ही बहती भाषा में 'गीत फरोश' का तीखा व्यंग प्रस्फुटित होता है। लहजे में पलों की स्वाभाविकता के साथ वणिक सभ्यता पर कठोर प्रहार किया गया

है जो 'आत्म-व्यंग' के माध्यम से मार्मिक हो उठा है। 'जी' 'जी' की झड़ी के बीच कवि कहता है—

जी हाँ हुजूर, मैं गीत बेचता हूँ!
इनमें से भाए नहीं, नए लिख दूँ?
जो नए चाहिए नहीं, गए लिख दूँ।
इन दिनों कि दुहरा है कवि का धन्धा
हैं दोनों चीजें व्यस्त, कलम, कन्धा।
कुछ घंटे लिखने के, कुछ फेरी के—

गांधीवादी आदर्शवाद ने उन्हें भाव-भाषा में सादगी के साथ युग सत्य के यथार्थ अंकन की दृष्टि भी दी है। ऐसी मस्ती को इसीलिए व्याकरण के नियमों की भी परवा कम है।

शकुन्त माथुर (1922 ई.) यदि इस संग्रह में न आतीं तो हिन्दी साहित्य में कवि की पत्नी (श्री गिरिजाकुमार माथुर की) के रूप में ही परिचित रहतीं।

सम्पादक की यह नई खोज संग्रह में वैयक्तिक वैशिष्ट्य का योग न देते हुए भी कवि यश:प्रार्थिनी एक मध्यवर्गीय विवाहिता नारी की तमाम आकांक्षाओं और मजबूरियों को साकार कर देती है। उन्हीं के शब्दों में, पति की कविताओं के सामने उनकी कविता शर्मिन्दा हो जाती है। और शर्म की यह कुंठा उनकी सभी कविताओं में व्याप्त है। कहीं-कहीं तो 'केसर रंग रंगें' की छाप भी आ गई है। पति की तरह उनमें भी ड्राइंगरूम की रंगीनी, प्रणय के रास-रंग के साथ जीवन की दूभरता की झाँई मिलती है। युग सत्य को दूर से देखने की दृष्टि, साहस तथा आकांक्षा है। पति की 'छाँहों' से मुक्त होने पर यह अधिक विकसित हो सकेगी। नारी सुलभ अबोध माधुर्य से इनकी कविताएँ कहीं-कहीं सिक्त हो उठी हैं—

आज मुझे लगता संसार खुशी में डूबा
क्यों?
जान बूझकर नहीं जानती।

अथवा कठोर सत्य : *भारी है जीवन*
झूठे बोझों से
जो नहीं छूते हैं
जरा भी जीवन।

हरिनारायण व्यास (1923) 'एकान्त पसंद' और 'देहाती व्यक्तित्व' के कारण सामाजिक जीवन से घबराने वाले होकर भी कविताओं में ग्रंथिरहित और कुंठाहीन दिखते हैं। वक्तव्य प्रायः स्वतंत्र निबन्ध सा लगता है जिसमें व्यक्तिवाद तथा व्यक्ति समाज-सम्बन्ध की लम्बी चर्चा के बीच लगे हाथों छायावाद, शेखर तथा 'तार

सप्तक' पर भी राय दी गई है। चिन्तन अध्ययनपगा तथा सुलझा प्रतीत होता है। बात बेलौस सफाई से कही गई है। 'तार सप्तक' के सैद्धांतिक व्यक्तव्यों में से कुछ से होड़ लेता है।

'तार सप्तक' से अपनी भिन्नता बतलाते हुए वे कहते हैं—''सामाजिक स्थिति और उसके बुद्धिवाद ने उसको अन्तः संघर्ष दिया तो मुझे उस बुद्धिवादिता से बाह्य संघर्ष के लिए प्रेरणा मिली।'' साथ ही प्रगतिशील शक्तियों से सामंजस्य के लिए भी उन्मुख हुआ। उनका 'सामाजिक व्यक्तित्व' जो अनुभूतियों की नई मूर्तियाँ पैदा करता है। वे देखते हैं कि—

रुग्ण जन-जन
हर चरण पर भीति से बिजली सरीखा काँपता
तोड़ने आतुर हुआ यह क्षुद्र बन्धन
आज कर पीले नयन में ज्योति का धुँधला सपन।
जल रहीं प्राचीनताएँ बाँध छाती पर मरण का एक क्षण।

निश्चय ही जनता की आँखों में जो ज्योति का सपना है वह कुछ धुँधला है अन्यथा वह इस कदर काँपता नहीं। परन्तु शीघ्र ही जन विजय के विश्वासी कवि को 'मुक्ति का आभास' मिलता है—

और भिनसारा पुलक कर बाँटता है प्यास!
और टूटे कर बढ़ाकर झेलते खंडहर
अजानी आस

हरिव्यास ने नेहरू जी पर एक कविता संग्रह में दी है जिसमें जोरदार पंक्ति एक ही है—

आज तेरा देश तेरे हाथ की तलवार है
तू उसे जग शान्ति हित कर में उठा।

'शरणार्थियों' पर बहुतों ने कविताएँ लिखी हैं, साँपों के प्रतीक से अज्ञेय जी ने भी गुँजलकें बनाई हैं, परन्तु हरिव्यास की कविता जैसी शक्ति कम स्थानों में देखने में आई।

उनके शरणार्थी की 'आँख के परदे लदे हैं रुंड मुंडों के भयानक चित्र से' फिर भी तम्बुओं में पड़े हुए वे 'गिन रहे हैं कल्पना के फूल की पंखुरी।' उनके चारों तरफ 'गिर रही हमदर्दियों की फुलझड़ी!' लेकिन वे माँगते हैं—

'ओ दया के दूत हमको दो फकत दो चार गेंती और कुदाली'

क्योंकि— *'हम हमेशा बंदियों के वस्त्र सी यह शरण की'*
'याचना सज्जा' पहन
जीते नहीं रह पाएँगे।

शरणार्थी को स्वाभिमान तथा पौरुष का दृप्त स्वर हरिव्यास ही प्रदान कर सकते हैं।

जहाँ 'तार सप्तक' के कवि के लिए 'निसर्ग' एक आत्म-भर्त्सना का स्थान बना, हरिव्यास के लिए 'प्रेरणा भूमि'।

बौछार ज्योति की बरस गई
झर गई बेल से किरन जुही।

जो लोग प्यार की मीठी अभिव्यक्ति में युग के सामाजिक सत्य को बाधक समझते हैं हरिव्यास की 'एक मित्र से' कविता देखें। जो मित्र 'इस सृष्टि की उद्भावना के निज अधूरे ज्वाल में लिपटे मिलन की माँग करते दो दिशाओं में लटकते चित्र हैं' वे 'आलोक की उज्ज्वल लकीरों के सहारे चलकर साथ होते हैं' किन्तु जब देखते हैं कि—

मूक शिशुओं के अधर की प्राणदा पय-धार
नभ का चाँद बनकर हो गई दूर

तो वे 'जन समुंदर के किनारे समय की बालुओं पर अपने युगल पदचिह्न बनाने के लिए' चल पड़ते हैं और अन्त में कोटिजन की सिंधु लहरों में अपनापन मिला देते हैं।

हरिव्यास में बिना लाग-लपेट के सीधी बात कहने का अपना ढंग है जो कभी मुक्तिबोध के प्रलम्बित विशेषण-बहुल वाक्य-विन्यास का रंग लेकर बिगड़ उठता है और प्राय: चुस्ती में निखर उठता है। मुक्त छंदो में भाव-भेद से अभी लयभेद नहीं आ पाया है अत: एकरसता मिलती है और कभी-कभी औपम्य भी दूरारूढ़ हो जाता है।

शमशेर बहादुर सिंह (1911 ई.—) ने अपना काव्यानुभव सबसे अधिक विस्तार से बताया है और यह स्वाभाविक भी है क्योंकि उन्होंने शैली, शिल्प-क्रियाकल्प तथा कलात्मक साज-सँवार में बहुत अधिक काम किया है। शमशेर का वक्तव्य इसी माने में महत्त्वपूर्ण है कि उसमें आत्मनिर्माण की बनी रेखाएँ परदा हटाकर ज्यों की त्यों दिखा दी गई हैं; उसमें पांडित्य प्रदर्शन की जगह आत्म-निरीक्षण अधिक है। उनकी कोशिश यह रही है कि 'हर चीज की, हर भावना की, जो अपनी एक भाषा होती है जिसमें वह कलाकार से बातें करती है, उसको सीखूँ।' इस दिशा में 'ज्यादातर अंग्रेजी की मौजूदा कविता, खास तौर से टेकनीक में' विशेष सहायता मिली है शायद इसीलिए शमशेर में विलायतीपन अधिक दिखाई पड़ता है। 'उर्दू की गजलियत और उलझे हुए भावों को लिए हुए सपनों की सी चित्रकारी और कुछ चलती हुई लयों और इधर आकर बातचीत के लहजों और उसके उतार-चढ़ाव को भी' उन्होंने 'कविता के रूप में छंद का आधार' बनाना चाहा है। जैसे—

1. उर्दू गजलियत : *हकीकत को लाये तखय्युल के बाहर*
मेरी मुश्किलों का जो हल कोई लाये।

2. सपनों की चित्रकारी : वसन्त पंचमी की शाम (1948)
डूब जाती है, कहीं
जीवन में, वह
सरल शक्ति...
(म्यान सूनी है
आज) ... क्यों
मृत्यु बन आई है
आसक्ति, आज।

3. चलती हुई लय : *वाम वाम वाम दिशा*
समय साम्यवादी।

4. बातचीत का लहजा : *बात बोलेगी*
हम नहीं।

'अपने चारों तरफ की जिन्दगी में दिलचस्पी लेना' शमशेर का स्वभाव रहा है और सभी चीजों के भीतर निहित लय, छंद, संगीत को पकड़कर कविता में उतारना उनकी कला रही है। इसीलिए वे काव्य में गद्य का संगीत भी उतार सके हैं। लेकिन उनकी अधिकांश कविताएँ सोचने-से स्वर में स्वप्न-चित्र उपस्थित करती हैं। आरम्भ में उनका रुझान 'ज्यादातर क्या बिलकुल अपनी ही अकेली दुनिया के अन्दर खिंचते चले जाने की तरफ रहा' फलतः वह आत्मकेन्द्रता चरम सीमा पर कुछ कविताओं में व्यक्त हुई है। ऐसी ही कविताओं में सूक्ष्मता, अस्पष्टता अथच दुरूहता अधिक है। संगीत की बारीकी भावों को दबा देती है। टूटा हुआ वाक्य विन्यास अर्थ-सूत्र को विच्छिन्न कर देता है। फिर भी शमशेर 'ठेठ हिन्दी के नए, तगड़े और खासे मँजते हुए स्वर के' आकांक्षी हैं। वे 'अबाध फैले जीवन की पूरी शक्तियों और सौन्दर्य' को मुक्त रूप से दरसाने के लिए सामाजिक अंधी प्रतिक्रिया से लड़ने को प्रस्तुत हैं। सम्भव है, यह सक्रियता इस कलाकार के रुद्ध कंठ को शक्ति प्रदान करे! विविध ललित कलाओं तथा अनेक भाषाओं के संगीत का यह पारखी कलाकार जिस दिन अपने काव्य को विशाल वस्तु सत्य दे सका, 'मायाकोवस्की' की सी सिद्धि दिखा सकेगा। अभी तो वह प्रयोगों से जूझ रहा है। उसके लिए—

'घिर गया है समय का रथ!
सामने ऊपर, उठाये हाथ सा
पथ बढ़ गया।'

नरेश कुमार मेहता (1924 ई.—) ने अपने विशृंखल वक्तव्य के बीच अपने काव्य पथ के दो चरण-चिह्नों के दो सूत्र दिए हैं।

1. आदि काल के काव्य से भावों की विराटता ग्रहण करके सुन्दर कल्पना प्रधान साहित्य रचना।

2. जीवन के शस्त्र से सभी चीजों का वर्णन।

पहला सूत्र साफ है और उनके वैदिक गीतों के लिए लागू होता है जैसे—

अश्व की वल्गा लो अब थाम
दिख रहा मानसरोवर कूल
गौर कंधों पर ग्रन्थि डाल
पूछते हँसों के ये बाल
स्वर्ग से दिखती है यह झील
हिमालय लगता होगा पाल
तुम्हें वे यक्ष पत्नियाँ देख, करेंगी गीत सुना अनूकूल।

परन्तु दूसरा सूत्र कुछ साफ नहीं है। यों उसके लिए उन्होंने 'समय देवता' का उदाहरण दिया है। 'जीवन के शस्त्र' से शायद उनका अभिप्राय नवीन यथार्थ सामाजिक-सत्य से है। नरेश जी के विकास के तीन चरण दिखते हैं। पहला वह जो छायावाद के परिशिष्ट में निर्मित हुआ और जहाँ उनमें विराट रूप, सुदूर-रम्यता, कल्पना-मोह तथा चित्रमोह आदि रूमानियत का गाढ़ा रंग मिलता है। दूसरा वह जब वही रूमानियत निकट की यथार्थ वस्तुओं पर सुदूर के मोहक रूपकों और प्रतीकों का आरोप करती है जैसा कि गिरिजा कुमार माथुर में मिलता है; जैसे—

सामने के शीत नभ में
आयरन ब्रिज की कमानी, बाँह मस्जिद की बिछी है।
उड़ता रहे चिड़ियों सरीखा वह तुम्हारा श्वेत आँचल।

इस सोपान में वैचित्र्य-विधान की प्रवृत्ति प्रायः हर पंक्ति ऐसा कहना चाहती थी कि लोग चौक उठे। जैसे—

बाँसुरी की कब्र पर तृण का कफन मैं।
उन दिशा की दासियों के रांग मरमर के करों में
जय वस्त्र है मेरा शमा।

तीसरे सोपान पर आकर उन्होंने इन चित्रों और प्रतीकों को एक विराट विषय वस्तु के महीन धागे में पिरोने का प्रयत्न किया। यथार्थ-सौन्दर्य की ओर इस सोपान पर भी कवि का ध्यान नहीं है परन्तु सामाजिक सत्य की ओप-उजास से उन काल्पनिक स्वप्नों में भी कुछ जान आ गई है। 'समय देवता' ऐसी ही कविता है

जिसमें चार सौ पंक्तियाँ चुनी हुई गँठी हैं। कोशिश यह है कि कोई एक चमत्कार से खाली न जाए। 'समय देवता' को सम्बोधन करते हुए कवि संसार के विभिन्न देशों की विशेषता प्रतीकों के द्वारा बतलाता है और अन्त में बदलते हुए युग से कहता है—

समय देवता! आज विदा लो।
किन्तु तुम्हारे रेशम के इस चमक वस्त्र में मिट्टी का विश्वास बाँधकर भेज रहा हूँ।
मेरी धरती पुष्पवती है,
और मनुज की पेशानी के चरागाह पर दौड़ रही हैं
तूफानों की नई हवाएँ।

खंडों में अति सुन्दर परन्तु प्रभावान्विति की कमी के कारण अखंड रूप में यह कलाकृति असल प्रतीत होती है। कवि ने 'कैनवस' तो बहुत बड़ा लिया है और उस पर अलग-अलग चित्र-चयन में भी पर्याप्त श्रम किया है परन्तु लगता है कि इसी कार्य में वह इतना तल्लीन हो उठा कि अभीष्ट बात भूल बैठा। सरदार जाफरी की 'एशिया जाग उठा' इस तरह का सफल उदाहरण है।

रघुवीर सहाय (1927 ई.—) ने संग्रह के सभी कवियों से वयक्रम में छोटे होते हुए भी जो कला-कौशल दिखाया है वह सराहनीय है। जैसा कि उन्होंने स्वीकार किया है, 'बच्चन की वेदना से उनका कंठ फूटा तथा माथुर के सफल-असफल रंगों से अपने सामर्थ्य का बोध हुआ, आगे चलकर 'अज्ञेय और शमशेर की बौद्धिक आत्मानुभूति और बोधगम्य दुरूहता ने प्रभाव डाला।' ये विरोधाभाव विरोधाभास से कुछ अधिक अर्थ नहीं रखते। बौद्धिकता इनके लिए असमय वार्धक्य सी प्रतीत होती है, साथ ही भारी भी पड़ रही है। अनुभूतियों की कचाई के कारण इस बौद्धिकता में बेबसी कम, शौक अधिक है। जैसा इन्होंने खुद महसूस किया है 'कहीं-कहीं भाषा की फिजूलखर्ची करनी पड़ी है। सचमुच इनमें शब्द संयम की कमी है। व्यर्थ ही मोहक लगने वाले विशेषणों की लम्बी कतार लगा देते हैं जिनसे अर्थ नहीं सधता जैसे—

'गरम गुलाबी गरमाहट सा हलका जाड़ा।
स्निग्ध गेहुँएँ गालों पर कानों तक चढ़ती लाली जैसा फैल रहा।

प्राकृतिक रेखा चित्रांकन में रघुवीर सहाय अधिक सफल हैं जैसे 'पहला पानी' में—

दुपहर जल से गरुई होकर कुछ झुक आई
दो गोरे गोरे बलगर बैलों की गोईं
हो गई ठुमुक कर खड़ी पकरिया के नीचे

लेकिन मानसिक पेचीदगी में पड़कर रूप-रस का यह कवि केवल सुनहरी चौंकानेवाली सूक्ति का संचय कर रहा है जैसे 'जल्दी-जल्दी चप्पल के हकलाने के से शब्द'

'होती जाती है जुन्हाई एक कोरा कागज'
'धीरे-धीरे झुकता जाता है शरमाये नयनों सा दिन।'

धर्मवीर भारती (1926 ई.—) ने अन्य पुरुष के लहजे में ऐसा अहंवादी वक्तव्य दिया है, गोया कविता करके वे उस पर कृपा करते हैं। इधर-उधर की लफ्फाजी के बीच भारती ने अपनी कविता का यह सूत्र दिया है: 'सरलतम भाषा में रंग-बिरंगी चित्रात्मकता से समन्वित साहसपूर्ण उन्मुक्त रूपोपासना और उद्दाम यौवन के सर्वथा मांसल गीत।'

निश्चय ही भारती ने चलती हुई भाषा लिखी है और उसमें रंग-बिरंगे चित्र भी हैं। परन्तु विचारणीय है साहसपूर्ण उन्मुक्त रूपोपासना तथा उद्दाम यौवन के सर्वथा मांसल गीत।

शायद पहले के उदाहरण में आए—

इन फीरोजी होंठों पर बरबाद
मेरी जिन्दगी!

और दूसरे का—'अगर मैंने किसी के होंठ के पाटल कभी चूमे।' हिन्दी में बच्चन तथा अंचल ने कभी 'मांसलता' तथा 'रूपोपासना' के नाम पर इस तरह की कविताएँ लिखी थीं और अंग्रेजी में डी.एच. लारेंस ने भी ऐसा ही किया है। परन्तु भारती में वह चीज कुछ इस तरह आई है कि आवारागिरी की सीमा छू लेती है। काश, यह आवारागिरी भी वास्तविक होती! लेकिन सच तो यह है कि वह अन्तर्मुखी व्यक्तित्व पर आरोपित है। जो हो इसे स्वस्थ और मांसल नहीं कह सकते। मोहक विशेषणों और उपमाओं में भारती का मन अधिक रहता है—'स्पर्श की बादल-घुली कचनार नरमाई सुहागन लाज में लिपटा शरद की धूप जैसा तन', अथवा 'अँधेरी रात में खिलते हुए बेले सरीखे तन'।

फीरोज़ी होंठों पर बर्बाद होनेवाला कवि जब कहे कि—

'तुम कितनी सुन्दर लगती हो जब तुम हो जाती हो उदास'

तो उसे मांसल कहना चाहिए या सूक्ष्म भावापन्न? कला की दृष्टि से यहाँ 'तुम' की द्विरुक्ति शिथिलता की सूचक है। यद्यपि भारती ने समाज की मनहूसी का भी चित्रण किया है तथा कविता की मौत पर आँसू भी बहाया है परन्तु यह उनका स्वभाव नहीं। उन्हें विलक्षण चित्रों द्वारा चौंकाने की लालसा अधिक है, सत्य की अभिव्यक्ति की आग कम से कम!

जैसे— *आरती के दीपकों की झिलमिलाती छाँह में*
बाँसुरी रक्खी हुई ज्यों भागवत के पृष्ठ पर।

जैसी पंक्ति 'चुम्बन' की पवित्रता की अपेक्षा दूरारूढ़ औपम्य अधिक खड़ा करती है। भारती पर उर्दू गजलियत तथा अंग्रेजी 'एपिग्रैम' कौशल का असर अधिक है। कलाकार के रूप में वे 'चलते हैं थोड़ी दूर हर एक राह रौ के साथ'। 'थके हुए कलाकार से' तथा 'कल्पने उदासिनी' में वे शम्भूनाथ सिंह का स्वर दुहराते हैं, 'गुनाह' आदि में बच्चन का तथा इधर माथुर, अज्ञेय आदि का। आस्था की डावाँडोल स्थिति के कारण ही यह प्रतिभा भटक रही है।

कवियों का आत्म-परिचय

शमशेर, भवानी प्रसाद मिश्र और शकुन्त को छोड़कर सबने अपना परिचय इस तरह दिया है गोया किसी रूमानी कहानी के नायक हों। शमशेर का परिचय सबसे अधिक तथ्यपरक है। औरों में से किसी को तम्बू में पड़े-पड़े कोहरा देखना भला लगता है तो किसी को अपनी हँसी का नाज है, साथ ही ढेरों चिट्ठियाँ लिखने का; किसी की नस-नस में लापरवाही भरी है।

'तार सप्तक' में जो व्यक्तिगत 'छूत' केवल एकाध शब्द या वाक्य तक सीमित थी वह 'दूसरा सप्तक' में और फैलकर वैलक्षण्य की सीमा पर पहुँच गई है।

इन्हीं कवियों को अपने प्रयोगशील दृष्टिकोण से संकलित किया गया है। यद्यपि वह संकलन इन कवियों का प्रतिनिधित्व नहीं करता फिर भी इनके आधार पर इतना तो साफ कहा जा सकता है कि इतिहास का स्वर सबसे अधिक सशक्त, सीधा और प्रभावशाली है। भवानी प्रसाद मिश्र का सबसे अधिक सहज है; शमशेर का सर्वाधिक संगीतात्मक अथवा ध्वन्यात्मक है; नरेश का सर्वाधिक चित्रात्मक और मोहक है, रघुवीर सहाय में कौतुकी कुंठा, भारती में अटक-भटक तथा मनचलापन और शकुन्त माथुर में मजबूर ईमानदारी अथवा ईमानदार मजबूरी है। अधिकांश ने प्रयोग करते हुए सामाजिक लय की चाशनी देने की कोशिश की है परन्तु वस्तु और रूप का दुर्लभ समानुपात बहुत कम रचनाओं में ही आ पाया है और ऐसी रचनाओं में भवानी प्रसाद मिश्र तथा हरिव्यास की अधिक हैं।

जहाँ तक समूचे संग्रह की देन का सम्बन्ध है, यह हिन्दी कविता के शैली शिल्प में अनेक नए मार्ग खोलता है। 'तार सप्तक' की भूमि पर काम करते हुए भी इस 'सप्तक' के कई कवियों ने उन अनगढ़ और प्रारम्भिक स्वरों को सँवारने निखारने की कोशिश की है। शब्द-गठन में सरलता तथा वाक्य-गठन में क्षिप्रता आई। नरेश ने नेमि, भारत भूषण तथा गिरिजाकुमार की चित्रात्मकता को विशेष वस्तु सत्य में पिरोया है। हरि व्यास ने मुक्तिबोध को सुबोध तथा सशक्त रूप दिया। भारती तथा रघुवीर सहाय ने प्राचीन कुंठाओं पर और अधिक पाउडर मला। शेष रहे अज्ञेय, माचवे

और रामविलास शर्मा। न माचवे का व्यंग आगे बढ़ा और न अज्ञेय का अहं। रामविलास शर्मा का भदेसपन बढ़ाया तो केदार, नागार्जुन और त्रिलोचन ने। अगर ये कवि भी इस सप्तक में आ गए होते तो शायद यह हिन्दी कविता के नवीन चरण का पूर्ण प्रतिनिधित्व कर देता। इनके अतिरिक्त इस सप्तक में दो नए व्यक्तित्व हैं जिनकी भूमि बिलकुल अपनी है। वे हैं भवानी प्रसाद मिश्र तथा शमशेर। भवानी प्रसाद ने बच्चन की भाषा को बातचीत के लहजे पर और सहज, नाटकीय तथा सजीव बनाया; और शमशेर ने बातचीत के उसी लहजे को अधिक मनोमय करके भावों के अनुकूल दबती-उभरती हुई लय (कैडेंस) दी। शमशेर में निराला का द्वंद्व और संगीत आगे बढ़ा। 'दूसरा सप्तक' की कविताएँ छायावाद के बाद प्रगतिवाद तथा प्रयोगवाद के पारस्परिक अन्तर्विरोधों के बीच बढ़ने वाली हिन्दी कविता के स्वाभाविक विकास का सफल चरण है।

अब रही अज्ञेय की भूमिका।

यह जानते हुए भी कि 'एक पुस्तक की सफाई दूसरी पुस्तक की भूमिका में देना अन्याय है? उन्होंने 'तार सप्तक' की तथा अपनी सफाई 'दूसरा सप्तक' के कवियों के माध्यम से दी है। यही नहीं, उन्होंने इस पूर्वाग्रह से कि 'प्रयोगवादी पूर्वग्रहों का आरोप दूसरा सप्तक के संकलित कवियों पर होगा ही, आलोचकों के तत्सम्बन्धी पूर्वग्रहों को इधर आकृष्ट किया है। यह और कुछ नहीं, अपने दोषों के लिए दूसरों को भी समभागी बनाकर आत्मरक्षा करना है। समूचे 'तार सप्तक' की वकालत व्यर्थ करते हैं क्योंकि उसमें रामविलास, गिरिजाकुमार आदि ऐसे कवि हैं जिनकी कविताएँ प्रशंसित रही हैं। दुरूहता, अश्लीलता, कोश प्रयोगवाद, वैदेशिकता आदि के साथ-साथ आलोचनात्मक विचारों की समाज-निरीक्षता का आरोप अकेले अज्ञेय जी पर ही सर्वाधिक हुआ था। अस्तु।

सम्पादकीय 'भूमिका' में अज्ञेय जी ने पं. नंददुलारे वाजपेयी आदि के आरोपों का उत्तर कोरी सैद्धान्तिक ईमानदारी के द्वारा दिया है जबकि उचित होता अपनी कविताओं के सफल प्रयोगों का उद्धरण। ध्यान देने की बात है कि जब किसी कविता में कोई कलागत दोष निकाला जाता है तो वे उसे असफल प्रयोग कहकर छुट्टी पा लेने का तर्क रखते हैं लेकिन स्वयं किसी सफल प्रयोग को उपस्थित नहीं करते और न प्रयोग की सफलता की कोई अवधि या सीमा ही बतलाते हैं।

इस प्रकार एक ओर हैं उनके विचार और दूसरी ओर हैं उनकी तथा उनके द्वारा पसन्द की जाने वाली कविता। उनकी गोलमोल सैद्धान्तिक बातों की पोल एक ही बिन्दु पर खुल जाती है—वे जनवादी सामाजिक सत्य को व्यक्त करने वाली कविताओं से कतराते हैं, साथ ही इस प्रकार के विचारों का भी नाम नहीं लेते—वह भी ऐसे युग में जबकि इनसे बचना मुश्किल है। वे 'सत्य' और 'प्रयोग' दो ही बातों

का जाप करते हैं, जो निश्चय ही गाँधी जी के सक्रिय प्रयोगों से भिन्न कोरा शाब्दिक, निष्क्रिय और हवाई है। अब संक्षेप में उनके तर्कों का पर्यवेक्षण करें?

'प्रयोग साध्य नहीं, साधन है; बल्कि दोहरा साधन—प्रेषित सत्य को जानने का तथा प्रेषण-क्रिया के साधनों को जानने का।' यह कहकर अज्ञेय जी स्पष्ट करना चाहते हैं कि प्रयोगवाद कोरा रूपवाद (फार्मलिज्म) नहीं है और इसी आधार पर वे 'प्रयोगवाद' शब्द का भी विरोध करते हैं। लेकिन देखना है कि 'सत्य को जानने का साधन' कौन सा है। अन्यत्र वे कहते हैं 'नई परिस्थितियों के अनुसार नए रागात्मक सम्बन्ध।' नए रागात्मक सम्बन्धों में सबको छोड़कर केवल वे 'दमित कुंठित मौन परिकल्पनाओं को ही अपना विषय बनाते हैं; गोया मानव समाज में और कोई सम्बन्ध या तो है ही नहीं या वह बदला ही नहीं। इतने से स्पष्ट है कि उनके 'सत्य को जानने का साधन' फ्रायडवाद है और इसीलिए उनकी प्रयोगशीलता 'प्रयोगवाद' है अर्थात् कोरा रूपवाद क्योंकि उनके पास कहने के लिए कोई बड़ा युग-सत्य नहीं है। इसीलिए वे नए-नए शब्दों के निर्माण तथा प्राचीन शब्दों में मुलम्मे की फिकर में व्यस्त दिखाई पड़ते हैं। बिना भाषा के विचार का अस्तित्व नहीं। यदि सचमुच उनका मन युग की जनवादी आस्था से पगा होता तो वह विषय अपने उपयुक्त नई भाषा के रूप में उनके मनोलोक में स्पष्ट होता। अर्थ शब्दों के घूर टटोलने से नहीं बल्कि जीवन-संघर्ष की सक्रियता में प्राप्त होता है। खंड मानव के खंड मन की गंदगियों की वकालत करने वाली 'प्रयोगशीलता' निश्चय ही 'प्रयोगवाद' है और समाज की पतनोन्मुख धारा है। सम्भव है, आज सामाजिक चेतनाशील कवियों के काव्य मोटे तौर से देखने पर भिन्न न प्रतीत हों परन्तु युग सत्य इनका उद्घाटन किए बिना न रहेगा। 'दूसरा सप्तक' में इस तरह की कविताएँ कुछ अवश्य हैं, विशेषत: रघुवीर सहाय की; परन्तु पूरे सप्तक का स्वर अज्ञेय जी के सम्पादकीय विचारों से काफी दूर और परे की चीज है। यदि अज्ञेय जी के विचारों का प्रतिबिंब 'दूसरा सप्तक' में कहीं और है तो वह कवर चित्र में। अपनी दुरूहता में वह प्रतीक वाद्य यंत्र विशेष तथा उसकी स्वर धारा को व्यंजित करता है जो 'डालर' का भ्रम उत्पन्न कर देता है।

हंस (सं. अमृतराय), जनवरी, 1952

महादेवी वर्मा : काव्य-कला और जीवन-दर्शन

हिन्दी समीक्षा में शिक्षोपयोगी संग्रह-युग चल रहा है। कुछ लोग एक कवि, लेखक या काव्य-धारा-सम्बन्धी दस-पंद्रह लेखकों के निबन्ध बटोरकर सम्पादक बन बैठते हैं और कुछ उन्हीं निबन्धों से लम्बे-लम्बे उद्धरण देकर स्वयं ही पुस्तक के लेखक। श्रीमती शचीरानी गुर्टू ने सुश्री महादेवी वर्मा के व्यक्तित्व, काव्य-कला तथा जीवन-दर्शन पर विविध लेखकों के छब्बीस निबन्धों का संग्रह करके पहली श्रेणी में एक नाम और जोड़ दिया है। विषय-चयन में योजना का अभाव, पुनरावृत्तियों की अधिकता, निबन्ध-क्रम में गड़बड़ी, अनुपात की अवहेलना, एक ही विषय पर अनेक निबन्धों का होना तथा कुछ पर एक भी न होना, महादेवी जी का तथ्यपरक जीवन-चरित तथा कालानुक्रम से उनकी रचनाओं की सूची, साथ ही उन पर प्रकाशित अब तक के ग्रन्थों की तालिका का अभाव, सभी निबन्धों के आरम्भ में सार-संचय करते समय महत्त्वपूर्ण अंश का तिरस्कार आदि बातें बतलाती हैं कि सम्पादिका ने सम्पादन-कार्य पूरा नहीं किया है। यह सब इसलिए कहना पड़ता है कि इधर उनके सम्पादन की गूँज है। उन्होंने श्री सुमित्रानन्दन पंत पर भी एक पुस्तक सम्पादित की है। उत्साह प्रशंसनीय है, लेकिन उत्तरदायित्व सापेक्ष भी है।

इतना होते हुए भी इस संग्रह का महत्त्व है और इसका श्रेय अनेक संकलित समीक्षकों को है। अब तक महादेवी जी पर गंगाप्रसाद पांडेय तथा विश्वम्भर 'मानव' जैसे काव्य-मुग्ध समीक्षकों ने ही कुछ पुस्तकें निकाली हैं, जिनमें कवयित्री की कुछ कविताओं के लम्बे-लम्बे उद्धरण तथा शेष के गद्य-रूपान्तरों के बाद स्वयं समीक्षक ने अपना गद्य-काव्य प्रदर्शित किया है। ऐसी दशा में यह जरूरी था कि महादेवी जी सम्बन्धी उन निबन्धों को एकत्र किया जाए जो अपनी कसावट में एक पुस्तक की रूपरेखा छिपाए थे। शचीरानी जी का यह कार्य सामयिक ही नहीं ऐतिहासिक महत्त्व का है। यद्यपि उन्होंने यह नहीं बतलाया कि कौन निबन्ध किस सन् का लिखा है तथा सर्वप्रथम वह कहाँ

प्रकाशित हुआ, तथापि महादेवी जी पर बिखरे हुए महत्त्वपूर्ण निबन्धों का संग्रह स्वयं ही एक बड़ा काम है। हिन्दी में संग्रहकर्ता के लिए 'कृतज्ञता-ज्ञापन' का चलन ही कहाँ है?

अब पुस्तक-परिक्रमा।

संग्रह में महादेवी जी के व्यक्तित्व-सम्बन्धी चार निबन्ध हैं, जिनमें देवेन्द्र सत्यार्थी कवयित्री के साहित्य पर भी राय देने की झौंक में 'उस पर ही' राय देते रह जाते हैं। वीर पूजा की भावना आजकल ऐसा भीषण रूप ले रही है कि कोई निराला जी को देवता बनाने पर तुला है तो कोई महादेवी जी को देवी। सत्यार्थी जी का 'महाश्वेता महादेवी' बाण की कादम्बरी की 'महाश्वेता' का स्मरण दिलाती हैं। श्री शिवचन्द्र नागर ने भी कुछ ऐसा ही आटोप बाँधा है। महादेवी जी के उन्मुक्त हास को तो यारों ने ऐसा रहस्यात्मक जामा पहनाया है तथा इस हद तक फेटा है कि उसकी सारी सहजता जाती रही, और शचीरानी जी जैनेन्द्र जी से प्रश्न करते समय पहला प्रश्न यही करती है, "सुना है महादेवी जी नब्बे प्रतिशत हँसती हैं, बातें कम करती हैं।" क्या बढ़िया गणित का ज्ञान है।

तमाम शिल्पाभास (मैनरिज्म) तथा आत्मशंसा के बावजूद सत्यार्थी जी ने महादेवी जी के विषय में यह तथ्य ठीक ही लक्ष्य किया है कि 'एक लेखक तो ऐसा है जो लेखनी से थोड़ा अवकाश लेकर समकालीन लेखकों के अधिकारों के लिए 'कॉपी-राइट' के विषय में इतना चिन्तित हो।' श्री शिवचन्द नागर ने रेखाचित्र खींचते हुए ऊब-भरी वर्णनात्मक शैली में महादेवी जी की कलात्मक रुचि, अध्यापन-कला, बातचीत, फूलों की जानकारी, अच्छी स्मृति, क्रियाशीलता, बरसात-प्रियता, सभा-भीरुता, दर्पण-विमुखता, पारिवारिक भावना, तपःपूत जीवन-चर्या आदि की चर्चा करते हुए अन्त में 'हिमवत्' से उपमित किया है। श्री भानुकुमार जैन ने 'एक भेंट' के माध्यम से प्रसंगेतर बातों की बृहद् चर्चा की है और 'जन की ओर से वे उत्कीर्ण नहीं हुई'—जैसा अज्ञान-भरा वाक्य लिखा है। अलबत्ता श्रीमती सावित्रीदेवी वर्मा ने स्त्री-जन-सुलभ सरलता तथा सहानुभूति से अपनी महादेवी बहन जी के छात्र-जीवन की अनेक अज्ञात बातें बड़े मनोरंजक ढंग से बतलाई हैं। आरम्भ से ही कवयित्री द्रवणशील तथा एकान्तप्रिय थीं, तेरह-चौदह की वय से ही काव्य-रचना करने लगी थीं। परन्तु सबसे सुन्दर बात सावित्री जी ने यह बतलाई है—"इनके चेहरे में जो एक विशेषता है, वह यह कि इनके कान कुछ आगे को बढ़े हुए झाँकते हुए-से हैं—मानो वे मानव की करुण पुकार सुनने के लिए कुछ सतर्क हो खड़े हों।"

कलाकार के रूप में महादेवी ने गद्य, चित्र तथा कविता—तीन प्रकार की रचनाएँ की हैं और इस संग्रह में तीनों पर निबन्ध हैं। महादेवी का गद्य भी विविध

है—रेखाचित्र, सामाजिक निबन्ध, साहित्य-समीक्षा-सम्बन्धी निबन्ध। रेखाचित्र की दो पुस्तकें हैं—अतीत के चलचित्र तथा स्मृति की रेखाएँ; कुछ अन्य रेखाचित्र—जैसे निराला जी सम्बन्धी अभी पुस्तकाकार संगृहीत नहीं हुए हैं। श्री गोपालकृष्ण कौल ने इन रेखाचित्रों पर विचार करते हुए लक्ष्य किया है: "वे केवल रेखाओं में आकृति और मुद्रा को ही अंकित नहीं करतीं, वरन् मन के सूक्ष्म भावों को भी उभारकर शब्द-रेखाओं में बाँधने का प्रयत्न करती हैं।" अन्त में वे इस निष्कर्ष पर पहुँचते हैं कि यद्यपि संस्मरण का संस्पर्श होने से उनकी कुछ रचनाएँ पूर्ण रेखाचित्र नहीं कही जा सकतीं, किन्तु उनमें भी रेखाचित्रों के स्फुट अंश दिखाई पड़ते हैं।"

महादेवी जी के सामाजिक निबन्ध 'शृंखला की कड़ियाँ' में संगृहीत हैं और इसका अध्ययन श्री अमृतराय ने 'नारी-समस्या' की दृष्टि से उपस्थित किया है। दीर्घ उद्धरण-प्रेमी श्री अमृतराय ने अन्त में यह निर्णय दिया है कि नारी-समस्या पर महादेवी जी के विचार आद्यन्त समाजवाद की ओर उन्मुख हैं और उनकी पुष्ट सामाजिक चेतना का परिचय देते हैं। आरम्भ में उन्हें 'नीर-भरी दुख की बदली' कहना और अन्त में 'क्रान्तिकारिणी' कुछ अजीब लगता है। इनकी अपेक्षा डॉ. रामविलास शर्मा का यह कथन अधिक युक्ति-संगत प्रतीत होता है कि "महादेवी जी का कवि और गद्यकार एक-दूसरे से जुड़े हुए हैं, वे दो बिखरी हुई इकाइयाँ नहीं हैं।" "इसका कारण यह है कि संसार के प्रति उनका दृष्टिकोण विज्ञान-सम्मत नहीं है और उनके मनोबल और कर्म-सम्बन्धी इच्छा-शक्ति की अपनी सीमाएँ हैं।" इन सूत्रों के आलोक में श्रीमती शचीरानी ने जो यह धारणा बनाई है वह सर्वाधिक वैज्ञानिक है: "गद्य में सामाजिक जीवन की ह्रासोन्मुखी गतानुगतिकता के प्रति स्वस्थ एवं सफल विद्रोह होते हुए भी उनमें गतिशील क्रान्तिकारी चेतना और सजग क्रियाशीलता के चिह्न नहीं हैं। उनमें राग है, कशाघात नहीं, पराजय है, प्रतिकार-भावना नहीं, कोमलता है, कठोरता नहीं, निर्मम वास्तविकताओं के प्रति मूक स्वीकृति है, उनके निदान का कोई स्पष्ट उपचार नहीं।"

महादेवी जी ने जो आलोचनात्मक लेख लिखे हैं उन पर डॉ. नगेन्द्र तथा देवराज उपाध्याय दो विद्वानों ने विचार किया है। श्री देवराज जी ने अंग्रेजी समीक्षकों की अनूदित, अननूदित फिकरों की छटा दिखाने के बीच लगे हाथों महादेवी जी के 'काव्य-शास्त्र' पर भी कृपा कर दी है। वे कहते हैं, "आप पाएँगे कि महादेवी ने कविता क्या है, साहित्य क्या है—इन प्रश्नों की छान-बीन में अधिक परिश्रम किया है।" परन्तु लगता है कि यह लिखते समय देवराज जी के दिमाग में महादेवी जी के स्थान पर आचार्य शुक्ल आ गए थे। डॉ. नगेन्द्र ने महादेवी जी के

साहित्य-दर्शन और छायावाद-सम्बन्धी मत पर उद्धरण देकर विचार करने की चार बातें कही हैं—

1. महादेवी जी के साहित्यिक भाग नैतिकता के बोझ से काफी दबे हैं।

2. महादेवी जी ने छायावाद की तन्वी कविता पर दर्शन का बोझ कुछ अधिक लाद दिया है।

3. शुक्ल जी की शास्त्रीय गवेषणा से सर्वथा भिन्न यह शैली प्रसाद और पंत की ठोस बौद्धिक विवेचना की अपेक्षा टैगोर की लचीली काव्य-चिन्तना के अधिक समीप है।

4. ऐतिहासिक एकसूत्रता।

शचीरानी जी को उनमें 'अपने पक्ष समर्थन का आग्रह अधिक, वस्तुस्थिति की निर्दिष्ट दिशाओं का संश्लेषण कम' मिलता है। साथ ही 'दार्शनिक चिन्तन की बोझिलता से उनकी भाव-व्यंजना सहज दुर्विज्ञेय हो गई है।'

श्री मन्मथनाथ गुप्त के अनुसार, 'इन भूमिकाओं के कारण उनकी कविताओं को समझना और भी दुरूह हो गया है।' यह दुरूहता भाषागत ही नहीं, बल्कि परस्पर-विरोधी बातों के कारण है।

ये सभी विचार एक-दूसरे के पूरक समझकर ही रखे गए हैं। परन्तु महादेवी की समीक्षा का एक और अंग है, और वह है काव्य-परख। 'गीत-काव्य' निबन्ध में उन्होंने गीतों की जो ऐतिहासिक परम्परा दिखाई है, अन्यत्र दुर्लभ है। वहीं अपने समसामयिक तथा प्राचीन कवियों की कविताओं का जो मर्मोद्घाटन उन्होंने किया है वह एक कुशल काव्य-पारखी की दृष्टि से ही सम्भव है।

महादेवी जी के गद्यगत विचारों के साथ गद्यशैली पर भी विचार जरूरी है और श्री रामचरण महेन्द्र ने यह कार्य सम्पन्न किया है। हिन्दी में शैली-सूचक पदावली की कमी है और इसका साफ मतलब है कि हिन्दी में शैली पर बहुत कम विचार हुआ है। श्री रामचरण जी के निबन्ध में भी यही ओछापन है। उन्हें 'हृदय की विशालता, भाव-प्रसार की विलक्षण शक्ति, मर्मस्पर्शी स्वरूपों की उद्भावना, कल्पना-शक्ति पर प्रभुत्व और शब्दों की नक्काशी का समुच्चय' महादेवी जी की गद्य-शैली में घुला मिलता है। उपमाओं का कोष लुटाना तथा वचन-वक्रता उन्हें अधिक पसन्द आती है। कुछ लोगों को महादेवी जी की शैली लद्धड़, प्रवाह-हीन, घुमावदार तथा श्रम-साध्य लगती है। वस्तुतः शैली का विवेचन विषय का मर्म समझे बिना सम्भव ही नहीं। महादेवी जी की शैली में ही ये बातें नहीं मिलतीं बल्कि निराला को छोड़कर सभी छायावादियों में वह श्रम-साध्य पेचीदगी तथा संस्कृताऊ विशेषण बहुल वाक्य-विन्यास मिलता है। यह छायावादी चेतना का

परिणाम था। छायावादी गद्य-शैली को छायावादी काव्य-शैली से अलग करके नहीं देखा जा सकता।

गद्य की ही भाँति महत्त्वपूर्ण हैं महादेवी जी के चित्र। महादेवी जी की कविता के साथ उनके चित्रों का तुलनात्मक अध्ययन प्रस्तुत किया है श्री प्रभाकर माचवे ने। माचवे जी स्वयं चित्रकार (शायद रेखाकार अधिक) हैं। परन्तु खेद के साथ कहना पड़ता है कि पांडित्य-प्रदर्शक उद्धरणों की आतंकमयी लड़ी के बीच माचवे जी ने अब तक कोई तथ्यपरक बात नहीं कही है। आरम्भ में व्यर्थ ही मीरा-महादेवी की तुलना में उलझकर उन्होंने कुछ दूर तक संचारी भावों की सूची के सहारे शास्त्रीय तथा गणनामूलक समीक्षा का प्रदर्शन किया है। हाथ लगता है यह सूत्र: 'महादेवी जी के चित्रों में करुण मुद्राओं का आधिक्य है। काँटों से बँधे हाथ, मृत-प्राय शिशु, अँधेरा और टिमटिमाते दीप अधिक हैं।' जो सर्वविदित है। फिर मिलते हैं ऐसे फिकरे—वर्ण-वर्ण में पंक्ति बन गई है। रंग रेखाकार हो उठे हैं।' जिनका कोई अर्थ नहीं खुलता।

हम चित्र-विशेषज्ञ नहीं, जो इसमें व्यर्थ टाँग अड़ाएँ, (यद्यपि हिन्दी-समीक्षक के लिए सब कुछ जानने का अभिनय करना जरूरी है) लेकिन यह अवश्य कहेंगे कि अभी तक महादेवी जी के चित्रों का सही मूल्यांकन देखने में नहीं आया—कविताओं के साथ उनकी तुलना तो दूर की वस्तु है।

महादेवी जी की सबसे महत्त्वपूर्ण देन है कविता; और इस संग्रह में आधे से अधिक निबन्ध इसी पर हैं। 'कमलेश' जी ने प्रकृति-चित्रण पर लिखा है तो ओमप्रकाश जी ने अलंकार सौन्दर्य पर, मानव जी ने प्रणयानुभूति पर। और तीन समीक्षाएँ तुलनात्मक हैं—मीरा और महादेवी (रघुवीर प्रसाद सिंह), पंत और महादेवी (शान्तिप्रिय द्विवेदी), क्रिस्टिना रोज्जेटी और महादेवी (शचीरानी गुर्टू)। दो समीक्षाएँ पुस्तक-परिचय देती हैं—नीरजा (विजयेन्द्र स्नातक, तथा दीपशिखा (नगेन्द्र)। श्री मन्मथनाथ गुप्त और पं. नन्ददुलारे वाजपेयी 'दर्शन' समझाते हैं तथा सुधांशु, विनयमोहन शर्मा, प्रकाशचन्द्र गुप्त, इन्द्रनाथ मदान, रामविलास शर्मा समूची कविताओं का मूल्यांकन करते हैं। इस प्रकार काव्य-समीक्षा में भी एक योजना दिखाई पड़ती है। परन्तु वस्तु-स्थिति ऐसी नहीं है। इस खंड में पुनरावृत्तियाँ सबसे अधिक हुई हैं। सबने दु:खवाद, पीड़ावाद, रहस्यवाद का राग अलापा है। मीरा और महादेवी की तुलना के विषय में अब बात इतनी साफ हो चुकी है कि स्वतंत्र निबन्ध देना ही व्यर्थ है। 'पंत और महादेवी' में शान्तिप्रिय जी ने तुलना करने का कोई प्रयत्न नहीं किया है परन्तु उस निबन्ध का उपयोग करने में सम्पादिका से त्रुटि हुई, क्योंकि समूचा निबन्ध मूलत: पंत पर है। क्रिस्टिना रोज्जेटी के साथ महादेवी की तुलना, तुलना-प्रिय शचीरानी जी की

कृति है और उनका उद्देश्य है महादेवी की अतृप्ति तथा असंतोष को उभारना। इससे अधिक और कुछ हो तो वह दूरारूढ़ है। इस विषय में स्वयं शचीरानी जी भी मुगालते में नहीं हैं। इससे निबन्ध का सबसे बड़ा महत्त्व, रामविलास शर्मा के शब्दों में, यही है कि शचीजी ने महादेवी को देवी की जगह मानवी रूप दिया है। वे कहती हैं : ''महादेवी और क्रिस्टिना के काव्य में जो भावों की उत्कट तीव्रता, मर्मान्तक वेदना और अन्तर का हाहाकार व्यक्त हुआ है—वह अलौकिक अथवा आध्यात्मिक विरह-गर्भित न होकर लौकिक प्रणय की सहजानुभूति से उद्भूत हुआ है और काल्पनिक आवरण में लिपटकर उत्तरोत्तर रहस्यपूर्ण और अविज्ञेय होता गया है।''

शेष निबन्धों में रामविलास शर्मा, नन्ददुलारे वाजपेयी तथा नगेन्द्र के लेखों को छोड़कर अन्य यांत्रिक तथा पिष्टपेषित हैं। विनयमोहन जी को महादेवी जी के काव्यों में प्रकृति से परिचय लगता है और स्वयं हरसिंगार, शेफाली, दुपहरिया के फूलों को भिन्न-भिन्न नहीं एक ही फूल मानते हैं। कहाँ हरसिंगार, और कहाँ दुपहरिया यानी अड़हुल। इसी प्रकार ओमप्रकाश जी ने 'यामा' का आलंकारिक सौन्दर्य रूपक, उपमा, अपनहुति और सबसे ऊपर सांगरूपकों में दिखाकर प्राचीन अलंकार-शास्त्रीय यांत्रिकता का भौंड़ा रूप खड़ा किया है।

शेष तीन महत्त्वपूर्ण लेखों में रामविलास शर्मा का निबन्ध सबसे महत्त्वपूर्ण तथा चिन्तनशील है, क्योंकि उसमें उक्त सभी समीक्षकों के महादेवी-सम्बन्धी विचारों का हवाला देकर गहराई से विचार किया गया है। डॉ. शर्मा ने सबसे पहला प्रश्न 'छायावाद' के स्वरूप पर उठाया है क्योंकि 'महादेवी जी छायावाद के मध्याह्नकाल से और अपने जीवन के उषाकाल से साहित्य-रचना करती आई हैं।' अस्तु वे वाजपेयी जी और नगेन्द्र जी के आदर्शवादी दृष्टिकोण की सीमाओं का निर्देश करते हुए कहते हैं : ''हिन्दी का छायावादी साहित्य सामंत-विरोधी औद्योगिक क्रान्ति के बाद का साहित्य नहीं है। वह साम्राज्यवाद और सामंतवाद के विरुद्ध भारतीय जनता के संघर्ष-काल का साहित्य है। उसमें सबसे सशक्त देश की स्वाधीनता और जनतंत्र प्राप्त करने की आकांक्षा का स्वर है।'' फिर अंग्रेजी रोमांटिक साहित्य तथा हिन्दी छायावादी साहित्य का अन्तर बतलाते हुए वे कहते हैं: ''अंग्रेजी रोमांटिक साहित्य का एक सीमान्त समाजवादी विचार-धारा को छूता है तो दूसरा आदर्शवाद (आइडियलिज्म) की विभिन्न धाराओं में डूबा हुआ है। हिन्दी के छायावादी साहित्य का एक सीमान्त साम्राज्य-विरोधी सामन्त-विरोधी विचार-धारा को छूता है तो दूसरी ओर सामन्तवाद का समर्थन करने वाली अनेक आदर्शवादी धाराओं में डूबा हुआ है। इनके अतिरिक्त छायावादी या रोमांटिक साहित्य के दूसरे सीमान्त निर्धारित करना एक इतिहास-विरोधी कार्य होगा।''

नगेन्द्र जी ने छायावाद के साथ ही महादेवी जी की कविता को मानसिक दमन और अतृप्तियों से उत्पन्न कहा है जिसको स्पष्ट करते हुए डॉ. शर्मा कहते हैं कि यूरोप की उस पतित पूँजीवादी धारा को छायावाद से एकाकार नहीं किया जा सकता; छायावाद में अतृप्त-भावना है पर उसकी मूल प्रेरणा वही नहीं है: ''इसमें सन्देह नहीं कि महादेवी जी के काव्य में पीड़ावादी पलायनवादी तत्त्व मौजूद हैं, लेकिन इनकी उत्पत्ति और स्थिति का सही कारण तब हम अच्छी तरह जान सकेंगे जब हम इनके विरोधी तत्त्वों पर भी दृष्टिपात करेंगे और दोनों के परस्पर-सम्बन्ध जानने की कोशिश करेंगे।''

इसके बाद रामविलास जी ने महादेवी में जीवन की चाह, नारी-सुलभ हठ, स्वाभिमान, शृंगार-भावना, प्रेम की विह्वलता तथा कष्ट सहने का साहस आदि सोदाहरण दिखलाया है। अन्त में उनका यह तर्क सत्यता के अधिक निकट है: ''यदि जीवन और सौन्दर्य की चाह प्रकट करने वाली कविता दमित इच्छाओं के ही कारण हो तो जितने भी जीवन और सौन्दर्य के कवि हैं वे सब दमित इच्छाओं के शिकार साबित हों और जितने भी मृत्यु और कुरूपता के कवि हैं, वे सब तृप्त इच्छाओं वाले समझे जाएँ।'' वस्तुत: नगेन्द्र जी ने अज्ञेय आदि आधुनिक प्रयोगवादी कवियों की दमित इच्छाओं को महादेवी पर भी आरोपित कर दिया है जबकि भेद स्पष्ट है।

डॉ. शर्मा ने महादेवी जी की पीड़ा का सामाजिक कारण बतलाते हुए ठीक कहा है—सामन्त-विरोधी सामाजिक और सांस्कृतिक आन्दोलन से दूर रहना ही मुख्य कारण है। उन्हीं के शब्दों में, ''महादेवी जी छायावाद की प्रतिनिधि कवि हैं। उनमें छायावाद का निराशावादी पलायनवादी पक्ष है तो जीवन और सौन्दर्य की आकांक्षा का स्वस्थ मानववादी पक्ष भी है। उनके अन्दर एक विद्रोही आत्मा सोती है जो दृष्टिकोण और मनोबल की सीमाओं के कारण अपना पूरा चमत्कार नहीं दिखा सकी। उन्हें जनता से हार्दिक समानुभूति है और वे उससे सम्पर्क स्थापित करती हैं—यह उनका सम्बल है। जिस दिन यह सहानुभूति सक्रिय रूप लेगी, उनके द्वन्द्व का भी अन्त हो जाएगा।''

रामविलास जी के निष्कर्षों से हम लगभग सहमत हैं, परन्तु दो बातों का निर्देश आवश्यक है। एक तो उन्होंने यह नहीं दिखलाया कि महादेवी जी के इस निराशा और आशामूलक अन्तर्द्वन्द्व का क्रमिक विकास किस प्रकार हुआ; दूसरा यह कि आज भी उनमें पीड़ा और जीवन-चाह का अनुपात ऐसा नहीं है कि हम उन्हें इतना विद्रोही कह सकें। फिर भी समूची पुस्तक में एक-मात्र डॉ. शर्मा का निबन्ध ऐसा है जिसमें महादेवी जी को सही वैज्ञानिक सामाजिक दृष्टि से देखने का प्रयत्न किया गया है। पुस्तक के आरम्भ में शची जी का 'अपने दृष्टिकोण से' तथा जैनेन्द्र जी

का वार्तालाप भी काफी मनोरंजक है। शची जी के शब्द–जाल में भी तथ्य के कुछ कण हैं।

निस्सन्देह यह संग्रह महादेवी जी पर अब तक की प्रकाशित सभी पुस्तकों से उत्तम है।

आलोचना–2/जनवरी, 1952

तीसरा खंड

बक़लम ख़ुद

...के कर-कमलों में

पुस्तक एक है स्वार्थ अनेक। अस्तु, समर्पण एक को कैसे करूँ? युग भी प्रजातंत्र का है—एकतंत्र के दिन लद गए। इसीलिए तो एक ईश्वर में विश्वास नहीं रहा, एक प्रिय से सन्तोष नहीं रहा। चाहे वह सर्वज्ञ, सर्वव्यापी और सर्वशक्तिमान एक ईश्वर ही क्यों न हो। किन्तु आज किसी एक को खुश रखकर काम नहीं चलाया जा सकता। दूसरे आड़े आ सकते हैं या तो फिर बिना काज ही दाएँ-बाएँ। इसीलिए मैंने कई दिन मेहनत करके सबसे पहले एक लम्बी सूची बना ली ताकि कोई छूट न जाए। इसके बाद सबके योग्य विशेषण भी जुटाना शुरू किया। मित्रों के सुझाव पर अनेक पुस्तकों के समर्पण-पृष्ठ, अभिनन्दन-पत्र और मान-पत्र जुटाए, क्योंकि कोषों से काम नहीं चला। अन्त में जब सूची पूरी हो गई तो उसे नगर के कुछ मुख्य केन्द्रों में सार्वजनिक हस्तक्षेप के लिए लटका दिया और आपत्ति उठाने अथवा संशोधन करने की अन्तिम तिथि भी निश्चित कर दी। तिथि समाप्त हो जाने पर वह सूची उठा लाया हूँ और अब वह इतने संशोधित तथा परिवर्द्धित रूप में हो गई है कि ज्यों-की-त्यों पुस्तक में देने की अपेक्षा एक अलग पुस्तक के रूप में छपाना अधिक संगत होगा। नामों में जो कुछ जोड़ा-घटाया गया है उस विषय में तो मुझे कुछ नहीं कहना, परन्तु विशेषणों में इतना विपर्यय कर दिया गया है कि बताते हुए अब संकोच हो रहा है, क्योंकि उसे देखकर सम्भव है उन महानुभावों का बुद्धि-विपर्यय भी हो जाए! कभी-कभी छपाने से अधिक भला होता है छिपाना। प्रकाशक महोदय के अनुसार उनमें से कुछ को छाँटकर यहाँ दे रहा हूँ और शेष को निकट भविष्य में प्रकाशित करने अथवा अगले संस्करण में जोड़ देने का आश्वासन देता हूँ। पाठक महोदय इसके आगे नैरन्तर्य सूचक कोई आवर्तक चिह्न या और कुछ लगा लें। इन महापुरुषों में परस्पर विरोधी बातें चाहे जितनी हों परन्तु एक बात तो सबमें सामान्य है और वह यह कि सबके कर-कमल के हैं। इसी कारण मैंने 'कर-कमलों' के पूर्व काफी रिक्त स्थान छोड़ दिया है ताकि पूरा शरीर भी आ जाए फिर चाहे वह जैसा हो। समझता हूँ इसमें किसी को आपत्ति नहीं होनी चाहिए। क्योंकि इस युग में प्रायः स्थान रिक्त करने के लिए ही कहा जाता है। पूर्ति के लिए तो केवल मैं ही कह रहा हूँ।

तो फिर सब से पहले—

अपनी लोकप्रिय सरकार को

— जिसने इतना उन्मुक्त वातावरण दिया है कि हम केवल साहित्य-साधना कर सकें;

— जिसने इतना व्यक्ति स्वातंत्र्य दिया है कि जब चाहें मर सकें और उसका दोष किसी को न लगे;

— जिसने विषयों के अभाव में ऐसी परिस्थितियाँ पैदा कर दी हैं कि साहित्यकार को कहीं भटकना न पड़े;

— जिसने साहित्यकारों को इसलिए आर्थिक सहायता नहीं दी कि उससे साहित्यकार अपने को खरीदा हुआ समझने लगेगा;

— जिसने इस आदर्श का अच्छी तरह पालन किया है कि गरीबी में ही साहित्य की उत्कृष्ट साधना सम्भव है;

— समर्पण : करबद्ध ताकि इस पुस्तक की कुछ प्रतियाँ खरीदकर सरकारी वाचनालयों में भेज दी जाएँ और कभी उसकी जब्ती की नौबत न आए!

इसके बाद—

समस्त देव-मंडल सहित ईश्वर को

— जो कभी सरकार से बड़ा था, लेकिन अब छोटा हो गया है।

— जिसने हमें इसलिए जन्म दिया है कि फिर हम उसे जन्म दें और जन्म देकर भी मरने न दें।

— जिसने सबसे पहले मानव जाति को चार ग्रन्थ समर्पित किए;

— जिसे सबसे पहले वह पुस्तक मंगलाचरण या किसी-न-किसी रूप में समर्पित करना चाहिए थी, परन्तु धर्म निरपेक्ष सरकार के भय से दूसरा स्थान देना पड़ा!

फिर—

विद्यावारिधि, साहित्यानुरागी, प्रजाहितकारी, भोजावतार, सकल-गुण-निधान श्रीमान् महाराजाधिराज श्री... को

— जिन्हें पुस्तक समर्पण न करना अपनी परम्परा का उच्छेद होगा;

— जिन्होंने हमें कृतार्थ करने के लिए ही राजप्रमुख जैसा पद भी स्वीकार कर लिया;

— जिन्हें इस बार समर्पण चूकने पर शायद ही कभी यह सौभाग्य प्राप्त हो और उनकी स्मृति अथवा स्मृति की स्मृति को ही समर्पण करना शेष रहे;

— जिन्हें, आशा है, केवल इस एक महत्त्वपूर्ण कार्य के लिए सरकार सुरक्षित रखेगी;

— जिन्होंने इस अनलंकृत युग में भी साहित्यकार को अपने दरबार का आभूषण समझने की कृपा की;

— जो इन विशेषणों में कमी देखकर कुछ और आनुवंशिक उपाधियाँ जोड़कर पढ़ने की कृपा करेंगे और अपने चित्र के अभाव की पूर्ति अपनी प्रति में स्वयं कर लेंगे!

साथ-साथ—

धर्मरक्षक, कलामर्मज्ञ, कलिकुबेर, प्रसिद्ध दानवीर सेठ श्री... को

— जिनकी जाति ही नाम है।

— जो इस युग के वास्तविक राजा हैं;

— जो सरकार के ऊपर होते हुए भी शीलवश सरकार को अपने ऊपर रखते हैं;

— जो इतने समदृष्टि हैं कि साहित्य जैसे गौण जीवन साधन को अन्न-वस्त्र आदि आवश्यक साधनों-प्रसाधनों की कोटि में रखते हैं और उसके उत्पादन में रुचि लेते हैं;

— जो लेखक की ऐसी गुप्त और नि:स्वार्थ सहायता करते हैं कि राजाओं की तरह उसे समर्पण की शर्त में भी नहीं बाँधते क्योंकि वे प्रच्छन्न समर्पण के विश्वासी हैं;

— जो पुस्तक जनता में कम बिकती देख समूचा संस्करण स्वयं खरीद कर लेखक की जान बचाते हैं;

— जो लक्ष्मी के साथ-साथ सरस्वती का भी भार वहन कर रहे हैं

— जिनके कर मामूली 'कमल' के नहीं बल्कि 'कंचन-कमल' के हैं; और

— जो अपनी सहायता के बिना भी इस पुस्तक को प्रकाशित देखकर न चौंकेंगे और इस नि:स्वार्थ समर्पण पर विश्वास करेंगे!

अब-

पाठ्य-पुस्तकों के विशेष अधिकारी श्री... को

— जो इस पुस्तक को बिना पढ़े ही किसी-न किसी कक्षा के पाठ्य-क्रम में रखने की कृपा करेंगे;

— जिनके इस आभार के लिए मैं अलग से एक पुस्तक उनके बच्चे के लिए दूँगा या...!

साथ ही—

सरकारी और गैर-सरकारी पुरस्कार दातृ-मंडल के विद्वान सदस्यों को

— जिनसे अभिप्राय कहने की आवश्यकता नहीं!

— जिनके पास पुस्तक का जाना उतना जरूरी नहीं जितना लेखक का!

अतिरिक्त—

सम्मान्य समीक्षकों को

— जिनमें एक ही सामान्य गुण होगा कि कोई किसी से सहमत न होगा;

— जो प्रेस की गलतियों को भी लेखक की भाषा का दोष गिनाएँगे;

— जो बिना पढ़े ही सम्यक और सम्पूर्ण आलोचना लिखेंगे;

— जो इस समर्पण को पढ़कर इसी पूर्वग्रह से मुझ पर कृपा रखेंगे;

— जो इसे अपनी सम्मति से हीन देखकर भी पुस्तक समझेंगे!

और भी—

आदरणीय और प्रिय साहित्यकार मित्रों को

— जो इन निबन्धों में अनेक जगह स्वयं उतर आए हैं।

— जो कृपापूर्वक इन्हें न पढ़ेंगे, और

— जो अपनी दाढ़ी न टटोलेंगे!

पुनश्च—

दीमकों और झींगुरों को

— जो छात्रों द्वारा इसे उपेक्षित देख फिर स्वयं पढ़ डालेंगे और जगह-जगह अपनी राय खोद जाएँगे!

अन्त में—

कल्पना की उस लजीली लता को

— जिसके सुरभि तरंगित फूल मेरे प्राणों के स्वर बन गए!

ज्यों ही मैं यह अन्तिम समर्पण लिख रहा था कि श्रीमती जी आ गईं और चूँकि वह कम-से-कम अपने काम की बातें तो पढ़ ही लेती हैं तथा जानती हैं कि मैं एक पुस्तक लिख रहा हूँ, इसलिए नाक-भौंह सिकोड़कर बोलीं—

आखिर वह कौन-सी प्रेयसी है, जिसे पुस्तक समर्पित की जा रही है?

पहले तो मैंने कहा कि नहीं-नहीं, यह तो तुम्हें ही समर्पित कर रहा हूँ परन्तु उन्हें सन्तोष नहीं हुआ। आखिर को कहना पड़ा कि तुम्हें तो अपने आपको समर्पित कर चुका हूँ, फिर पुस्तक क्या?

लेकिन इस तर्क से भी उनका मन नहीं भरा और झनककर कहती गईं कि कम-से-कम अपने बूढ़े माँ-बाप का तो खयाल करते!

और अब मुझे नए सिरे से सोचना है। इस तरह देखता हूँ कि कुछ नाम सचमुच छूट गए हैं! लेकिन उनसे कोई स्वार्थ नहीं सधेगा। पत्नी की आपत्ति से एक बात जरूर सूझ रही है कि इसी तरह जितने लोगों को समर्पण किया है उनमें इसी बात को लेकर द्वन्द्व मच सकता है कि अमुक तो मेरे विरोधी हैं फिर उन्हें यह समर्पित क्यों की गई। फलस्वरूप एक की पुस्तक में या तो शेष सभी का नाम कटा हुआ हो सकता है या उसके आगे मनोनुकूल विशेषण जुड़ा हो सकता है। कौन जाने इस रिस के मारे कोई यह पुस्तक ही न पढ़े। सबसे पहले तो वह नहीं पढ़ेंगे, जिन्हें यह समर्पित नहीं है। अस्तु, अब यहाँ उनका भी उल्लेख कर दूँ जिन्हें न तो यह पुस्तक समर्पित की जा सकती है और न जिनके यह योग्य ही है, तोनहीं नहीं

सबसे पहलेनहीं नहीं

अपने पूजनीय माता-पिता को नहीं

— जिन्होंने अपनी सर्वोत्तम साहित्य-रचना-स्वरूप इस जन को धरती माता के चरणों में अर्पित कर दिया है;

— जिनके योग्य मेरे पास कुछ भी देय नहीं है;

— जिन्हें कोई भी तुच्छ वस्तु समर्पित करना उनका उपहास करना है!

अन्त में—

उस सहस्रमूर्ति, सहस्रपद, सहस्रशिर, सहस्रऊरु, सहस्रबाहु परन्तु एक हृदय वाले जनता जनार्दन को भी नहीं

— जिसके कर-कमल के नहीं बल्कि मिट्टी के हैं;

— जिसकी गोद में मेरा दुबारा जन्म हुआ;

— जो साहित्य बनकर मेरे प्राण, मन, विज्ञान में भिदा है फिर भी जिसे शब्दों में न ढालकर मैंने कृतघ्नता की;

— जो इसे पढ़ नहीं सकता;

— जो इसे खरीद नहीं सकता;

— जिस तक पहुँचने के लिए अभी इन शब्दों की बाँह छोटी है;

— जिसको देवता कहकर पूजनेवाले तो बहुत हैं, परन्तु मनुष्य कहकर सुननेवाला कोई नहीं!

लेकिन क्या तब तक के लिए समर्पण स्थगित रहेगा? न तो समर्पण स्थगित रहेगा और न स्थगित रहेगा इसका पढ़ना। क्योंकि यह पहली पोथी होगी, ककहरा होगा उस नए इनसान के लिए जिसे कल स्वयं सजीव साहित्य रचना होगा। उस

जनमन के लिए जो छः हजार वर्ष की मानवता के शिखर पर फरहरे की तरह लहरा उठा है; उस धरती के लिए जिसके माथे पर नए युग की उषा मुस्करा रही है; जिसके हृदय में रामायण, महाभारत, मानस और कामायनी नए सिरे से जी उठे हैं; जहाँ 'कादम्बरी' का अधभरा पात्र फिर भरकर छलक उठा है; जहाँ 'मंगलसूत्र' की टूटी हुई कड़ी पूरी हो रही है; जिसके होंठों पर झरने की तरह संगीत की लहरें रची हैं; जिसके हाथों पर गीता के श्लोक अंकुरित हो उठे हैं; जिसके वक्ष पर साहित्य का उपवन लहरा चला है; जहाँ हरेक शब्द साहित्य है, हरेक गूँज गीत है; हरेक चरण-चिह्न अजन्ता है, हरेक आँसू ताजमहल है, हरेक घर एलोरा है! और ऐसे ही जनार्दन के लिए समर्पण जो स्वयं आत्मदान है! इसलिए—

'मौन होता हूँ समर्पित
शब्द जादू हैं
मगर क्या यह समर्पण कुछ नहीं है?'

भूमिका

सारी पुस्तक छप चुकी तो प्रकाशक महोदय ने पूछा—"भूमिका?"

उनके स्वर से अधिक ध्वनि उनकी आँखों में थी। लेकिन मैंने कानों में रुई डालते हुए कहा—"स्वयं न लिखना हो तो किसी से...पहली पुस्तक है न!" फिर उन्होंने दो-एक नाम सुझाए और समझाते हुए कहा—"उनकी मुहर लगने से आपकी साख एकदम जम जाएगी।"

मैंने कहा—"वे महासागर हैं। उनके यहाँ जाकर पुस्तकें अचल समाधि ले लेती हैं। मेरे पास कोई ऐसा काँटा भी नहीं जो निकाल सकूँ!"

जिद देखकर वे बोले—"तब आप स्वयं लिखिए।" मैंने कहा—"उसके लिए तो बहुत पढ़ना पड़ेगा, क्योंकि कोई भी लेखक अपनी भूमिका हल्की नहीं लिखना चाहता।" मुझे 'गण देवता' और 'जीवन के गान' याद आए। कहा—"पुस्तक में चाहे कुछ न हो परन्तु भूमिका में वह सब रहता है जो स्वयं पुस्तक में नहीं रहता। अब ऐसी तैयारी के लिए आठ-दस महीने का मौका चाहिए क्योंकि मुझे मालूम नहीं था कि पुस्तक इतनी जल्दी छप जाएगी और छपेगी तो उसके साथ भूमिका जरूरी होगी!"

प्रकाशक जी कुछ सोचकर बोले—इस बार उनका स्वर बहुत पतला था : बिलकुल सारस की गर्दन-सा!

"तब एक काम कीजिए! देखिए, आपके ही भले के लिए कह रहा हूँ। 'भूमिका' की जगह 'प्रकाशकीय' ही जाने दीजिए! लेकिन उसे भी लिखना पड़ेगा आपको ही। जैसा जी चाहे अपनी प्रशंसा में सब कुछ लिख डालिए। इस पर आपको तनिक भी आपत्ति नहीं होनी चाहिए। अनेक प्रोफेसर ऐसे हैं कि उनसे जब छात्र 'प्रमाण पत्र' माँगते हैं तो कहते हैं कि स्वयं लिखकर ले आइए, मैं हस्ताक्षर कर दूँगा। आप यही समझिए।"

मैंने पूछा—"क्या पहले फॉर्म के कुछ पृष्ठ बेकार जा रहे हैं?"

बोले—"दो।"

मैंने कहा—"तो लिख दीजिए कि भूमिका अभी तैयार नहीं है और जिन महानुभाव ने भूमिका लिखने का वादा किया था अथवा जिनसे निवेदन किया था वे

स्वर्ग सिधार गए; इधर उनके रिक्त स्थान पर कोई उपयुक्त व्यक्ति नहीं दिखाई पड़ता, इसलिए तब तक के लिए भूमिका स्थगित।''

बोले—''ऐसा भी कभी हुआ है?''

''क्यों नहीं? जब निराला जी 'कुल्ली भाट' का समर्पण स्थगित कर सकते हैं तो आप इसकी भूमिका स्थगित नहीं कर सकते?'' मेरा तर्क था। प्रकाशक जी बोले—''अगर ऐसी बात है तो क्यों नहीं आप उन्हीं दिवंगत महापुरुष के नाम से अपनी पुस्तक के लिए एक आशीर्वाद स्वयं लिख लेते? इसका खंडन करने के लिए किसके पास प्रमाण मिलेगा?''

मैंने अब उनकी पोशाक की ओर देखा—गांधी आश्रम की शुद्ध खादी जिस पर अपने निजी हाथों से 'बापू के आशीर्वाद' लिखा था! मैंने इतना ही कहा—''यह साहित्य है।''

वे ताकते रहे। मैंने कहा—''विश्वस्त सूत्र से पता चला है कि गुरुदेव ने एक 'ब्लेड कम्पनी' को आशीर्वाद दिया था, यद्यपि 'ब्लेड' का स्पर्श भी उनकी दाढ़ी ने कभी नहीं किया!''

जाते-जाते वह कह गए—''आप यही सब लिख दीजिए।''

उन्होंने जब यह कहा तो मुझे कुछ सोचने के लिए मजबूर होना पड़ा।

इस समय वह वहाँ नहीं हैं। कल इसके लिए उनका तकाजा होगा। इच्छा नहीं होती कि यह प्रसंग आगे बढ़ाऊँ।

याद आ रही हैं अभी इसी हफ्ते में मिले अपने एक कहानीकार मित्र की बातें। बातों में मुझे वह उस बिन्दु की ओर ले गए जहाँ पहुँचकर सहज ही उनकी पुस्तक के विषय में पूछा जाता। पुस्तक का नाम लेना था कि वह मेढक की तरह अपने आप उनके झोले से निकलकर मेरी हथेली पर आ गई! देखा तो सबसे ऊपर बड़े टाइप में छपा था 'आचार्य...।'

मैंने धीरे से पूछा—''अच्छा, अब यह कहानी भी लिखने लगे?''

''नहीं जी,'' झेंपते हुए वे बोले—''वे तो केवल भूमिका लेखक हैं। जरा आँख खोलकर पढ़ो।''

मैंने कहना चाहा कि आँख खोलकर मत पढ़वाओ, नहीं तो पुस्तक बंद हो जाएगी। परन्तु मेरा मुँह न खुला और वे न जाने क्या समझकर खुल गए गाड़ी की तरह। मैं देखता रह गया कि बड़े लोगों का नाम जुड़ने से पुस्तक कितनी तेज चल सकती है और लेखक भी! गोया भूमिका न हुई इंजन हुआ। फिर तो उनमें दौड़-धूप और चलता-पुर्जापन इतना आया कि उस भूमिका ने सोने के कई अंडे दिए। एक ओर पुरस्कार और दूसरी ओर नौकरी! मेरी आँखों में सिक्के कौंध गए और उसमें सारी पुस्तक झुलसती दिखी।

फिर सोचा—क्यों न प्रकाशक जी को यही सब समझाकर एक पत्र लिख दूँ और वे मान जाएँ। और पत्र शुरू कर दिया—

काशी, 1 जनवरी, 1951

भाई,

'शेष प्रश्न' की 'कमल' एक स्थान पर कहती है कि स्पष्ट कहने का लोभ जिन्हें बहुत ज्यादा होता है वे अगर लेखक हुए तो अपने ग्रन्थ की भूमिका लिखते हैं और अगर नाटककार हुए तो वे खुद ही अपने नाटक के नायक बनकर अभिनय करते हैं। लेकिन मुझे स्पष्ट कहने का लोभ नहीं। जो कुछ कहना था, पुस्तक में कह चुका। अब कोई सफाई देने की जरूरत नहीं। यों, सफाई बड़ी अच्छी चीज है, लेकिन जब 'दी' जाती है तो कूड़ा हो जाती है। अगर इसमें कुछ स्पष्ट नहीं हुआ है तो किसी अगली में होगा।

जानता हूँ कि तुलसी जैसे महान कवि ने भी मानस में मामूली नहीं महान भूमिका बाँधी है। लेकिन वह अपने बूते की बात नहीं। न तो कहे बिना मेरा पेट फूल रहा है जो 'दो शब्द' के नाम पर 'बीस पृष्ठ' भरूँ और न 'दो बात' के बहाने दो सौ दुलत्तियाँ झाड़नी हैं! न तो मुझे 'अपनी बात' के बुर्के से दूसरों को आड़े हाथों लेना है और न 'कृतज्ञता' के सिर चढ़कर 'विज्ञता' प्रदर्शित करनी है। न तो मुझे 'आमुख' लिखकर किसी को विमुख करना है और न 'प्रस्तावना' के मुख से 'संस्तवना'। शीर्षक देना 'भूमिका' और कहना 'आकाश का' मुझे नहीं सोहता। यह भी क्या धोखा कि लिखना अन्त में और कहना 'प्राक्कथन'!

भूमिका के पर्याय इन विविध नामों और रूपों में यह विरोध देखकर मैं सकुच रहा हूँ। मेरी पुस्तक उस लोक-कथा का 'बित्तन' नहीं है, जो स्वयं तो हो केवल बित्ता-भर की लेकिन उसमें लटक रही हो भूमिका की ढाई हाथ वाली दाढ़ी! कैसे चलेगी बेचारी! सुनते हैं—

'बित्ता भर क बितनू अढ़ाई हाथ क दाढ़ी
चलै लगलैं बितनू त हिलै लगल दाढ़ी'

समस्या-नाटकों में बीस पृष्ठ का नाटक चालीस पृष्ठ की भूमिका पीठ पर लादकर भले ढो ले जाए, परन्तु मेरी पुस्तक यह भार न सह सकेगी!

मैं नहीं चाहता कि पुस्तक की खाली कनात के बाहर खड़ी होकर भूमिका विचित्र अंगी-भंगी के साथ भीतरी तमाशे की महिमा गा-गाकर टिकट बेचे!

भूमिका की ही छोटी बहिन है सम्मति। बड़ी बहिन के न रहने पर कहीं आप छोटी की ही ओर न लपकें, इसलिए उसके लिए भी आगाह कर दूँ। अनेक समालोचकों को देखा है जो भूमिका अथवा सम्मति लिखने के लिए स्वयं ही बहुत आकुल रहते हैं, परन्तु दूसरों के सामने रोब गालिब करने के लिए कहते हैं कि फलाँ-फलाँ लोगों

ने जब सौ बार नाक रगड़ी तो दो पंक्तियाँ लिख दीं। लेकिन यह तो 'सम्मति' छापनेवाले ही जानते हैं कि कभी-कभी 'सम्मति' माँगने पर भी वे महानुभाव चार पृष्ठ का लेख भेज देते हैं ताकि अगली बार से लेखक उन्हीं के पास भूमिका के लिए आए। कुछ लोगों का जैसे सभाओं का सभापतित्व करना ही काम रह गया है उसी तरह कुछ का यह हो गया है कि वे दूसरों की पुस्तकों में भूमिका लिखें!

लेखक भी कम चालाक नहीं। मँगाते हैं सम्मति और दे देते हैं भूमिका नाम से। कुछ मँगाते हैं भूमिका और उसे अनुकूल न पाकर प्रशंसा वाला अंश सम्मति के रूप में दे देते हैं अथवा पूरी भूमिका ही दबा जाते हैं और बाद में लिख देते हैं कि स्थानाभाव के कारण न दी जा सकी।

'शेष स्मृतियाँ' के लेखक जैसा भी नहीं होना चाहिए, जो आचार्य शुक्ल जैसे विद्वान लेखक की भूमिका से लाभ उठाकर 'रॉयल्टी' तो पाऊँ परन्तु पाठक खो दूँ। अपनी पुस्तक के भीतर इस तरह दूसरे की पुस्तक बेचना बहुत-कुछ आम के ऊपर पीपल जमाना है।

मुझे पुस्तक में भूमिका नहीं भाती, भूमिका में पुस्तक भाती है—जैसे, 'हिन्दी साहित्य की भूमिका।' आचार्य शुक्ल की तो सारी पुस्तकें ही भूमिका हैं। परन्तु मैं नहीं समझता कि जिस भाषा में लिख रहा हूँ, मृत हो गई है। इसलिए उस पर सटिप्पण वैज्ञानिक भूमिका लिखने का समय अभी नहीं आया है।

कौन जाने सब-कुछ लिख जाने पर भी आदमी को सन्तोष न होता हो! इसलिए शायद वह 'निवेदन' या 'कृतज्ञता' के लिए कुछ कहना चाहता है। पुस्तक वस्तुनिष्ठ होती है, भूमिका व्यक्तिनिष्ठ। लेकिन जब स्वयं पुस्तक भी व्यक्तिनिष्ठ हो तब भूमिका कैसी? सच तो यह है कि भूमिका सहित कहना सब चाहते हैं, सुनना कोई नहीं। इसीलिए कवि अपनी पुस्तक की भूमिका लिखकर आलोचक होने का दावा करता है। यहाँ तो मैं जिस भूमि का प्राणी हूँ वहाँ भूमिका नहीं लिखी जाती, भूमिका पर लिखा जाता है!

आशा है, आप इसे भूमिका समझने का भ्रम न करेंगे।

आपका,

बक़लम ख़ुद

पुनश्च—प्रकाशक जी इसको ज्यों का त्यों प्रकाशित कर देना चाहते हैं, केवल इस सूचना के साथ कि प्रकाशक के सम्पूर्ण कथन को मजाक में लिया जाए। उनका कहना है कि इसी बहाने उन्होंने मुझसे मनचाहा लिखा तो लिया।

परन्तु खेद कि न तो आज वसन्त पंचमी है और न गुरु पूर्णिमा, महाशिवरात्रि और न रामनवमी! भूमिका-सुलभ कोई पुण्य या शुभ तिथि भी आज नहीं। अधिक छानबीन करने पर शायद कोई कोई चौथ, नवमी, एकादशी, अमावस्या अथवा पूर्णिमा विशेष तो मिल ही जाएगी लेकिन यह बात...न आएगी। भूमिका लिखने के लिए कलम उठाते-उठाते कोई न कोई पर्व हाथ जोड़कर खड़ा हो जाए, ऐसी मेरी विभूति कहाँ! तारों से कोई नाता-रिश्ता भी तो नहीं! न सही, लेकिन क्या शब्द की यह सृष्टि ही किसी दिन को पर्व या त्योहार बनाने के लिए काफी नहीं? जो मानव के पूर्ण कला-विकास के लिए लड़ रहा हो, उसे चन्द्रमा की कलाओं का खाता देखने की फुरसत कहाँ?

लड़ते हैं मगर हाथ में तलवार भी नहीं

(एक रेडियो समाचार)

यह अ.भा. रेडियो है। अब आप हिन्दी में श्री भगवानदास उर्फ 'स्लेव ऑव गॉड' उर्फ 'गुलाम रसूल', उर्फ वगैरह-वगैरह से हिन्दी में समाचार सुनिए। एक ही साथ यह सब जगह 0000.0000420 मीटर पर सुनाई पड़ेगा। खूबी यह है कि अलग-अलग प्रान्त के स्टेशनों पर उनकी अपनी भाषा में सुनाई देगा।

हम अ.भा. रेडियो से बोल रहे हैं। संसद भवन में जबानों की लड़ाई; सबसे बड़ी जबान की जीत और सबकी हार; विजयी जबान इस लड़ाई में इतनी घायल हो गई है कि 15 वर्ष तक वह काम न कर सकेगी; लिहाजा उसकी जगह काम करने के लिए बर्तानिया से रेडीमेड जबान मँगाई जा रही है; इस पर सब जगह खुशी मनाई जा रही है।

लीजिए अब आप पूरे समाचार सुनिए। पी.टी. आई के संवाददाता का समाचार है कि कल संसद भवन में एक अनोखी लड़ाई हो गई। यों तो सभी लोग अहिंसा में विश्वास करते हैं और लड़ने से पहले सबने इसे स्वीकार भी किया, परन्तु वातावरण इतना सुस्त और मनहूस हो गया था कि सरगर्मी पैदा करने के लिए लड़ना ही पड़ा। संसद के अध्यक्ष ने आज्ञा दी कि अगर भवन की सर्वसम्मति है तो लड़ाई हो सकती है, परन्तु कोई घातक हथियार का प्रयोग नहीं कर सकेगा। एक समस्या खड़ी हो गई। इस पर एक विद्वान सदस्य ने पूछा कि क्या जबान भी हथियारों में गिनी जाएगी?

अध्यक्ष महोदय ने कुछ देर सोचकर कहा कि नहीं; अगर उससे किसी का शरीर नहीं कटता तो उसका प्रयोग हो सकता है। बस फिर क्या था! थोड़ी ही देर में सभी सदस्य अपनी जबान बाहर निकालकर खड़े हो गए। वातावरण स्तब्ध। वार-प्रहार शुरू हो गए। पर इसके पहले सबकी जबानों के आकार-प्रकार का वर्णन सुन लीजिए। हम अ.भा. रेडियो से बोल रहे हैं। ये सभी समाचार एक साथ 0000. 0000420 मीटर पर सभी स्टेशनों से सुने जा सकते हैं।

तो एक को छोड़कर और सबकी जबानें छोटी थीं। जिसकी जबान बड़ी थी वह सदस्य उत्तर का लगता था। चूँकि इस लड़ाई में दाँत चलाना भी अवैध था,

इसलिए सभी मुक्त रूप से दाँत निपोरे खड़े थे। किसी की जबान पर काँटे उठ आए थे तो किसी की जबान विष-बुझी थी। परन्तु तेज सबकी थीं, भोथरी शायद ही किसी की रही हो। सम्पूर्ण संसद भवन में लाल-लाल लपलपाती जबानों का अच्छा समाँ था।

लड़ाई शुरू तो केवल मनोरंजन के लिए हुई थी, परन्तु देखते-देखते सबने उसे गम्भीरता से ले लिया। यों सभी मानते थे कि वह अहिंसात्मक लड़ाई है। अध्यक्ष महोदय स्वयं जबान हिला-हिलाकर बता रहे थे कि यह लड़ाई अहिंसात्मक ही है।

इसी बीच एक सदस्य की ओर देखकर एक-दूसरे सदस्य ने आपत्ति की कि यह लड़ाई अवैधानिक है क्योंकि कुछ सज्जन दो-दो जबानों का इस्तेमाल कर रहे हैं। अध्यक्ष महोदय ने स्वयं उठकर जाँच की। मालूम हुआ कि जबान तो एक ही है मगर सिरे पर दो भागों में बँट गई है। परन्तु एक अन्य सदस्य की जाँच करने पर साफ मालूम हुआ कि दो जबानें उसके पास हैं और उनमें से एक पर किसी दूसरे देश का नाम लिखा है। अध्यक्ष महोदय ने इसे प्रशंसनीय कहा, क्योंकि यह बात मामूली नहीं। जिसकी सामर्थ्य हो वह स्वयं भी ऐसा करे! और देखते-देखते भेद खुल गया कि सभी योद्धाओं के मुँह में वही उधार ली हुई दूसरी जबान छिपी थी, केवल उसका प्रयोग छिपे-छिपे हो रहा था अथवा वह आखिरी समय के लिए सुरक्षित थी। बाद में तो कुछ ऐसे लोग निकले जिनके पास अपनी जबान थी ही नहीं, जबान नाम से जो था सब विदेश से उधार लिया हुआ। खैर, इस लड़ाई में अवैधानिकता इतनी आ गई कि सब कुछ वैधानिक मानना पड़ा!

अब लड़ाई शुरू होने से पहले यह तय हुआ कि सभी लोग अपनी-अपनी जबान की विशेषताएँ बतला लें, तब प्रहार करें।

एक ने कहा—'हम अपनी जबान से कंकड़ वगैरह भी निहायत खूबी से उछाल सकते हैं; इसलिए यह खेत वगैरह रखाते समय चिड़ियों के उड़ाने के काम भी आ सकती है।' परन्तु सबने उन्हें चुप कराते हुए कहा कि इस समय चिड़ियाँ नहीं हैं अतः चोट लग रही है। दूसरे ने कहा—'हम तो अपनी जबान से गोल-गोल सुन्दर सुन्दर गुब्बारे बना सकते हैं; यह काम कोई नहीं कर सकता; यह बच्चों के काम खूब आ सकती है; आवश्यकता पड़ने पर ये गुब्बारे बम भी बन सकते हैं।'

सबने देखा कि उनकी जबान से गुब्बारे उड़ रहे हैं परन्तु वहाँ कोई बच्चा न था!

तीसरे ने कहा—'हम फुफकार सकते हैं; इससे बहुत-कुछ विदेशी खतरा दूर हो सकता है।' परन्तु लोगों ने देखा कि वे केवल इतना ही कहने में गाड़ियों थूक का फव्वारा छोड़ चुके!

चौथे ने कहा—'हम तरह-तरह की ध्वनि पैदा कर सकते हैं, चाहे वह जिस जानवर की हो। इस तरह हमारी जबान सबसे अधिक सम्पन्न और वैज्ञानिक है। यह सबसे लम्बी भी है। यह अनेक जबानों को समेट सकती है। सिवा, यह बिलकुल शुद्ध है और अपनी माँ की जबान को छोड़ इसने किसी का जूठा नहीं खाया है। यही जबान बहुतों के मुख में है तथा बहुतों से मिलती-जुलती है। इसने सभी रस चखा है। इसकी सबसे बड़ी विशेषता यह है कि चाँदी-सोने से मढ़ी है।'

दूसरी जबानें इस पर पहले तो शान्त रहीं, परन्तु सबको यह गर्वोक्ति नापसन्द आई। फुफकारनेवाली जबान ने कहा कि यह असली नहीं है, असली तो हमी हैं। झगड़ा बढ़ता मालूम हुआ। इस बीच एक और जबान आई जो बीच में जोड़ी हुई मालूम पड़ रही थी! लोगों ने समझा किसी की कटकर गिर गई होगी। जब उसने बोलना शुरू किया तो पहले किसी की समझ में ही नहीं आया। लेकिन सबसे लम्बी और सबसे ज्यादा फुफकारनेवाली दोनों जबानों ने कहा कि इसने हम लोगों से थोड़ा-थोड़ा टुकड़ा काटकर जोड़ लिया है, अन्यथा इसका कोई अस्तित्व ही नहीं था। सबने देखा कि यह न जाने कहाँ से आ गई, इसके पीछे कोई मुँह नहीं। बेचारी ने दलील दी कि मैं समन्वय करना चाहती हूँ और सभी झगड़ों में समझौता कराने आई हूँ। परन्तु किसी ने उस पर कान नहीं दिया। विवश होकर उसने अपने पास से एक प्रमाण-पत्र निकाला, जिस पर 'बापू का आशीर्वाद' लिखा था; परन्तु इस पर भी कोई तैयार न हुआ। बेचारी अपना-सा मुँह लेकर चली गई।

यह अ.भा. रेडियो है। यह समाचार सभी जगह शून्य शून्य शून्य शून्य दशमलव शून्य शून्य शून्य शून्य चार सौ बीस मीटर पर सुना जा सकता है। इतनी आत्मप्रशंसा के बाद संघर्ष शुरू हुआ। पहले हरेक जबान ने अपने-अपने मुँह से निकाल-निकालकर पुरानी पोथियाँ फेंकी। 'कृत्तिवास रामायण' पर 'तुलसी रामायण' फेंकी गई, 'गीतांजलि' पर 'कामायनी' को पटका गया, 'श्रीकान्त' को 'गोदान' दिया गया। इसी तरह कितने दीवान और मुसद्दस ढेले की तरह चले, ज्ञानेश्वरी के पन्ने उड़ाए गए, रामदास के झंडे फहराए गए, नरसी मेहता की बीना उछाली गई, सोहनी माहीवाल के घड़े चलाए गए, सर्वज्ञ को कंकड़ की तरह प्रयोग किया गया! यही नहीं, टाइपराइटरों और टेलीप्रिंटरों तक का प्रयोग हुआ। परन्तु ऐसा भयंकर प्रहार केवल उन्हीं जबानों ने किया जिनके देश का 'रेमिंग्टन' था। फिर भी यह लड़ाई अहिंसात्मक थी! क्योंकि कोई घायल नहीं हुआ, घायल तो हुए वे जो मर चुके थे और जो असम्भव है अथवा जिनके घायल होने पर रोने की जरूरत नहीं समझी गई।

घायल कोई जबान नहीं हुई—घायल हुए तुलसी, सूर, प्रेमचन्द; घायल हुए ज्ञानेश्वर, तुकाराम, रामदास, घायल हुए कृत्तिवास, रवीन्द्र, शरत; घायल हुए नरसी मेहता, मेवाणी, गांधी; घायल हुए भारती, सर्वज्ञ! हजार बरस के छिलके इस मार से उतर गए; जमाने की पीठ से खून चू पड़ा, सभ्यता की छाती छिल गई; संस्कृति की आँखें फूट गईं!

परन्तु चूँकि एक बूँद खून नहीं बहा, इसलिए किसी की भी आँखें गीली नहीं हुईं, किसी के भी दिल नहीं हिले। पत्ता तक नहीं खड़का! लाल-लाल जबानें लपलपाती रहीं। एक ओर उनसे पानी टपक रहा था और दूसरी ओर खून! वे प्यासी थीं—फिर भी वे प्यासी थीं!

जब सभी फेंके हुए सजीव शस्त्र धूल में पड़ गए तो वे जबानें मल्ल युद्ध के लिए भिड़ पड़ीं। एक ने दूसरी को बुरी तरह घायल किया। चाहिए तो था जबान का प्रहार केवल जबान पर, लेकिन जब कुछ न मिला तो एक जबान ने दूसरे का कुर्ता ही फाड़ डाला! जबान के आँख तो होती नहीं; इसलिए एक जबान ने टाई को ही जबान समझकर खींच लिया। दूसरी किसी ने बढ़कर एक दीन-हीन बेजबान आदमी का कुछ न पाकर पेट ही काट लिया! जो जबान सबसे लम्बी थी अन्त में उसने सबको लपेटकर नागफाँस में बाँध लिया। लड़ाई इस तरह समाप्त हो गई।

देखा गया कि देशी जबानें सब-की-सब कट चुकी थीं लेकिन विदेशी जबान न जाने कैसे साफ-साफ बच गई थी और उसमें कहीं भी लहू नहीं लगा था—बल्कि वह तो हँस रही थी! अन्त में लम्बी जबान को घायल तथा युद्ध-अपराधी समझकर 15 वर्ष के लिए वनवास दे दिया गया और सर्व-सम्मति से यही तय रहा कि चूँकि विदेशी जबान सबसे स्वस्थ, सुन्दर और सबल है, इसलिए तब तक राज-रानी उसे ही बनाया जाए! सबने उससे हाथ मिलाया, टीका किया। मनोरंजन का अन्त गम्भीर निर्णय के रूप में प्रकट हुआ!

इस शान्त लड़ाई की खबर शेष जनता को, इसलिए न दी गई कि एक तो वह बेजबान है, दूसरे इसका सीधा सम्बन्ध उससे पड़ता भी नहीं। जनता की जबान तो उसके पेट में फँस गई है! इसलिए अब उसकी जबान का काम करती हैं : गेहूँ की लहराती हुई सुनहली बालियाँ, आमों की फड़कती हुई कोंपलें, हवा की मासूम लहरें, नदियों की चाँदी-सी चमकती हुई धारा, सितारों की खामोश निगाहें! उसे इन सब से क्या मतलब! उसे जब जरूरत होगी तो अपना मामला अपने आप तय कर लेगी। अभी जो फैसला हुआ है वह तो केवल उन लोगों की सुविधा के लिए, जो जनान के डिब्बे में कपड़े की गाँठ और गल्ले का बोरा भरकर एक जगह से दूसरी जगह ले जाते हैं। जनता का इनसे क्या मतलब?

समाचार समाप्त हुए। अब हमारा दूसरा प्रोग्राम शुरू होगा। अब रसूलन का गाना होगा!

टिप्पणी

इसी समाचार के साथ एक और समाचार है जो अ.भा. रेडियो से तो प्रसारित न हो सका, लेकिन काशी के एक दैनिक पत्र में इस प्रकार छपा है—

"प्रसिद्ध वैद्य श्री ब्रजमोहन दीक्षित के पास एक ऐसा मरीज आया है जिसकी जबान चन्द्रमा के साथ घट-बढ़ रही है!"

अखबारी क्षेत्रों में इसकी काफी चर्चा है और अनुमान लगाया जा रहा है कि शायद यह रोगी उसी लड़ाई से किसी तरह सम्बद्ध है—चाहे योद्धा के रूप में या तटस्थ दर्शक के रूप में। जो हो, जब तक पूरा समाचार नहीं मिल जाता हम विश्वस्त रूप से कुछ नहीं कह सकते।

बापू की विरासत

उत्तराधिकार के लिए सबसे बड़ा युद्ध भारतीय इतिहास में मुगल बादशाह शाहजहाँ के बेटों में बताया जाता है। पूरा बयान तो नहीं मिलता लेकिन इतना पता जरूर चलता है कि शाहजहाँ अपने बड़े और विद्वान पुत्र दारा को ही राजगद्दी देना चाहता था। लेकिन उससे बड़ा युद्ध आज दिखाई पड़ता है। बापू अचानक दिवंगत हो गए—'राम' को छोड़कर अन्तिम समय और कुछ नहीं कह गए। जिन्हें राजगद्दी लेनी थी उन्होंने तो ले ली, लेकिन उनके दूसरे सपूत भी इस बीच गले के जोर से सिद्ध करते रहे कि बापू के सच्चे उत्तराधिकारी हमीं हैं। शायद ही कोई राजनीतिक दल इस उत्तराधिकार से बचा हो। अब तक तो 'राम नाम की लूट है, लूट सके सो लूट' वाली हालत थी। अन्त काल तक पछताने के लिए कोई नहीं रहा। लेकिन आज के अखबार में जब यह खबर मैंने देखी तो दंग रह गया—"सरकार चुनाव-बिल पास करके आगामी चुनाव में गांधीजी के नाम का उपयोग अनैतिक घोषित करने जा रही है।"

अब यह तो वही जाने जो झूठे अपनी दाढ़ी टटोल रहे हैं लेकिन बात रह-रहकर मेरे मन में उठ रही है बापू की वसीयत की। नेहरूजी ने बापू के स्वर्गारोहण के समय अपने भाषण में शायद कहा था कि 'अब वह ज्योति हम कोटि-कोटि भारतीयों में बिखर गई है।' उस दिन इसका अर्थ समझ में नहीं आया, लेकिन आज वह कुछ खुल रही है। यह बात बापू की आत्मा के विषय में नहीं, उनकी वसीयत के बँटवारे के विषय में कही गई थी। उस बँटवारे का पता मुझे विश्वस्त सूत्र से लगा है। वहाँ मुख्य बातों की सूचना दी जा रही है।

गांधीजी के गुरु

गुरु के विषय में चेले अकसर लड़ते ही हैं लेकिन गुरु के गुरु के विषय में भी कभी-कभी काफी छीना-झपटी होती है। मशहूर है कि गांधीजी के गुरु तीन बन्दर थे। परन्तु तीनों को कोई एक आदमी न लूट सका। सुनते हैं कि दो बन्दरों

को तो सरकार उठा ले गई—एक तो वह जिसने दोनों हाथों कान बन्द कर लिए हैं और दूसरा वह जिसने आँखें बन्द कर ली हैं। ठीक भी है! आखिर जो अन्धेर हो रहा है उसे देखने के लिए ये आँखें थोड़े बनी हैं! उससे तो यही अच्छा है कि कुछ न देखें। फिर प्रजा की शिकायतें भी रोज पहुँची ही रहती हैं। इतना सुनते-सुनते तो कान बहरे हो जाएँगे। इसलिए सबसे अच्छा यही है कि कान ही बन्द कर लें।

अब रह गया वह बन्दर जिसने अपने मुँह पर हाथ रखा है। इसे कोई उठाने का नाम ही न ले। अगर सरकार इसे उठाती है तो बिना बोले उसका पेट फूल जाएगा और बिना खाए शरीर सूख जाएगा। इसलिए सरकार ने जबर्दस्ती उसे उठाकर प्रजा के घर रखवा दिया ताकि न तो वह शोर करे और न भोजन। इससे एक तो देश में शान्ति रहेगी, दूसरे भोजन की समस्या भी हल्की हो जाएगी।

गांधीजी की धाय

गांधीजी की बकरी भी कम बेशकीमती नहीं! पहले तो सुनते हैं पड़ोस की कुछ हरिजन माताएँ ही उसके लिए दौड़ीं, परन्तु सरकार ने रोक लगा दी कि इतनी बेशकीमती चीज केवल कुछ बच्चों को दूध पिलाने के लिए नहीं दी जा सकती। दूसरे अभी स्वराज का शिशु बहुत छोटा था। उसकी माँ भी सात समुन्दर पार चली गई। ऐसी हालत में उसके लिए बापू की बकरी से बढ़कर स्वस्थ दूध किसी का नहीं हो सकता था। बकरी स्वराज्य के पैताने बाँध दी गई। लोग समझ नहीं पाते हैं कि आखिर यह स्वराज्य का बच्चा है या 'राकस' जन्मा है जो अभी इसी उमर में लोगों को बेकाज ही नोच-खसोट लेता है। मुरौवतन लोग बोलते नहीं और वह पंजे चला देता है!

गांधीजी का चश्मा

कमानी वमानी को देखते हुए तो चश्मा मामूली ही मालूम पड़ता था, इसलिए उसकी ओर बड़े लोगों की निगाह ही नहीं गई। बेचारे देहातियों की आँख यों ही बहुत खुली- खुली रहती हैं इसलिए वे इस 'अन्हवट' को आँखों पर छोपना नहीं चाहते थे। वे भी उससे उदासीन रहे। सत्य को देखनेवाली इस दिव्य दृष्टि का महत्त्व समझा तो नेहरू जी ने! उन्होंने उसे उबारा ताकि उसके जरिए तमाम दुनिया को राह की बातें दिखाई पड़ें। लेकिन सुनते हैं वह उनकी आँखों पर ठीक तरह से बैठ ही नहीं रहा है, इसलिए वे उसे केन्द्रीय संग्रहालय को दे देना चाहते हैं।

गांधीजी की घड़ी

नेताओं में तो घड़ी सबके पास और वह भी बेशकीमती! इसलिए बापू की घड़ी के लिए व्यक्तिगत स्वार्थ का सवाल उठा ही नहीं। पार्लियामेंट के स्पीकर ने कहा कि इसे मैं पार्लियामेंट भवन में रखना चाहता हूँ। घड़ी ठहरी काल की टुकड़ी! इसी की वजह से जमाना गांधीजी की टेंट में था। अब उसी के कारण जमाना हमारी सरकार की टेंट में होगा। पता नहीं क्या बात है कि वह घड़ी उलटी चल रही है और उसी को देखकर सरकार का नारा है कि हम पुराने युग में लौट चलें। उसी के प्रमाण पर सरकार अकसर दिन को रात कह बैठती है और सबको अपनी घड़ी उसी से मिलानी पड़ती है। बड़ी अच्छी चीज है!

गांधीजी की लाठी

अहिंसा तो लाठी में ही मूर्तिमान हो उठी थी—यही लोगों का कहना है। अंग्रेजी जमाने में सिपाहियों को बंदूकें दी गई थीं। जिससे अकसर खून-खराबा हो जाता था। इसलिए सरकार ने गांधीजी की लाठी पुलिस में बँटवा दी ताकि देश में शान्ति स्थापित करने के लिए वक्तन-फवक्तन उससे काम लिया जा सके। घोषित किया गया है कि गांधीजी की यही इच्छा थी।

गांधीजी का चरखा

चरखा तो गांधीजी का सुदर्शन चक्र ही ठहरा! औरतें उसे लेने के लिए मार करने लगीं तो बिरला जी ने कहा कि इसका सीधा सम्बन्ध मिलों से है। बापू की यही इच्छा थी कि अब मिलों की जगह चरखा ही चले। विदेशी कपड़ों का मुकाबला इसी के द्वारा सम्भव है। नेताओं ने भी सिर हिलाया और वह चक्र बिरला जी के हाथ पड़ा। सुनते हैं वह अब उचित हाथ में पड़कर इतना महीन कपड़ा बुनने लगा है कि पहनने पर मालूम ही नहीं पड़ता। बिरला जी का कहना है कि देश में सबके शरीर पर काफी कपड़ा हो गया है लेकिन यह इतना महीन है कि लोग नंगे दिखाई पड़ते हैं। करामात है चरखे की! द्रौपदी की लाज वही बुनता है!

गांधीजी की चप्पल

चरण-पादुका लेकर ही तो भरत ने अयोध्या का राज्य किया था। इसलिए माननीय प्रधानमंत्री ने उस पर अपना अधिकार समझा और उसे सिंहासन पर रखकर राज-

काज का दुर्वह भार सँभाला। आखिर यह काम कर ही कौन सकता था! सबने नत-मस्तक होकर स्वीकार किया।

इस तरह गांधीजी की सारी वसीयत लोग बाँट चले। वे तो ठहरे साधु-सन्त, इन सब चीजों के सिवा उनकी अपनी कही जानेवाली चीज तो कुछ थी नहीं। आश्रम को भी उन्हीं का समझिए, लेकिन धर्मनिरपेक्ष राज्य ने उस पर दखल देना उचित न समझा। इसलिए उसके महन्त कुछ दूसरे जन हो गए।

लेकिन इन सबसे भी बड़ी-प्राणों से एकदम—उनकी अपनी एक और चीज थी। उसकी ओर किसी का ध्यान नहीं गया। वह थी भारत की कोटि-कोटि जनता। सौत के बेटे की तरह वह धूल में पड़ी थी और उत्तराधिकारियों में से किसी का ध्यान उस ओर नहीं गया। सबकी आँखें सिंहासन की ओर लगी थीं।

जब बापू की सारी वसीयत लेकर लोग चलने लगे तो धूल से भरी हुई धरती के धड़कते हुए दिल से बापू बोल उठे—"और यह धूल-धूसरित जनता? इसे कौन सँभालेगा?" सरकार ने बिना मुँह फेरे जवाब दिया—"हमीं सब कुछ लें। हमने तो इतना लिया ही। अब कुछ दूसरे बेटे भी सँभालें।"

देखता हूँ तो आज वह वसीयत—सजीव वसीयत—धूल झाड़कर खड़ी हो गई है और कह रही है कि अब अपने को हमीं सँभालेंगे।

मुनिहिं हरियरइ सूझ

'रिप वान विंकिल' की जब आँख खुली तो उसने अनुभव किया कि जैसे उसका पुनर्जन्म हुआ है। पुनर्जन्म का दिन और दिनों से ज्यादा सुन्दर होता है, गोया उस दिन अच्छी गहरी नींद के बाद आँख खुली हो! सूरज की पहली किरण के गुदगुदे स्पर्श ने उसकी नसों में बिजली भर दी। वह उछलकर अपने पैरों पर खड़ा हो गया। उसे लगा कि हवा-पानी, रोशनी, आकाश कुछ बदला बदला-सा है। धूल झाड़ी, बन्दूक उठाई, कन्धे पर रखी और उस पहाड़ी से झरने की तरह लुढ़कता-पुढ़कता नीचे उतरा। उसका कुत्ता भी उसके साथ था। दूर तक उसने नजर दौड़ाई, लेकिन गाँव-गिराँव कुछ भी न दिखाई पड़ा। उसे चिन्ता हुई कि आखिर उसके गाँव की क्या हालत होगी। तीन दिन तीन रात चलता रहा। अन्त में एक गाँव के पास पहुँचा। गाँव के बाहर बूढ़े पीपल के पेड़ को देखकर उसे ऐसा लगा कि वही उसका गाँव है। कोई एक पहर दिन चढ़ आया था। वह भीतर घुसा और उसे दिखा कि सारी सृष्टि बदल गई है। सभी जन आधे आदमी हैं, आधे और कुछ—'कोउ मुखहीन विपुल मुख काहू' तथा 'बिनु पद कर कोउ बिनु पद बाहू'! उसे अपनी बीवी और बेटे की चिन्ता हो गई। वह अपने घर के सामने गया। दूसरी ओर से एक जन्तु आता दिखा। पहले वह कुछ ठिठका, ठमका, फिर जैसे पहचानकर बोला—"अरे रिप, यह तो वही रिप है! तू कहाँ भाई!" स्वर वही था, मुँह केवल घोड़े का था। रिप ने सिर को बहुत कुरेदा, लेकिन कुछ न याद आया। पूर्वजन्म का सब कुछ भूल चुका था। उसने मशीन की तरह बोल दिया—"हाँ भाई कहो, तुम कौन?"

"भाई, इस बखत तो मुझे चिम्पिनचिम् कहो, लेकिन मैं हूँ पुराना जॉन। क्या तुम्हें यह सब देखकर अचरज होता है? क्यों न हो! आठ बरस से तो तुम गायब हो। यहाँ एक दिन ऐसा धड़ाका हुआ कि जादू की तरह सारी सृष्टि बदल गई। उसके थोड़े ही दिन बाद राज-बदल भी हो गया है।"

रिप को और अचम्भा हुआ। उसने चिल्लाकर पूछा—"तो तुम लोग अब आज़ाद हो?"

चिम्पिनचिम् बोला—"और क्या? देखो न—साँस लेते हैं, बात करते हैं। हमारे गाँव का वह जो झंडा ढोनेवाला था कि नहीं, अब वह राजधानी में ही रहता है।"

"लेकिन, हमारी बीवी और बेटा कहाँ है?" रिप ने निराश होकर पूछा।

उसके साथी ने आँख पोंछते हुए कहा—"भैया, भाभी का तो सेक्स बदल गया। वे पुरुष होकर इस समय कहीं राजधानी में होगी और तुम्हारा वह लाड़ला श्रवणपुर की मिल में हड़ताल करने के कारण गोली से मार दिया गया।"

रिप का हृदय बैठने लगा, परन्तु उसने सहसा उत्तेजित होकर पूछा—"कौन-कौन सरकार में हैं?"

"यही चरखाजी राष्ट्रपति हैं, सूतजी प्रधानमंत्री तथा उनके साथ तकली, प्योनी कई हैं।"

जब घर का मोह ही नहीं रहा तो घुमक्कड़ रिप कैसे रुकता! चल पड़ा राजधानी की ओर। राजधानी उसके गाँव के करीब ही थी। नौ दिन नौ रात चलकर जब वह उस नगर में पहुँचा तो सन्ध्या गहरा रही थी। उस दिन बड़ी धूमधाम दिखाई पड़ रही थी। वह इधर-उधर भटक ही रहा था कि उसका वह ग्रामवासी किन्नर रूप में मिल गया। आँख तो चुरानी चाही उसने पर रिप ने रोक लिया—"भाई नमस्ते, इस अनजान जगह में यह रात बिताने की कोई जगह बता देते तो बड़ा अच्छा होता।"

"रात!" उसने चौंककर कहा—"अन्धे हो क्या? यह दिन है या रात? यहाँ आज तीन साल से दिन ही दिन है। रात हुई ही नहीं।"

रिप को याद आया कि उसने कहीं पढ़ा था-'मास दिवस का दिवस भा मरम न जाना कोइ।' लेकिन यह 3 वर्ष का दिन, किमाश्चर्यमतः परम्! रिप ने पूछा—"आखिर यह किस खुशी में रवि का रथ रुक गया है?"

"तुम इतना भी नहीं जानते? अब हम स्वतंत्र हैं। स्वतंत्र हुए, तीन साल हो गए। मंकड़ राज उठ गया। उसी खुशियाली में हमारे नेताओं ने कहा है कि आज से अब दिन ही दिन रहेगा।" उसका उत्तर मिला।

रिप ने पूछा—"आखिर, रात को भी दिन ही कहने की आज्ञा हुई है या आप लोगों को सब कुछ वैसा दिखाई ही पड़ता है!" इस बार रिप ने उस किन्नर की आँख की ओर देखा और साफ दिखाई पड़ा कि उसने हरे-हरे रंग का एक चश्मा लगा रखा है। रिप कुछ आगे देखे, इससे पहले ही किन्नर ने जवाब दिया—

"हमारे नेता झूठ नहीं बोलते। वे सत्य-अहिंसा के पुजारी हैं। दूरदर्शी हैं। वे जो कुछ देखते हैं, सही देखते हैं। अगर वे इस समय दिन देख रहे हैं तो रात हरगिज नहीं हो सकती।"

रिप ने कुछ संकोच के साथ पूछा—"और यह चश्मा? क्या आपको कुछ कम दिखाई..."

बीच ही में बात काटकर किन्नर ने कहा—"खबरदार, ऐसा न कहना। यह हमारे राज्य का राष्ट्रीय चिह्न है। इस दिन के प्रकाश को साधारण आँखें नहीं सह सकतीं।

इसलिए सरकार ने सबको एक-एक चश्मा लगाने की आज्ञा दी है, जिसके उत्पादन का सारा अधिकार देश के एक सुप्रसिद्ध दानवीर सेठ को दे दिया गया है। उनके सिवा इस चश्मे को बनवाने की योग्यता किसी और में है ही नहीं। किसी तरह वे सात समुन्दर पार से मशीनें मँगाकर इसे तैयार करते हैं। इस चश्मे को किसी समय उतारने का हुक्म नहीं है, क्योंकि ऐसा करने पर अन्धा हो जाने की आशंका है। और क्या बताऊँ भाई, सपना भी इसके द्वारा बहुत सुन्दर दिखाई पड़ता है।''

रिप ने देखा कि चश्मे की तारीफ करते समय उस किन्नर को एक की जगह सौ मुँह हो गए और रोम-रोम में जीभ लग गई। रिप को कुछ और अधिक उत्सुकता हुई। उसने कहा—''भाई, तुम्हारा समय अगर बहुत बरबाद न हो रहा हो तो कृपा कर यह भी बताते जाओ कि तुम्हारी खोपड़ी पर औंधी-औंधी यह किश्तीनुमा उजली-उजली-सी कौन चीज है।''

''यह अहिंसा का शिरस्त्राण है। इसे धारण करना खेल नहीं है। इतने बड़े देश में केवल कुछ ही सिर हैं, जिनमें इसे धारण करने की शक्ति है। सबको अधिकार भी नहीं है। केवल राजघराने के लोग इस मुकुट को सिर पर रख सकते हैं। हमारे नेता इसे काँटों का ताज कहते हैं। चाहे जो हो भाई, लेकिन यह है बड़े काम की! जब कभी आफत-बिपत की बाढ़ आ जाती है तो जरूरते नागहानी इसी किश्ती की बदौलत हम लोग पार हो जाते हैं। यों इसका पतवार केवल हमारे नेता के हाथ में है। हम लोग तो केवल डाँड़ चलाते हैं। काम पड़ने पर झंडा निकालकर पॉकेट में रख लेते हैं और डंडे से डाँड़ का काम लेते हैं। इसे कागज की नाव न समझो। इसे बापू ने जादू की अँगुलियों से छूकर बनाया है। और सुनो, यह केवल औंधी खोपड़ी पर ही चौचक बैठती है।''

किन्नर भाई ने लम्बा भाषण दे डाला। मैंने समझा शायद वे इतना बोलते-बोलते थक गए होंगे, इसलिए सहानुभूति प्रकट करते हुए कहा—''आपको बोलने में कष्ट हुआ होगा, इसके लिए मुझे हार्दिक खेद है।'' बीच में ही बात लोककर वे कह उठे—

''ऐसी क्या बात है? यह तो कुछ भी नहीं है। आजकल बोलने का ही तो काम रह गया है। हमारे नेता ने कह दिया है कि कथनी हमारे जिम्मे और करनी मशीनों अथवा मशीन के सगे मजूरों के जिम्मे! हमारे नेता सूत्र रूप में महज पाँच-छः हजार शब्दों का एक वक्तव्य रोज कहीं न कहीं दे जाते हैं और हम लोगों के सिर आ पड़ता है उसका वृहद् भाष्य। बात यह है कि एक पिछड़े मुल्क में बहुत थोड़े लोगों की समझ ऐसी है जो उन बातों को पकड़ सके। इसलिए गली-कूचों में लोगों को पकड़कर सुना डालना हमारा ही पवित्र काम है।''

रिप ने देखा कि किन्नर भाई ने उसी को सभा मान लिया। उकताकर उसने पूछा—''आखिर आप कहाँ जा रहे थे?''

घबड़ाकर किन्नर बोला—"ओह, यह तो मैं भूल ही गया था। देखिए न, देश की परिस्थितियाँ समझाने में उत्सव समारोह का ध्यान ही भूल जाता है। बड़ी मुश्किल है। मरने की फुरसत नहीं है। जिए जा रहे हैं! तो क्या आप भी चलिएगा? चलिए न, आज हमारे खाद्य मंत्री महोदय महामहिम राष्ट्रपति तथा माननीय प्रधानमंत्री जी को लेकर राजघाट पर वृक्षारोपण करने आ रहे हैं। हमारे यहाँ आजकल वन महोत्सव का विराट पर्व मनाया जा रहा है।"

'वन महोत्सव' जैसे सुन्दर नाम पर तो रिप रीझ उठा। उसने कहा—"जरूर-जरूर, मैं वहाँ जरूर चलूँगा।"

रिप किन्नर के साथ चल पड़ा। देखा तो शहर में लाउड स्पीकर पर उस उत्सव का प्रचार हो रहा था, जैसे पिछली बार चुनाव की तैयारी हो रही थी। जबर्दस्ती दुकानें बन्द करवाई जा रही थीं। पुलिस डंडे से लोगों को समारोह स्थल की ओर हाँक रही थी।

लोग घरों में घुस रहे थे, लेकिन जिस तरह बिल में पानी डालकर चींटों को बाहर निकाला जाता है उसी तरह उन्हें बाहर निकाला जा रहा था। रिप ने किन्नर से पूछा—

"भाई, यह क्या बात है? लोग समारोह से भाग क्यों रहे हैं?"

किन्नर बोला—"भाग नहीं रहे हैं, घर में सजने-धजने के लिए जाना चाहते हैं और पुलिस को जरा जल्दी है। हम लोग भी बेकार शृंगार साज के पक्ष में नहीं हैं।" उसने तो मेरी ओर देखा कि मुझे विश्वास नहीं हो रहा है। हँसकर कहा—"भाई, कुनैन से तो रोगी भागता ही है। परन्तु यह तो डॉक्टर का काम है कि उसे पकड़कर सूई दे!"

धीरे-धीरे दोनों घटनास्थल पर पहुँचे। रिप ने देखा कि वहाँ पहुँचते ही किन्नर उसका साथ छोड़कर मंच की ओर दौड़ा। रिप ने समझा, शायद उधर कोई दुर्घटना हो गई है, लेकिन एक दूसरे गण से पूछने पर पता चला कि वह बेकार उस किन्नर के चक्कर में पड़ा। वह तो ऐसे अवसरों की ताक में रहता है और मौका मिलने पर मंच का एक कोना छेंक बैठता है ताकि जब फोटो लिया जाए तो उसका भी चित्र आ जाए; फिर जब वह चित्र छपता है, तो वह अखबार लेकर अपने दोस्तों-मित्रों में घूमता रहता है और इन शब्दों के साथ वह चित्र दिखा डालता है—"उस दिन राष्ट्रपति का फोटो बड़ा ग्रैंड आया है! देखा है तुमने? न देखा हो तो देखो।" और दर्शक का उत्तर मिलने से पूर्व ही उसकी आँखों के सामने वह चित्र रख देता है जिसमें एक कोने उकड़ूँ बैठा स्वयं वह भी खीसें निपोर रहा है!

लेकिन रिप ने थोड़ी ही देर बाद देखा कि वही किन्नर वापस लौटा आ रहा है। कुछ खिसियाए और सफाई देने के स्वर में आते ही वह कहने लगा—"तुम घबड़ा

तो नहीं गए थे ? थोड़ा-सा काम था मंत्री जी से। इशारे से उन्होंने बुलाया और मैं चला गया।'' रिप ने देखा कि मंच पर उस समय पूरी चौकसी थी। कोई गैर नहीं घुसने पाता था। इसी बीच एक कार आती दिखाई पड़ी। 'हॉर्न' सुनते ही रिप के मित्र किन्नर की आँखें उस ओर खिंच गईं।

''रुको, अभी आया!'' कहते हुए वह उसी ओर बढ़ गया और गाड़ी के खड़े होते न होते स्वयं दरवाजे के पास खड़ा हो गया। गाड़ी का दरवाजा खोलकर दस्ती से आगन्तुक के जूते पोंछता हुआ वह ऐसे चलने लगा जैसे दुम हिलाता श्वान। बगल के गण ने बताया कि वही खाद्य मंत्री हैं। देखा, तो उनका मुख कहीं और था और उसका मित्र किन्नर कुछ कहे जा रहा है!

मंत्री महोदय जब मंच पर चले गए तो वह किन्नर मित्र फिर लौटा। आते ही बोला-''ठीक से पहचान लो। यही हैं हमारे खाद्य मंत्री। विराट साहित्यकार हैं। यों तो हमारे देश के सभी मंत्री साहित्यकार हैं। केवल दो-एक को छोड़कर। परन्तु ये विशिष्ट हैं। यही बात है कि हमारे यहाँ राजनीति में भी ऐसे-ऐसे साहित्यिक समारोहों का आयोजन हुआ करता है। इसलिए हम लोग धरती पर नहीं चलते बल्कि बिना हवाई जहाज के ही आकाश में उड़ते हैं।''

रिप ने देखा सभी मंत्रियों की आँखों पर चश्मा लगा है लेकिन खाद्य मंत्री की आँखों पर विशेष प्रकार का हरा चश्मा लगा है। रिप ने पूछा—''यही जगह वृक्षारोपण के लिए क्यों चुनी गई ? क्या यह कोई विशेष जगह है ?''

''अवश्य, यह राष्ट्रपिता की समाधि है। यहाँ जो पेड़ या पौधा लगाया जाता है, वैसे ही करोड़ों पौधे देश भर में अपने आप उग जाते हैं। यही इसका माहात्म्य है। यह राष्ट्रपिता का प्रताप है।''

थोड़ी देर बाद रिप ने देखा कि 'तुलसी' का एक पेड़ (?) लगाया गया—जितना बड़ा पेड़ था उसका कई गुना बड़ा भाषण हुआ। भाषण में वेद, उपनिषद, वाल्मीकि, कालिदास आदि अनेक कवियों का हवाला देकर 'वन महोत्सव' की महिमा गाई गई और वनों के वैज्ञानिक उपयोग के विषय में सबसे बड़ी बात जो कही गई है, वह यह है कि इनकी वजह से घनघोर वर्षा होती है। अन्त में खाद्य मंत्री ने कहा कि एक पेड़ लगाने से एक दर्जन पुत्रोत्पत्ति का पुण्य होगा। बाँझों की बाछें खिल गईं! समारोह समाप्त हुआ। रिप सोच रहा था कि आखिर सारे देश में जब तुलसी ही तुलसी छा जाएगी तो क्या होगा ? उसने अपने किन्नर मित्र से जिज्ञासा की तो सुनने को यह भाषण मिला—''यह धार्मिक देश है। यहाँ लोग अनाज नहीं धर्म फाँकते हैं। सरकार ने इधर प्राणायाम के लिए काफी पोस्टर बनवाकर प्रचारित किए हैं। लोग प्राय: हवा पीते हैं। लेकिन तुलसी हो जाने पर जरूरते नागहानी चरना चाहें तो चर भी सकते हैं। जानवर तो लोग हो ही रहे हैं। चाहे तो तुलसी की माला जपें।

लेकिन इस देश में लोगों की शिकायत है कि मरते समय मुख में सोना, तुलसी देने का इन्तजाम नहीं हो पाता। सोने के लिए तो एक देश से लिखा-पढ़ी हो रही है लेकिन तुलसी तो अपने हाथ की चीज है। उसी शिकायत को दूर करने के लिए यह हुआ है।''

रिप चला आ रहा था कि रास्ते में अखबार बेचने वाले मिले जो गर्दभ मर्दन स्वर में चिल्ला रहे थे—''वन महोत्सव का ताजा भाषण...बिहार में अकाल की आशंका...।''

किन्नर मित्र ने कहा—''अकाल की ओर ध्यान मत दो। झूठ है। भाई, क्या किया जाए? बरसों पहले 'अधिक अन्न उपजाओ' आन्दोलन शुरू किया गया था। खुद हमारे महामहिम गवर्नर जनरल ने हलवाहा बनकर हल जोता। प्रधानमंत्री ने तो अपनी हथेली पर कोई मन भर कुछ सेर सरसों भी उगा दी थी। लेकिन लोग इतने काहिल हो गए हैं कि काम ही करना नहीं चाहते।''

किन्नर मित्र बोल ही रहे थे कि पास से दो नंगे लोगों का गुट यह कहता निकल गया—''अब तो पीठ ही बची है, चाहे तो इसे भी ये सब नाप लें और उस पर थाला मारकर पेड़ लगा दें। पेट तो रहा नहीं, वह तो कभी का काट चुके हैं।''

असहिष्णु स्वर में किन्नर ने रिप से कहा—''इनकी बातों पर ध्यान न देना। कुछ देशद्रोही तो हर एक देश में होते हैं।''

किन्नर ने रिप को घर पहुँचाकर कहा कि निश्चिन्त होकर सोओ। आज इस पुण्य पर्व पर एक मंत्री महोदय का विवाह है। मुझे उसमें जाना है।

दूसरे दिन सुबह जब रिप की आँख खुली तो उसने छत से देखा—जादू का असर हो गया है। जहाँ देखो वहीं कुकुरमुत्ता है। कुकुरमुत्ता दिखाई पड़ रहा है। सब जगह कुकुरमुत्ता का जंगल लगा है। उधर तमाम पेड़ों ने अपनी हरियाली के कपड़े उतार कर कदमों पर रख दिए हैं। लोगबाग उसमें पशुओं की तरह घूम रहे हैं और चर रहे हैं। दूसरी ओर कैमरावालों की भीड़ लगी है। ऊँची-ऊँची मीनारों पर चढ़कर मंत्री लोग झाँक रहे हैं : खिल-खिल की आवाज भी आ रही है।

रिप ने अपनी बगल में निश्चिन्त सोते हुए किन्नर से पूछा—''यह एक दिन में क्या माजरा हो गया?''

किन्नर ने पलक झपकाते हुए कहा—''वाह, यह सपना है या सत्य? इतनी बढ़िया हरियाली!''

रिप ने धरती से आँखें उठाकर अपने मित्र की आँखों में देखा। गाढ़े हरे चश्मे को पार करके तो कुछ भी देखना कठिन था लेकिन उसके मुँह से निकल पड़ा—

क्या-क्या जलवे हैं छिपे हुए
सरकार तुम्हारी आँखों में?

सूचना : (प्रसिद्ध अमेरिकन लेखक वाशिंगटन इरविंग की 'रिप वान विंकिल' नामक पुस्तक के प्रकाशित होने के बाद मालूम हुआ कि उसके कुछेक परिच्छेद खो गए हैं। अभी हाल ही यह परिच्छेद खोज में मिला है। पाठकों के मनोरंजन के लिए हिन्दी में पहली बार उसे प्रकाशित किया जा रहा है।)

पुनश्च : इधर हल्ला मचा है कि इन जंगलों की वजह से तमाम 'लकड़बग्घे' ही 'लकड़बग्घे' चारों ओर घूम रहे हैं, इसलिए जंगल कटवा देना चाहिए। दूसरी खबर यह है कि ये जंगल अब दिल्ली की ओर मार्च कर रहे हैं। आसन हिल उठा है। हरियाली तो हुई लेकिन अब वह भूखी हो उठी है।

अब हम स्वतंत्र हैं

(एक विज्ञापन)

रात ग्यारह बजे की गाड़ी पकड़नी थी लेकिन उसके पहले पाँच घंटा समय ऐसा था जिसे खर्च करना ही था। उपाय नहीं सूझ रहा था। स्कूल के दिनों में हमारे अध्यापकों ने इस विषय पर तो निबन्ध लिखने के लिए कई बार दिया कि यदि तुम्हें दस हजार रुपया दे दिया जाए तो कैसे खर्च करोगे लेकिन इस तरह का कभी कोई निबन्ध नहीं दिया कि दस घंटा समय दे दिया जाए तो कैसे खर्च करोगे। दोनों ही हालतों में अध्यापक के पॉकेट का कुछ नहीं जाता था। रुपए की संख्या उनकी जीभ से जाती परन्तु समय तो हमारी अपनी उम्र से जाता!

कहते हैं, विद्यार्थी जीवन की कमजोरी आगे भी बनी रहती है। रुपया खर्च करने का तो बहुत कुछ शऊर आ गया, केवल रुपया ही नहीं आया जबकि समय खर्च करने का शऊर नहीं आया और समय की जगह पर एक-दो घंटा अथवा दो-चार दिन नहीं बल्कि दर्जनों वर्ष आ गए! यद्यपि रुपए का खर्च करना देखकर किसी की बुद्धि का पता लगाया जा सकता है और व्यर्थ खर्च देखकर उसके चरित्र का भी, परन्तु समय चाहे जैसे खर्च किया जाए, हर हालत में आदमी के चरित्र को बतलाता है। अपने को खर्च करना कितना कठिन है यह इसी से समझिए कि उस रात मैंने अकेलेपन के कारण घबड़ाकर सिनेमा देखने का निश्चय किया। रजत-पट पर ज्योंही आँखें गईं सबसे पहले जो चीज सामने आई वह थी एक घोषणा या सूचना—

'अब हम स्वतंत्र हैं!'

मैंने गिनकर देखा कि यह सन् 1947 ई. नहीं बल्कि सन् 1950 ई. है और तारीख भी 15 अगस्त न होकर 15 अक्टूबर है! तीन वर्ष बीत जाने पर भी इसकी घोषणा—गोया इसके बताए बिना हम भारतीयों का पराधीन मन स्वाधीनता का स्वाद ही नहीं ले पाएगा! जो हो, बार-बार यह याद दिलाने के लिए मैंने सरकार बहादुर को धन्यवाद दिया और आगे कुछ और देखने के लिए उत्सुक हो उठा। इसके बाद

दनादन 'ओटो दिलबहार', 'पॉल्सन मक्खन', '501 साबुन', 'हमाम' वगैरह-वगैरह की भरमार लग गई।

अब मैंने समझा कि ये विज्ञापन चल रहे हैं और सबसे बड़ा विज्ञापन सबसे पहले दिया गया। लेकिन इतनी सुन्दर चेतावनी को 'ओटो दिलबहार' और 'पॉल्सन मक्खन', 'दालदा वनस्पति' के साथ देखने का जी न चाहा। खैर, मूल 'तस्वीर' दीर्घ प्रतीक्षा के बाद शुरू हुई और खत्म भी हुई। उसमें कोई ऐसी बात न थी जो बताऊँ। बताने पर आप कहेंगे कि उस 'पिक्चर' का प्रचारक हूँ। आप तो जानते ही हैं कि इन तस्वीरों में याद छोड़ जानेवाली चीजें नहीं हुआ करतीं, होती हैं केवल अपने को भूल जानेवाली।

देखा कि 'पिक्चर' खतम होने के बाद भी वही मंत्र 'अब हम स्वतंत्र हैं!' एक बार फिर रजत-पट पर आया। आँख में जैसे किरकिरी पड़ गई! विदेशी देखेंगे तो क्या कहेंगे कि अभी भारत में ऐसे भी लोग हैं, जिन्हें तीन साल के बाद भी यह बताना पड़ता है कि अब वे स्वतंत्र हैं! सच तो यह है कि स्वतंत्रता का सुख हम इतना लूट रहे हैं कि स्वयं उसका नाम ही बिसार बैठे हैं। सुनकर उस सुख में खलल पड़ता है। और मेरे भी सुख में खलल पड़ा। मन उचटा ही रहा।

अभी डेढ़ घंटा समय और था और उसे स्टेशन की भीड़ में काटना था। चलते चलाते कुछ पत्र-पत्रिकाएँ ले लीं ताकि उनसे उलझकर वक्त काटा जा सके। स्टेशन पर पहुँचा। 'जम्हाई-सी स्फीत लम्बी रात' रह-रहकर मुँह बा उठती थी और मैं उसमें बैठा हुआ कभी बन्द होता, कभी खुलता! अवसाद-बोझिल दिमाग। हल्की-फुल्की दुबली-पतली पत्रिकाएँ भी उस पर भारी पड़ती थीं। अचानक आँख इन पंक्तियों पर पड़ी—

'इसे न पढ़िए नहीं तो...'

अधलेटी दशा से मैं उठ बैठा। आखिर कौन-सी बात है जिसे पढ़ने से रोकने के लिए इतनी मोटी हिदायत है? आगे देखता हूँ तो बहुत ही पतले टाइप में लिखा है—'लाभ होगा!' फिर इसके बाद एक सिद्ध महात्मा का चमत्कार वर्णित है। चमत्कार की सिद्धि की कहानी भी कम रोचक नहीं। अन्त में क्या देखता हूँ कि 'एक शीशी 2½/-, तीन शीशी 6/- और एक दर्जन शीशियों के दाम केवल 20/- डाक खर्च अलग।'

इतनी कठिनाई से प्राप्त सिद्धि को महात्मा जी लोक कल्याण के लिए इतने सस्ते दामों पर बेच रहे हैं! अहो परोपकार! परोपकाराय सतां विभूतयः! मेरे मन में उनके प्रति अगाध श्रद्धा उमड़ पड़ती है, क्योंकि अब हम स्वतंत्र हैं और साधु-महात्माओं का महत्त्व रागझने लायक तो अभी हुए हैं। काश, अखबारवाले इस सिद्धि के लिए एक अलग से विशेषांक ही निकाल देते तो कितना अच्छा होता! क्या बताऊँ

'ऐहिक (सेक्युलर) राज' होने से यही तो हानि हुई। ऐसी बड़ी-बड़ी विभूतियाँ उपेक्षित हो रही हैं। क्या जरूरत है कि सरकार बड़े-बड़े मेडिकल कॉलेज खोले। बस इन्हीं सजीव मेडिकल कॉलेजों को एक-एक विश्वविद्यालय में चुपचाप बैठाकर उनकी विधिवत् पूजा करे। कम खर्च बालानशीन! बिना हथियार के ही ये लोगों के पेट का ऑपरेशन कर देंगे! युवकों का वीर्य तो केवल देखकर बढ़ा देंगे!

इनकी प्रशंसा तो और भी करता, लेकिन उसके लिए अब अलग से एक प्रशस्ति ग्रन्थ ही लिखना चाहता हूँ। अभी सम्भव है, इस पत्रिका में ऐसी ही विभूतियाँ और भी हों।

आगे देखता हूँ तो 'विधवा जीवन हाय तुम्हारी यही कहानी' शीर्षक है। ऐसा मालूम हो रहा है कि गुप्त जी की करुणा पर किसी ने आलोचनात्मक लेख लिखा है। लेकिन यह तो लेख नहीं, कहानी है। हाँ, कहानी ही तो है। लेकिन 'मैं' शैली में लिखी हुई आत्मकहानी।

इसमें बताया गया है कि किस प्रकार देवीजी अल्प वय में ही विधवा हुईं और किस तरह उन्हें कुछ गुह्य बीमारियाँ हुईं : यौवन की भूल के कारण; अन्त में किस प्रकार परम पुरुष की साधना से उन्हें स्वास्थ्य लाभ हुआ। इतनी कहानी लिख जाने के बाद देवीजी का अपनी प्यारी बहनों से निवेदन है कि वे निःसंकोच अपनी गुह्य बीमारियों का विवरण लिखकर उनके पास भेजें। देवीजी उन्हें मुफ्त में दवा भेजेंगी क्योंकि उनका जीवन वैसी ही अभागी बहनों के लिए है। हाँ, उन्होंने कुछ अन्य बहनों की सेवा-शुश्रूषा के लिए एक 'दातव्य कोष' खोल रखा है जिसके लिए कुछ न कुछ चन्दा स्वरूप ले लिया करती हैं। दान की बछिया के दाँत नहीं देखते फिर भी वे कम से कम दो दाँत की बछिया जरूर चाहती हैं। अर्थात् चाँदी के दो सिक्के वाली बहनें!

पत्र व्यवहार का पता : महिला दातव्य औषधालय, देव प्रयाग।

यह तो अद्‌भुत कहानी मैं देख रहा हूँ! लेखिका का नाम नदारद। क्या स्वयं दवा की शीशी ने ही तो नहीं लिखा है? शैली बड़ी अच्छी है। सच्चाई है। सम्पादकजी ने ही कुछ ऐसे ढंग से दे दिया है कि विज्ञापन जैसी लग रही है। 'क्या साहित्य प्रॉपेगैंडा है?' लेख लिखनेवाले कुछ प्रगतिशील बन्धु इस तरह इसके उपयोग से कहीं वंचित न रह जाएँ!

अच्छा वे थे ऋषि-महात्मा, ये हैं देवी माता! इन्हीं के बल पर तो भारत की स्वतंत्रता स्थिर रह सकेगी। अगर ये इसी तरह लिखती रहीं तो 'आधुनिक हिन्दी कहानी साहित्य' के इतिहास लेखक इन्हें अवश्य स्थान देंगे। हिन्दी कहानी लेखकों में एक ही तो वैद्य हैं, आचार्य चतुरसेन शास्त्री। महिला वैद्या कहानी लेखिका की कमी थी। देवीजी ने पूरी कर दी। नहीं तो कहानी का एक महत्त्वपूर्ण विषय छूट ही जाता।

लेकिन देवीजी क्षमा करें, अभी शायद कुछ और भाइ-बहन इस पत्रिका में हों शायद। हम इनसे परिचय प्राप्त कर शीघ्र ही उनका दर्शन करने आएँगे। विश्वास मानें।

लेकिन लेखों और कहानियों के बीच-बीच में यह चौकोर ताबीज की तरह क्या लिखा है? कोई 'जन्तर' है या 'कवच' है अथवा इन लेखों और कहानियों का परिचयात्मक सारांश? जैसे—

'स्त्री की कमर टूट जाती है।'

'गर्भ न ठहरेगा!'

जरूर साहब, बड़ी बुरी बात है कि स्त्री की कमर टूट जाती है परन्तु 'बम्बई में मजदूर हड़ताल' वाले लेख का यह सारांश कैसे हो सकता है? कौन जाने सम्पादकजी ने इस लेख का सारांश लिखने के लिए 'विज्ञापन विभाग' के ऊपर छोड़ दिया हो?

लेकिन 'गर्भ न ठहरेगा!' कैसे और क्यों? क्या खाद्यान्न की समस्या वाले लेख का यह 'कवच' है? बधाई है मैनेजर को इतना सुन्दर कवच बनाने के लिए।

इसके बाद ही 'निश्चिन्त सुन्दरी सोती है'! इतना निश्चिन्त कैसे सो पाती है? क्या वह एकदम अकेली है इसलिए, अथवा उसे किसी की याद वगैरह नहीं आती? नहीं भाई, आप भी किस कल्पना-लोक में उड़ने लगे? देखते नहीं, उसके घर के दरवाजे पर बड़ा भारी 'थंडर ताला' लटक रहा है! अच्छा, ऐसी बात है! इसीलिए 'उपवन-सर-सरित गहन गिरि कानन-कुंज लता पुंजों को पार कर' जब पवन-सा प्रियतम दरवाजे पर किसी तरह आ भी जाता है तो ऐसी 'जूही की कली' को झकझोरकर जगाने के लिए भीतर नहीं घुस पाता। अब उसे कैसा डर! वह सुबह आठ बजे तक नहीं, दोपहर बारह बजे तक निश्चिन्त सोती रहे। बाहर थंडर ताला की करामात!

लेकिन यही नहीं, इसके विषय में प्रसिद्ध मुगल सम्राट शाहजहाँ ने भी अपनी प्रियतमा मुमताज बेगम से जिक्र करते हुए कहा था कि मैं ताज के लिए एक थंडर ताला भी बनवाऊँगा। बेचारा मर गया और उसको पूरा किया आज के इस महान कारीगर ने! पता नहीं ताज वाले कैसे हैं जो इसे उसमें नहीं लगाते ताकि सभी ताज-प्रेमी भी देखा-देखी वैसा ही करें!

इतना ही नहीं, कभी-कभी यह 'थंडर ताला' इतनी साहित्यिक रुचि वाला साबित होता है कि राष्ट्र भाषा के द्वार पर भी अपने आप लटक जाता है और विदेशी शब्दों का बहिष्कार करने के लिए अड़कर खड़ा होता है। चाहे जो हो वह बिना जीभ और मुँह के भी गरजता है, ऐसा गर्जन—

'जिस स्वर वर्षा ने भर दिए पत्रिका पेपर!' निराला जी को भी अपना 'बादल राग' गुनकर सहमते हुए कहना पड़ा कि हाँ!

'थंडर ताले' की गरज से आपकी नींद हराम न हो इसलिए आपको दे रहा हूँ एक पुस्तक—'बिलकुल एकान्त में पढ़ने योग्य'। यों अपने साथ किसी को रख लेने की इच्छा हो जाए पढ़ते समय तो उसके लिए बेचारा सम्पादक क्या करे! पर है बिलकुल एकान्त में पढ़ने योग्य, सचित्र भी है।

मुझे भय है कि कहीं आप 'फिल्म इंडिया' न कह उठें, लेकिन आप तो मेरी सारी आशाओं के विपरीत कह रहे हैं 'असली कोकशास्त्र'—गोया 'सचित्र' और 'कोकशास्त्र' सब साथ ही पैदा हुए हों। खैर, मैं आपकी समझ की दाद देता हूँ। आप कद्रदाँ हैं। शायद आप उसका पता नोट करना चाहें, इसलिए मैं सीधे न बताकर यही सूचित कर रहा हूँ कि इस महान ग्रन्थ की सूचना काशी के दिवंगत महान प्रगतिशील साप्ताहिक पत्र 'समाज' में सबसे पहले दी गई है। कितना उपकार करता है यह पत्र! आपको सुन्दर-सुन्दर लेख तो देता ही है, विशेष अध्ययन के लिए कुछ ऐसी ही अमूल्य पुस्तकों की भी सूची प्रकाशित करता है। आप इसे जरूर पढ़ें। पर अफसोस कि बेचारा बन्द हो गया!

पुस्तक का ही नाम आ गया तो लीजिए यह खुला है 'भारत के इतिहास का एक अध्याय।' जिसके एक पृष्ठ पर अंकित है अशोक स्तभ का शीर्ष अर्थात् हमारा राजचिह्न और दूसरे पर है 'लक्ष्मी विलास तेल'! अवश्य ही यह तेल भारतीय इतिहास का एक अध्याय है। परन्तु पढ़ने के लिए नहीं, लगाने के लिए!

और 'तेल' का नाम आ गया तो देखिए वहीं 'कोटोजम'। क्या जादूगरी है कि भैंस के पेट में मशीन चल रही है और बिनौला को पीसकर वह भैंस के थन से सेरों दूध बहा देती है! वह तो मुझे बहुत बाद को दिखाई पड़ा। पहले तो ऐसा लगा कि मशीन ही के पेट में भैंस है। मालूम होता है पहली बार का देखा ही ठीक है क्योंकि भैंस के पेट में मशीन किस ओर से गई होगी और उस पेट में खली-भूसे से जगह ही कहाँ बचती है जो उसमें मशीन भी अँट सके। लेकिन मशीन का पेट अनन्त है 'हरि अनन्त हरि कथा अनन्ता' की तरह।

और मशीन से क्या बनता है, इसे देखना हो तो पढ़िए बनारस का यह भूगोल—
शीर्षक है 'बनारस में कौन चीज कहाँ मिलती है?'

अच्छा गाइड है यह कागज! खरीदकर अपने पास रखिए। खबर पढ़िए अलग, बाजार कीजिए अलग। लेकिन इसे आप विज्ञापन न समझें। मुझे बीच-बीच में 'ऑल इंडिया रेडियो' की तरह अपने नाम की अथवा गोस्वामी तुलसीदास की तरह अपने राम के सत्स्वरूप की घोषणा करनी पड़ती है। इसके लिए क्षमा करें।

और यह जो चाय की प्याली पर अथवा मोटर के नए मॉडल पर या साइकिल के नए नमूने पर हर जगह लड़की ही दिखाई दे रही है, उससे यह न समझ लें कि वह पुरुष के लिए नहीं है। है, लेकिन आपकी आँखों को सुख देने के लिए ही उस

कम्पनी में बहुत-सी लड़कियाँ खरीदकर रख दी गई हैं और आप जब उस साइकिल या मोटर को खरीदेंगे तो आपके पास वह मुफ्त भेज दी जाएगी। घबड़ाइए मत। उसमें आपका कोई खर्च नहीं। वह खाती-पीती कुछ नहीं। आपसे लड़ेगी भी नहीं, कुछ माँगेगी भी नहीं, केवल आपकी ओर देखेगी, आप जो कहेंगे उसे बिलकुल चुपचाप सुन लेगी, आप जैसे चाहेंगे वैसे ही रहेगी।

सुन्दरियों का ही उपयोग यहाँ नहीं होता। बड़े-बड़े लोग भी पकड़ मँगाए जाते हैं ताकि आपको इतमीनान हो जाए। दाढ़ी न बनानेवाले रवि बाबू से 'ब्लेड' की तारीफ करवाई जाती है और 'दालदा' न प्रयोग करनेवाले बापू से आशीर्वाद लिया जाता है। अब आप इतने पर भी न मानें तो वे क्या करें!

अब एक और नया गुल खिला। इस समाचार-पत्र में एक शीर्षक है—

'जीवन के समाचार'

गोया उसमें और समाचार या तो मरण के हैं या जीवन से दूर किसी इतर जगत् के हैं! खैर समाचार यह है—

"मोटर दुर्घटना में बालक घायल। आग में मकान भस्म। 13 मरे 41 घायल। जहाज डूब गया—केवल 5 शव मिले।"

अरे, यह 'जीवन' का समाचार है या 'मरण' का! लेकिन घबड़ा क्यों गए आप? जीवन का समाचार तो इसके बाद है : अच्छी चीजें शुरू में नहीं होतीं!

"निष्कर्ष—दुर्भाग्य सदा अकस्मात् आता है।"

"उपदेश—जीवन इतना अनिश्चित है कि आप किसी का कभी भी निश्चय (?) नहीं कर सकते। जल के प्रचंड तूफानों के बीच से अग्रसर होनेवाली अपनी जीवन-नैया के लिए 'जय भारत' का सहयोग लेकर स्वयं परिवार सहित सुरक्षित रूप से सुख-समृद्धि के तट पहुँच जाइए।"

जरूर, जरूर! लेकिन यह बैंक नहीं है, बेड़ा है और आप केवल इसी का भरोसा कीजिए और किसी का नहीं, अपना भी नहीं! यह अनोखी नौका आपको बिना खेवा परिवार सहित वैतरणी पार करा देगी! यही सब पढ़ते-पढ़ते मैं इतना थक चला था कि आँख दुखने लगी। मैं आँख मलकर सोने का उपक्रम ही कर रहा था कि अखबार के एक और पृष्ठ पर नजर पड़ गई। लिखा था—

"इसकी चेष्टा करें : नेत्र परीक्षण"

+ 0 □

"उन्हें अदृश्य होते देखिए।"

"क्या आपको मालूम है कि हर इक में अन्धेपन की सीमा है। अपनी बाईं आँख बन्द कर लेवें। इस विज्ञापन को अपनी दाहिनी आँख से करीब एक फुट पर रखें तथा

धन रेखा पर दृष्टि रखते हुए इसे धीरे-धीरे आगे की तरफ ले आवें। वर्ग आँखों से ओझल हो जाएगा। पुन: तब यह प्रकट होगा एवं बिन्दु अदृश्य होने लगेगा जैसे वे आपके अन्धेपन की सीमा तक पहुँच जाएँगे!"

मैंने सोचा यह तो बड़ी अच्छी चीज है और नेत्र परीक्षण करने के लिए अखबार को ध्यान से उठाया तो उसी पैराग्राफ के नीचे लिखा था—

"इसकी भी चेष्टा करें—"

"एक कैप्स्टन को सुलगाइए तथा इन सुन्दर सिगरेटों की मन-मोहक सुगन्धि का पूर्ण रूप से अनुभव कीजिए...।"

अब मेरी आँख खुल गई। 'नेत्र परीक्षण' हो गया। सोचा, जरा इसे ध्यान से तो पढ़ूँ। शायद कोई और अर्थ प्राप्त हो। इतने वाक्यों ने सहसा दूसरा ही अर्थ ध्वनित कर दिया—

1. हर एक में अन्धेपन की सीमा है।
2. इस विज्ञापन को अपनी दाहिनी आँख से करीब एक फुट पर रखिए।
3. धन रेखा पर दृष्टि रखते हुए...
4. वर्ग आँखों से ओझल हो जाएगा।
5. तब यह फिर प्रकट होगा...
6. वे आपके अन्धेपन की सीमा तक पहुँचते जाएँगे।

मैंने सोचा, जरूर अगर हम अन्धे न होते तो इसे क्यों पढ़ते और पढ़कर उसी के अनुसार आचरण कैसे करते! क्या सफाई से विज्ञापन पर 'दक्षिण दृष्टि' रखने को कहा गया—वामदृष्टि नहीं। और वह भी बिलकुल करीब लाने के लिए नहीं कहा गया है क्योंकि तब तो वह दिखाई ही नहीं पड़ेगा! इसके बाद हमें 'धन' को इस तरह देखने के लिए कहा गया है कि वह हमारी आँखों से ओझल हो जाएगा। इस तरह उनका कहना है कि 'वर्ग भाव' मिट जाएगा। प्रगट कुछ दिन बाद होगा उन्हीं का वर्ग और जब तक हमारा अन्धापन रहेगा तब तक वह भी बढ़ता रहेगा...। यह है सिगरेट के छल्ले की लिखावट...!

क्या दर्शन है? अब इच्छा नहीं है कि आगे पढ़ूँ क्योंकि अब तो 'नेत्र परीक्षण' हो गया। और अब घूमकर मन चला जाता है सिनेमा के उस पहले विज्ञापन पर।

अब हम स्वतंत्र हैं!

और नहीं तो क्या—हमारे अन्धेपन की कोई सीमा है?

पाठक इस लेख को भी स्वतंत्रता का विज्ञापन ही समझें!

कौन बड़ा है

कल जब मैं पुस्तकालय गया तो बड़ी चहल-पहल दिखाई पड़ी। बहुत-सी पुस्तकें अपनी-अपनी अलमारियों से निकलकर जोर-जोर से बातें कर रही थीं। जो असमर्थ थीं अथवा किसी कारण से भीतर ही रह गई थीं वे भी चुप न बैठी थीं। पाठक सभी दर्शक की तरह देख रहे थे और पुस्तकें धूल-धक्कड़, झींगुर वगैरह से निपटकर श्रृंगार कर रही थीं। किसी की हिम्मत न थी जो उनसे कुछ पूछता। मैं साहस करके पुस्तकाध्यक्ष महोदय से पूछ बैठा। उन्होंने अत्यन्त सनसनीदार सूचना दी। बोले—"अभी हाल ही में जब 'साहित्य सम्मेलन' में मंगला प्रसाद पारितोषिक समिति की बैठक हुई तो एक योग्य सदस्य ने नया प्रस्ताव रखा कि इस वर्ष का पुरस्कार समूचे हिन्दी साहित्य के सबसे बड़े साहित्यकार को दिया जाए। एक दूसरे सदस्य ने आपत्ति उठाई कि नियम के अनुसार तो यह केवल जीवित साहित्यकारों को ही दिया जा सकता है। प्रस्तावक महोदय ने कहा कि क्या साहित्यकार भी कभी मरता है, वह तो अमर होता है। बात वाजिब थी। व्याख्या नई थी। अपनी बात को पुष्ट करने के लिए प्रस्तावक महोदय ने कहा कि साहित्यकार तो शारीरिक रूप से मरने के बाद ही जीवित होता है। प्रमाणस्वरूप उन्होंने अपना ही उदाहरण दिया और कहा कि इस समय साहित्य में कोई उन्हें जीवित नहीं समझ रहा है। आगे उनका तर्क था कि नियम तो रूढ़ियों से ही बनते हैं। यदि हम लोग साहित्यकारों को अमर मानकर तुलसी, सूर, कबीर आदि को भी पुरस्कार देने की परम्परा चला देते हैं तो मरने के बाद स्वयं भी पुरस्कार पाएँगे। इसके अतिरिक्त, यदि कोई यह आपत्ति करता है कि क्या उन महाकवियों ने अपनी रचनाएँ पुरस्कार के लिए भेजी थीं तो निःसंकोच 'हाँ' कहा जा सकता है, क्योंकि सम्मेलन पुस्तकालय में उन लोगों की पुस्तकें प्रकाशित रूप में ही नहीं पांडुलिपि रूप में भी पड़ी हैं। जिन पुस्तकों की पांडुलिपि न हो उनकी तैयार भी कराई जा सकती है।"

प्रस्ताव इतना तर्कसम्मत था कि सर्वसम्मति से स्वीकृत हुआ, यद्यपि सम्मेलन के इतिहास में सर्वसम्मति से स्वीकृत होनेवाला यह पहला प्रस्ताव था!

अब समस्या थी कि यह कैसे देखा जाएगा कि कौन साहित्यकार सबसे बड़ा है? इस बार भी प्रस्तावक महोदय ही बोले कि इन सभी साहित्यकारों को पूरी तैयारी

के साथ सम्मेलन भवन में बुला लिया जाए और एक-एक कर सबकी ऊँचाई नाप ली जाए क्योंकि उनकी पुस्तकों को पढ़कर निर्णय करने में तो सालों लग जाएँगे।

सभी सदस्य मारे खुशी के उछल पड़े। इस पर एक सदस्य ने कहा, "इतनी बुद्धिमत्ता से भरे प्रस्ताव पर स्वयं आप ही मंगला प्रसाद पारितोषिक के अधिकारी हो जाते हैं। अस्तु मैं प्रस्ताव करता हूँ कि अगले वर्ष का पुरस्कार आप ही को क्यों न दिया जाए?"

इस पर प्रस्तावक महोदय ने चट कहा—"आपकी इस गुण ग्राहकता और खरी सूझ को देखकर मैं प्रस्ताव करता हूँ कि मेरे बाद वाले वर्ष का पारितोषिक आप ही को दिया जाए। यही नहीं, इतने महत्त्वपूर्ण प्रस्ताव जिस उपसमिति में स्वीकृत हो रहे हैं उसके प्रत्येक सदस्य को एक-एक कर आगामी वर्षों में पुरस्कृत कर देना चाहिए। यह तय नहीं कि आगे आनेवाले सदस्य इस बात से सहमत ही हों, अस्तु, इस तरह का एक उपनियम बनाकर विधान में जोड़ दिया जाए।" 'अहो रूपं अहो ध्वनिं' से भवन गूँज उठा।

लोग इतने प्रसन्न हुए कि प्रस्तावक महोदय को दुबारा पारितोषिक देने का प्रस्ताव आते-आते बचा। अन्त में उस 'टुर्नामेंट' के लिए तिथि निश्चित करके बैठक ने विराम लिया।

इतना कह चुकने के बाद पुस्तकाध्यक्ष महोदय ने कहा कि आज उसी सूचना का प्रभाव है जो पुस्तकें 'साहित्य सम्मेलन भवन प्रयाग' में जाने की तैयारी कर रही हैं। विद्यापति से प्रेमचन्द और प्रसाद तक के साहित्यकारों की होड़ है, अतएव इन सभी साहित्यकारों की पुस्तकें भी तमाशा देखने जा रही हैं क्योंकि इस विजय का प्रभाव उनके भावी जीवन पर पड़ सकता है। यों, इन पुस्तकों में बहस वगैरह तो अभी से शुरू हो गई है।

इतना सुना तो स्वयं भी घटनास्थल पर पहुँचने का लोभ संवरण न कर सका। स्टेशन की ओर झपटा हुआ जा रहा था कि 'हिन्दी पुस्तक एजेंसी' पर बड़ी भीड़ देखी—पूछने पर मालूम हुआ कि शायद भेस बदलकर साहित्यकार लोग ही अपनी पुस्तकें खरीदने आए हैं। परन्तु कुछ सन्त और भक्त कवि वहाँ नहीं दिखाई पड़े। दुकानदार ने कहा कि वे अपरिग्रही महात्मा लोग पैसा कहाँ से पाएँ, अत: किसी पुस्तकालय की शरण गए होंगे। इच्छा तो हुई कि लपककर 'कारमाइकेल' पुस्तकालय में देख लूँ परन्तु गाड़ी का समय हो गया था।

काशी से प्रयाग जानेवाली यह आखिरी गाड़ी थी, इसलिए सबसे अधिक भीड़ इसी में थी। गाड़ी में आदमियों से ज्यादा पुस्तकें ही थीं और स्टेशन मास्टर का कहना था कि यदि यही मालूम होता तो यात्री गाड़ी की जगह मालगाड़ी का ही प्रबन्ध किया गया होता।

रास्ते भर गाड़ी में पुस्तकों ने क्या-क्या कांड किए, इसका बयान न करना ही अच्छा है। रीतिकालीन पुस्तकें तो रात भर जागकर अन्त्याक्षरी करती गईं; आधुनिक युग की किताबों ने कवि सम्मेलन का आयोजन कर लिया था। हाँ, बीच-बीच में यदि चुप दिखाई दे रही थीं तो भक्ति-युग की पोथियाँ। यह अकांड कांड देखकर मानस, बीजक और सूरसागर वगैरह आँख मूँदकर रात भर माला जपते रहे अथवा ध्यानमग्न थे। यह अवश्य था कि रीतिकालीन पुस्तकें इन ध्यानलीन ग्रन्थों पर कभी-कभी व्यंग्यात्मक समस्या पूर्तियाँ भी कर देती थीं। परन्तु उसका कोई उत्तर नहीं दिया गया। यात्रा सकुशल समाप्त हुई।

उतरकर नियत समय से कुछ पहले ही सम्मेलन भवन पहुँचा। पहुँचते ही देखा कि प्रकाशक लोग पहले ही से डटे हैं क्योंकि यह उनके हानि-लाभ का ही नहीं, जीवन-मरण का प्रश्न था। थोड़ी देर बाद समालोचकों का दल भी आ धमका। इनमें से कुछ लोगों ने कहा कि हम लोग दर्शकों के स्थान पर न जाकर सीधे अखाड़े में ही दाखिल हो जाएँ। परन्तु आचार्य शुक्ल जैसे गम्भीर समालोचकों ने चुपचाप दर्शक मंडली में ही स्थान लिया। देखा-देखी कुछ और लोग भी बैठ गए परन्तु मिश्रबन्धु, पद्म सिंह शर्मा, लाला भगवान दीन जैसे अखाड़िया दिग्गज विद्वान अखाड़े में ही बैठे। सभी लोग तो अब तक आ गए थे, परन्तु जिनमें होड़ थी, अर्थात् जिन साहित्यकारों के भाग्य का निर्णय होनेवाला था, उनमें से किसी का पता न था। निर्णायक मंडल भी बैठ गया। फीता लेकर नापनेवाले महानुभाव बेचैन-से नजर आ रहे थे। सबकी निगाहें सड़क पर लगी थीं; कुछ लोग आसमान की ओर देख रहे थे। नियत समय निकट आ रहा था परन्तु प्रतिद्वन्द्वी साहित्यकारों में से कोई नहीं पहुँचा। कानाफूसी होने लगी। कोई कहता था—सूचना नहीं पहुँची होगी। कोई कहता—सवारी न मिली होगी। कोई कहता—गाड़ी लेट हो गई। परन्तु कुछ लोगों का यह भी कहना था कि शायद अपना अपमान समझकर वे लोग न आए हों। मेरी बगल में कोई एकाक्ष पुरुष बैठे थे। उन्होंने कहा—"क्या देखते हैं? सभी साहित्यकार भेस बदलकर बैठे हैं। घंटा बजते ही असली रूप में दाखिल हो जाएँगे।"

मुझे विश्वास नहीं हुआ। ठीक समय पर घंटा बजा। अन्तिम झनक मौन भी न हो पाई कि शर्माजी ने अपने पॉकेट से बिहारी को निकालकर रख दिया। देखना था कि मिश्रबन्धुओं ने 'देव' को अपने झोले से निकालकर खड़ा कर दिया। निर्णायक मंडल देख रहा था कि केवल दो ही पहलवान मैदान में आए और बाकी किसी का पता नहीं। निर्णायकों को चुप देखकर शर्माजी तथा मिश्रबन्धु एक साथ बोल उठे—"जब समय हो गया है तो काम शुरू होना चाहिए। कोई आए चाहे नहीं।"

निर्णायक मंडल मुँह छिपाने लगा। अन्त में दृढ़ होकर सभापति ने कहा—"भक्त-प्रवर सूर, सन्त कबीर और महात्मा तुलसीदास आदि प्राचीन तथा भारतेन्दु,

प्रेमचन्द, प्रसाद आदि अनेक नवीन महान साहित्यकारों में कोई नहीं आया है। अस्तु, कार्यवाही उनके आने पर ही शुरू होगी क्योंकि यह हिन्दी के सम्मान का प्रश्न है।"

सभापति महोदय शायद कुछ और कहनेवाले थे, परन्तु बीच ही में किसी ने टोककर कहा—"क्या प्रसादजी को भी यहाँ बुलाया गया है? उन्हें तो एक बार मंगला प्रसाद पारितोषिक मिल चुका है।"

शर्माजी वगैरह ने कहा—"यह प्रतियोगिता तो केवल प्राचीनों की ही है। नवीनों को इसमें नहीं बुलाना चाहिए था!"

और लोगों ने भी कुछ न कुछ कहा परन्तु उस कौवारोर में कुछ सुनाई न पड़ा। यह देखकर आचार्य द्विवेदी और आचार्य शुक्ल उठकर जाने लगे। प्रबन्धकों ने दौड़कर उन्हें बिठाने का अनुरोध किया। द्विवेदीजी तो नहीं माने, चले गए, परन्तु शुक्लजी शीलवश रुक गए। जब अधिक समय हो गया तो शर्माजी वगैरह ने फिर आपत्तियाँ उठाईं। इस बार प्रकाशकों के दल में कुछ सुगबुगाहट शुरू हुई और देखते-देखते गीता प्रेस ने गोस्वामी तुलसीदास को, ब्रजमंडल ने श्री सूरदास को तथा इसी प्रकार सरस्वती बुक डिपो ने प्रेमचन्द और ना.प्र. सभा ने भारतेन्दु को अपने-अपने पॉकेट से निकालकर रख दिया। शेष सभी लोगों को एक साथ भारती भंडार ने उपस्थित कर दिया। किताब महल ने भी 'एक अध्ययन' सीरीज की पुस्तकों का टाल लगा दिया।

अब सरगर्मी आ गई। इसी तरह सभी लोगों ने अपने-अपने प्रतिद्वन्द्वियों को मैदान में एक कतार में खड़ा कर दिया। दर्शक देख रहे थे कि अनेक महाकवि छोटे पड़ रहे थे। निर्णायक मंडल ने आज्ञा दी—'जो चाहे अपने साहित्यकार को ऊँचा दिखाने के लिए पाँच मिनट तक अनेक सहायक-साधनों का उपयोग कर सकता है।'

आलोचकों और प्रकाशकों ने काम शुरू कर दिया। तुलसी को ऊँची एड़ी की खड़ाऊँ पहनाई गई तो कबीर के सिर पर लम्बी टोपी रखी गई, बिहारी को पगड़ी बाँधी गई तो देव को भी उचकने के लिए सिखाया गया। गरज कि सबको असली कद से कुछ न कुछ ऊँचा दिखाया गया। अब संरक्षकों को अलग कर दिया गया, ज्यों ही नाप शुरू होनेवाली थी कि एक प्रकाशक ने पूछा—"क्या इन महाकवियों को ऊँचा सिद्ध करने के लिए उनकी लिखी पुस्तकों तथा उनसे सम्बद्ध आलोचना ग्रन्थों का उपयोग नहीं किया जा सकता?"

देव के समर्थकों ने सबसे पहले हल्ला मचाया—"जरूर-जरूर।"

निर्णायक मंडल ने विवश होकर यह भी सुविधा दे दी। देखते-देखते मिनट भर के भीतर न जाने कितने 'रिसर्च स्कॉलर' तैयार किए गए और उन्हें अग्रिम 'डॉक्टरेट' भी दे दी गई। इस तरह बहुत से महाकवियों के पैरों तले तो केवल सादे पन्नों का ही सजिल्द पुलिन्दा रखा गया, यह कहकर कि यह अप्रकाशित 'थीसिस' है। किसी की हिम्मत न थी जो उसका विरोध करता!

कुछ लोगों को इस पर भी सन्तोष न हुआ। अतः एक समीक्षक महोदय ने, जो सबसे लम्बे थे, प्रस्ताव किया कि क्या अपने-अपने प्रतियोगियों को ऊँचा दिखाने के लिए हम लोग अपने कन्धों का सहारा नहीं दे सकते?''

पहले कुछ विरोध हुआ परन्तु अन्त में डंके की चोट पर निर्णायक मंडल ने यह निवेदन भी स्वीकार कर लिया। इस सुविधा के मिलते ही चारों ओर तहलका मच गया। पता न चला कि कौन दर्शक है और कौन प्रतियोगी! फलतः दर्शक कोई न रहा। पहले पुस्तकें रखी गईं, उन पर खड़े हुए प्रकाशक, प्रकाशकों के ऊपर आलोचक और आलोचकों के ऊपर रखा गया स्वयं कवि को। परन्तु यह निर्णय इतना जल्दी नहीं हुआ। एक कवि के अनेक आलोचकों में इसके लिए भी बहुत हुज्जत हुई कि किसके ऊपर कौन रहेगा। कबीर-सूर-तुलसी के बारे में यह झगड़ा बहुत जोर पकड़ गया। अन्त में यह रास्ता निकाला गया कि ऊपर-नीचे रखने में तिथि क्रम का आश्रय लिया जाए।

बाज-बाज आलोचक एक ही साथ अनेक कवियों के आलोचक थे। अतः प्रकाशकों ने उन्हें बाध्य किया कि वे उन सभी कवियों को अपने ऊपर लादें। ऐसे आलोचकों का कचूमर निकल गया। 'एक अध्ययन' वाले नवीन आलोचक श्री भटनागर को सबसे अधिक भार वहन करना पड़ा।

इसी बीच कुछ कवियों को फिर भी छोटा पड़ता देखकर स्वयं निर्णायकों में कानाफूसी होने लगी। धीरे-धीरे यह कानाफूसी बहस की ऊँचाई तक पहुँच गई। प्रतियोगियों ने यह दशा देखकर निर्णायकों को भी अपनी-अपनी ओर खींचना शुरू किया। खींचतान इतनी हुई कि निर्णायकों में से किसी के दो और किसी के तीन या चार-चार टुकड़े हो गए। उस नापनेवाले आदमी के तो सैकड़ों टुकड़े हो गए। फिर भी लोगों ने सबको अपने-अपने स्तम्भों के नीचे रखा।

इस तरह जब पूरा स्तम्भ तैयार हो गया तो कोई देखनेवाला न रहा कि आखिर सबसे बड़ा कौन है, क्योंकि उन्हें आपस में लड़ते देखकर शुक्लजी वगैरह पहले ही चले गए। अब हर एक स्तम्भ अपने प्रतियोगी को बड़ा कहने लगा। नौबत हाथापाई की आ गई। लोगों ने अपने-अपने शीर्षस्थ कवियों से पूछा कि बोलो कौन बड़ा है? परन्तु बार-बार पूछने पर भी कोई आवाज न आई। चिढ़कर स्तम्भ में खड़े आलोचकों ने कहा कि अगर नहीं बोलते तो तुम्हीं नीचे आओ और हम स्वयं ऊपर जाकर बताएँगे कि कौन बड़ा है!

कहते-कहते स्तम्भ के आलोचकों ने कवियों को पटक-पटककर स्वयं ही उन पर चढ़ना शुरू कर दिया। अब प्रश्न यह नहीं रहा कि कौन कवि बड़ा है, प्रश्न यह हो गया कि कौन आलोचक बड़ा है। अब कोई आलोचक किसी को कन्धा देने के लिए तैयार ही न हो, यहाँ तक कि नए-नए डॉक्टरों ने भी अपने गुरुओं को शीश पर

रखने से इनकार कर दिया। फिर क्या था जबर्दस्ती होने लगी। कोई उछलकर किसी के सिर चढ़ जाता और कोई किसी के सिर। अन्त में फैसला न होते देख सभी लोग पारितोषिक के रुपए की ओर दौड़े परन्तु वहाँ पहुँचकर देखा गया कि उसे तो लेकर पहले ही कोई भाग गया था।

आलोचक समुदाय अवाक् खड़ा-खड़ा देख रहा था कि माया मिली न राम! उधर हमारे कवि धूल में तड़प रहे थे। परन्तु उनकी फिकर किसको? धरती रौंदी जाकर काफी धँस गई थी। चारों ओर गर्द छा गई थी। उत्सुकतावश जनता की अपार भीड़ उमड़ी चली आ रही थी। कवियों की यह दशा देखकर उसने अपने हृदय की बाँहें बढ़ाकर महाकवियों को उठाना शुरू किया। सबकी जबान पर केवल यही वाक्य था—"तुम हमारे कवि हो, यही क्या कम है! कौन बड़ा है—हमें इससे मतलब नहीं।"

आलोचक समुदाय भौचक खड़ा देख रहा था। एक ने कहा—"यही तो हम भी कहते थे।"

उसके बाद क्या हुआ, यह तो नहीं मालूम परन्तु अब जब कोई आलोचक किसी कवि पर कलम उठाता है तो सुनते हैं, यह कवि दहल जाता है और आवाज आती है—"हमें अनालोचित ही रहने दो।"

जब मैंने सम्मेलन का यह कांड अपने एक प्रगतिशील समालोचक मित्र को सुनाया तो वे बोले—"अवश्य ही यह भारी गलती है। यही तो प्रतिगामियों का स्वभाव है। कवियों की जाँच ऊँचाई के अनुसार नहीं बल्कि 'चाल' के अनुसार होनी चाहिए। अर्थात् मुख्य प्रश्न यह है कि कौन कवि सबसे तेज चलता है!"

मैंने कहा—"तब तो बड़ी मुश्किल है। चलते ही होड़ में लोग दौड़ने भी लगेंगे।"

वे बोले—"जरूर, जरूर। वह तो होगा ही। होना ही चाहिए। और इसकी जाँच के लिए हम लोग अभी से कवियों को दौड़ाने का अभ्यास करा रहे हैं।"

मैंने पूछा—"परन्तु कहीं ऐसा न हो कि कवि लोग इतना आगे दौड़ जाएँ कि उनके साथ चलनेवाला आलोचक पिछड़ जाए और निर्णय ही न हो पाए।"

वे बोले—"ऐसा कैसे सम्भव है? साथ-साथ चलनेवाला आलोचक यान से रहेगा। फिर मंजिले मकसूद पर यह सब देखने के लिए मार्क्स दादा तो खड़े ही हैं!"

बहुत दिनों बाद सुना कि उस दौड़ के अभ्यास में मेरे वे प्रगतिशील आलोचक मित्र एक दिन मुँह के बल गिरे फिर भी उत्साह ठंडा नहीं हुआ है। परन्तु तब से कवियों पर मातम छा गया है कि इस बार न जाने क्या होगा और जनता अपनी फसल की ओर देख रही है कि न जाने दौड़ किस जगह होगी!

कागद का राज

डॉ. चन्दोला भी बड़े मजेदार आदमी हैं। पेशा तो है एकदम नीरस लेकिन शायद पेशे की नीरसता ने ही उन्हें इतना अधिक सरस बना दिया है। यहाँ सरस का अर्थ अगर कोई रासायनिक करने लग जाए तो किसी को कोई आपत्ति न होगी, क्योंकि वह डॉक्टर तो हैं ही, साथ ही कभी-कभी बड़ी खोजपूर्ण बातें भी कहते हैं।

उस दिन पुस्तकों की दुकान से एक नई पुस्तक खरीदकर उधर से निकला तो देखते ही उन्होंने बुला भेजा। पुस्तक देखते ही बोले—''कौन-सी चिड़िया खरीदी तुमने ?''

मैंने नाम बताया और कहा—''अभी हाल में ही छपी है।'' फिर यों ही कुछ रोब लेने के लिए पूछा—''पढ़ी है क्या ?''

डॉक्टर ने कुछ ऐसा मुँह बनाया गोया कै कर देंगे; बोले—''तुम भी क्या बात करते हो ? क्या अब यही काम रह गया है कि बैठे-बैठे पुस्तकों में सिर खपावें ? रोज तो हजारों किताबें छप रही हैं।''

मैंने उभारा—''डॉक्टर, क्या एक दिन ऐसा भी आ सकता है कि चारों ओर पुस्तकें ही पुस्तकें हो जाएँ और लोग पढ़ना एकदम बन्द कर दें ?''

डॉक्टर की आँखें दूसरे ही क्षण चमक उठीं जैसे कोई भूली बात याद आ गई हो। बोले—''यह कोई नई बात नहीं है। तुमने 'भविष्य पुराण' नहीं पढ़ा है ? उसमें एक जगह साफ लिखा है कि एक जमाना आएगा जब चारों ओर कागद का ही राज होगा।''

डॉक्टर कुछ देर रुके जैसे अपनी बात का पूरा प्रभाव मुझ पर पड़ने देने के लिए। मैंने चौंकर पूछा—''लेकिन पुराणों पर लिखते हुए इतिहासकारों ने इस पर कुछ प्रकाश नहीं डाला है ?''

डॉक्टर ने चट उत्तर दिया—''कैसे लिखते ? यह कथन तो उन्हीं के खिलाफ जाता।''

फिर जैसे कुछ देर अँगुली पर गणना करने के बाद अन्त में कागद-पेंसिल की मदद से डॉक्टर ने बताया कि गणना से यह समय सं. 2569 वि. होता है। हो सकता है पश्चिमी विद्वान इस तिथि को खींचकर और पीछे ले जाएँ परन्तु मेरी समझ से उस राजवंश की यही तिथि हो रही है।''

मैंने पूछा कि आखिर उसका कुछ विस्तृत विवरण भी है या बस ?

"क्यों नहीं।"—डॉक्टर बोले—"दस पृष्ठों में है। पूरा-पूरा याद तो नहीं है लेकिन जो कुछ याद आ रहा है वही सुन लो, बाकी जाकर देख लेना। आखीर में है।"

बयान यों शुरू होता है कि आगे चलकर आदमी ब्रह्मा के सामने अपील करेगा कि भगवन् आदमी बड़ा या वेद ? आदमी की इस धृष्टता से चिढ़कर ब्रह्मा कहेंगे कि वेद तो अपौरुषेय हैं। उनसे अपने को बड़ा कहने का मतलब है परम पुरुष से अपने को बड़ा कहना। आओ मनुष्य, अब तुम्हारा संकट-काल आ गया है इसी से यह कुबुद्धि उपजी है। आज से तुम्हारे ऊपर वेद के भी बेटी-बेटे अर्थात् मामूली पुस्तकें तुम पर शासन करेंगी। आज से मनुष्य का राजा मनुष्य न होगा, पुस्तकें होंगी।

निराश होकर मनुष्य नीचे आएगा और आते ही उसके सामने द्वार पर बन्दूक लिये हुए एक पुस्तक पहरा देती दिखाई पड़ेगी। आदमी पहले कुछ चौंकेगा परन्तु बन्दूक के कुन्दे से उसे भीतर झोंककर कहेगी कि "चुपचाप रहो। आज से तुम महाराज महाग्रन्थ बहादुर की प्रजा हो। हम उनके सिपाही हैं। आज से तुमको इन कानूनों के भीतर रहना होगा। हमारी पीठ पर पढ़ लो।"

बेचारा आदमी देखेगा कि सुबह सोकर उठने से लेकर बिलकुल सोने तक उसके लिए कानून की धाराएँ लिखी हुई हैं।

आदमी स्वेच्छा से कुछ भी न कर सकेगा। फिर उन नियमों में परिवर्तन अथवा संशोधन करना तो दूर उनके विषय में कुछ पूछना भी गुनाह समझा जाएगा।

इस तरह कुछ दिन बीतेंगे। अनेक आदमी मरेंगे। यह देखकर एक दिन सारी प्रजा के बीच यह अध्यादेश आएगा कि केन्द्रीय संसद की बैठक होने जा रही है। अतएव सभी लोग वहाँ दर्शन के रूप में उपस्थित होकर अपना विधान तथा संविधान समझ लें।

लोग जाएँगे—जाना ही पड़ेगा। इसमें अपवाद की तो गुंजाइश नहीं। चूँकि मृत्यु वगैरह के कारण आदमियों की संख्या काफी घट गई रहेगी, इसलिए सभी लोग संसद भवन में अँट जाएँगे। उस दिन लोगों को पहली बार यह देखने को मिलेगा कि अध्यक्ष के स्थान पर बहुत बड़ा पोथा बैठा है और अगल-बगल तथा नीचे सदस्यों की कुर्सियों पर पद के अनुसार क्रमशः छोटे आकार की पुस्तकें विराजमान होंगी। आदमी केवल दर्शक होगा। इनका चुनाव न होगा बल्कि इनको समय-समय पर महाराज महाग्रन्थ बहादुर मनोनीत करेंगे।

कार्यवाही इस प्रकार प्रारम्भ होगी। एक बिजली का पंखा प्रत्येक नूतन ग्रन्थ के पास पहले जाएगा। पन्ने की तरह उसके ओठ फड़फड़ाने लगेंगे। अक्षरों से स्वर अपने आप निकलने लगेंगे। सभी पुस्तकें बीच-बीच में या तो सिर हिलाएँगी या कुर्सियों पर पड़ी-पड़ी ऊँघेंगी। जिसको उसका प्रतिवाद करना होगा वह बिना पंखे के ही अपनी कुर्सी पर उछलने लगेगी। यह देखकर पंखा उसके पास चला जाएगा। फिर तो वह पुस्तक उछल-कूदकर अपनी राय प्रकट करेगी। बीच-बीच में महाग्रन्थ बहादुर रोकेंगे भी।

अन्त में सम्पूर्ण कार्यवाही समाप्त होने पर बिजली का हाथ महाग्रन्थ बहादुर की आज्ञा से मुख्य-मुख्य कानून बतलाने के लिए कुछ पुस्तकों के कान ऐंठकर रख देगा और आदमी उसी को याद कर डालेगा। इस राज में सभी काम कागद पर ही बनेंगे। सड़कें, पुल, मकान, बाँध सभी कागद पर ही बनेंगे। यही उत्तम है।

इस पुस्तक राज में जेल भी होंगी परन्तु उनकी दीवारें ईंट-पत्थर की न होंगी बल्कि किताब के पन्नों की होंगी। आदमी को उसमें बन्द कर केवल यही सजा दी जाएगी कि वह अपनी दीवारों को पढ़े। इसके बाद उसे मानसिक यंत्रणा देने के लिए उसके ऊपर कुरुचिपूर्ण तथा अश्लील पुस्तकें लाद दी जाएँगी और आज्ञा होगी कि वह इन सबको पढ़े। यह जानने के लिए कि उसने वे निर्देशित पुस्तकें पढ़ीं या नहीं, उन पुस्तकों पर महीने-महीने इम्तहान होगा और उस इम्तहान में फेल होने पर उसकी सजा दूनी होती जाएगी चक्रवृद्धि ब्याज की दर से।

यों तो यह कागद राज बिलकुल ही धर्मनिरपेक्ष होगा, लेकिन आदमी के लिए धर्म सम्बन्धी भी कुछ कानून बनाए जाएँग जैसे—सबसे पहले धर्माध्यक्ष आदमी या कोई अवतार न होगा बल्कि पुस्तकें होंगी और प्रत्येक सम्प्रदाय के व्यक्तियों का यह कर्तव्य होगा कि वे ईश्वर या किसी अन्य सत्ता की पूजा न करके उन्हीं मनोनीत पुस्तकों की पूजा करें। इस पूजा में सबसे बड़ी शर्त यह होगी कि पुस्तकों के भीतर क्या लिखा है, इसे जानने का प्रयत्न निषिद्ध होगा। बस चुपचाप उन्हें पूजना होगा।

इसके बाद कुछ और नियम होंगे विद्यालयों और पुस्तकालयों के लिए। विद्यालयों में पुस्तकें याद न कराई जाएँगी और न तो उनका अर्थ ही बताया जाएगा। बस किसी तरह उन सब पुस्तकों को विद्यार्थी के सिर में छेद करके भीतर दिमाग में ठेल देना होगा। पुस्तकों को जो अध्यापक विद्यार्थी के सिर में जितनी ही कुशलता से बिना एक बूँद खून बहाए नाक, मुँह, कान या आँख के सहारे पहुँचा देगा, वह अध्यापक उतना ही कुशल समझा जाएगा। ऐसी हालत में परीक्षा की प्रणाली कुछ और होगी। परीक्षा की निश्चित तिथि पर सभी विद्यार्थी तौले जाएँगे। एक तो विद्यालय में भर्ती के दिन विद्यार्थी का वजन होगा और दूसरा वजन अन्तिम परीक्षा के दिन। इस तरह मालूम हो जाएगा कि किसके भीतर कितनी पुस्तकें भरी हैं। जिसके भीतर जितना ही अधिक पुस्तकों का वजन होगा, वह उतना ही योग्य समझा जाएगा। सुविधा के लिए कभी-कभी केवल सिर का घेरा ही नाप लिया जाएगा।

रही बात प्रमाण-पत्र की। प्रमाण-पत्र भी तौल-तौल कर दिया जाएगा। जिस विद्यार्थी के भीतर जितने वजन की पुस्तक होगी, उतने ही वजन का एक मोटा-सा कागद उसे दिया जाएगा। यह कागद उसके हाथ में न देकर पीठ पर बाँध दिया जाएगा और हर समय विद्यार्थी को उसे ढोना पड़ेगा ताकि लोग साफ-साफ देख सकें कि उसके भीतर कितने मन विद्या है। यह कार्य इंटरव्यू की धाँधली बचाने के लिए

करना पड़ा है। जो विद्यार्थी एक क्षण के लिए भी उस प्रमाण-पत्र को अलग करेगा उसे अयोग्य ठहरा दिया जाएगा।

अध्यापकों की योग्यता भी इसी तरह नापी जाएगी, परन्तु प्रत्येक विद्यालय का प्रधान एक ग्रन्थ होगा, कोई आदमी नहीं। अध्यापकों का यह काम रहेगा कि वे पहले की पुस्तकों की सहायता से नई पुस्तकें तैयार करें। वह अध्यापक सबसे योग्य समझा जाएगा जो अधिक से अधिक पुस्तकों में से एक विषय सम्बन्धी पृष्ठ निकालकर एक जगह बटोर देगा और फिर उन सबको सीकर एक नई पोथी तैयार कर देगा। यही कार्य वैज्ञानिक तथा शोधपूर्ण समझा जाएगा।

पुस्तकालयों की व्यवस्था कुछ और होगी। विद्यार्थी और अध्यापक पुस्तकालय में तो जरूर जाएँगे परन्तु वे पुस्तकों को पढ़ने न पाएँगे बल्कि इन लोगों को टेबुल पर रखकर पुस्तकें ही पढ़ने का कार्य करेंगी। इस तरह की पढ़ाई—गहन पढ़ाई—का असर पुस्तकों के स्वास्थ्य पर बुरा न पड़ेगा। आदमी का खून पुस्तकें की रगों में भरता चला जाएगा। आदमी को झींगुर चाट जाएँगे और पुस्तकें स्फीत होती जाएँगी। सिवा, अगर कोई अध्यापक या छात्र अधिक स्वादिष्ट हुआ तो पुस्तकें जीभ बढ़ाकर स्वयं उसे चाट सकती हैं। इस पर उस आदमी को तनिक भी आपत्ति नहीं हो सकती। विरोध करने पर उसे उन पुस्तकों से नुचवा दिया जाएगा जो पुस्तक वंश में श्वान जाति की हैं।

संविधान में कुछ धाराएँ जनता के भोजन-वस्त्र सम्बन्धी भी हैं। यह तो तय है कि धातुओं का सर्वथा बहिष्कार किया जाएगा; सिक्के केवल कागद के होंगे। भोजन में भी अन्न वगैरह की झंझट से आदमी को मुक्त कर दिया जाएगा। उसे कागद ही खाने को दिया जाएगा क्योंकि वह सहज सुपाच्य होता है। वस्त्र भी रुई के दे सकना सम्भव नहीं; फिर कागद के वस्त्र जितने रंगीन और टिकाऊ होते हैं उतने रुई के क्या होंगे! लोग गुड़ियों की तरह बने-ठने घूमेंगे। हाँ, सबसे बढ़कर आदमी के लिए सुविधा यह होगी कि हर आदमी को चढ़ने के लिए एक-एक कागद का घोड़ा दिया जाएगा, वह तीनों लोक में उड़ान भरेगा। दौड़ने में इतना तेज कि आदमी का भाग्य भी दौड़ में उस कागदी घोड़े से पीछे रह जाएगा।...

सुनते-सुनते मैं घबड़ा गया। मैंने कहा—"डॉक्टर, इस साँसत से आदमी के बचने का कोई उपाय भी उस पुराण में लिखा है?"

"क्यों नहीं," डॉक्टर ने कहा, "इसके बाद ही तो वह प्रकरण आता है जब आदमी घबड़ाकर ब्रह्मा के पास जाता है और उससे शाप के दूर करने का उपाय पूछता है। भविष्य पुराण लिखता है कि इस पर ब्रह्मा ने कहा— 'जब आदमी के हृदय और पेट में आग उठेगी और वह आग इतनी बढ़ जाएगी कि वह छिटक-छिटककर बाहर निकलने लगे तो उसकी आँच से सभी पुस्तकें जल जाएँगी और आदमी अपना राजा स्वयं होगा'।"

आज़ादी का खिताब

मित्र तो कई हैं लेकिन रायसाहब सिंह 'आज़ाद' एक ही हैं। नाम का भी इतिहास है। बाप खुद राय साहब हैं लेकिन नाम से नहीं, खिताब से। शायद सन्तोष के लिए इतना ही काफी न था। बेटे को भी राय साहब बना डाला। अजामिल अपने बेटे का नाम नारायण रखकर भवसागर तर गया तो क्या राय साहब भी अंग्रेजी सागर पार नहीं कर सकते थे! विलायत घूम आए थे और सुपुत्र को भी भेजने के चक्कर में थे मगर कमबख्त लड़ाई ऐसी छिड़ी कि माल आदमी से मजबूत हो गए और आदमियों को धक्का देकर खुद जहाज पर चढ़ जाते थे। गधे भी भेजे गए लेकिन बाप और मुदर्रिस द्वारा दिन में सैकड़ों बार गधा कहे जाने पर भी बालक राय साहब विलायत न जा सके। शायद किसी अंग्रेज ने इसे नहीं सुना। एक पिता की यह देन। दूसरा पिता सरकार।

जब खादी सरकार ने आज़ादी के सवेरे की ललाई देखी तो घोषणा की कि वह खिताबों के खिलाफ है और आज़ाद हिन्दुस्तान में किसी को खिताब न मिलेंगे। चिन्ता तो यह घोषणा सुनते ही हो गई मगर अचानक जब 15 अगस्त को कमबख्त आज़ादी मिल ही गई तो राय साहब सिंह के मित्रों ने जबर्दस्ती उन्हें 'आज़ाद' नाम दिया। खुश तो वे इससे भी न थे लेकिन नाहक सरकार की आँखों में सन्देह की लकीर भी बनाना नहीं चाहते थे। राय साहब सिंह नाम से बचने के लिए उन्होंने कुछ दिन अंग्रेजी में संक्षिप्त हस्ताक्षर भी शुरू कर दिया था मगर उनके दुर्भाग्य से राष्ट्रीय स्वयंसेवक संघ भी आर.एस.एस. का लघु रूप धारण कर आ निकला। निदान वे आज़ाद बनने के लिए बाध्य थे। इस तरह पहली जनवरी को उनका पहला जन्म हुआ और पन्द्रह अगस्त को दूसरा।

एक दिन आते ही बोले—"भाई, तुम लोग मुझे कोई और नाम दो। पिताजी कहते हैं कि यह भी एक खिताब है।"

मेरी जिज्ञासु आँखों को मित्र उत्तर देते हुए बोले—"मुझे विश्वस्त सूत्र से मालूम हुआ है कि आज़ादी भी एक खिताब है और राय साहबी, राय बहादुरी तथा 'नाइटहुड' की तरह हो गई है।"

"आज़ादी और खिताब? क्या कह रहे हो तुम?" मेरे आश्चर्य ने पूछा।

"तुम क्या समझते हो कि मैं कोई नशा खाकर आया हूँ? भारत को आज तक अंग्रेजों ने खिताब को छोड़कर और दिया ही क्या है? फर्क इतना ही है कि आज़ादी का खिताब पहली जनवरी के बजाय पन्द्रह अगस्त को दिया। मगर इस जल्दी का भी इतिहास है। देने तो वाले थे वे पहली ही जनवरी को मगर खादी सेना इतनी उतावली हो उठी थी और मचलने लगी थी कि अंग्रेज बहादुर को अपना इरादा बदलना पड़ा। आखिर विचार कर देखो। उसी तरह गजट हुई। उसी तरह समारोह और उसी तरह भेंट। अंग्रेज बहादुर का वही प्रतिनिधि।"

वे कहते गए—

"लेकिन इस बार अंग्रेज बहादुर बहुत ही उदार हो गए थे। उन्होंने सोचा कि जाते-जाते अपनी सारी प्रजा को खुश कर जाएँ। इसलिए उन्होंने ऐसा खिताब दिया जो सबके साथ जुड़ जाए। दिल्ली में रात के ठीक साढ़े बारह पर अनगिनत पर्चे इस खिताब के लुटाए गए ताकि सभी लोग लूटकर अपने पास रख लें और वक्त-जरूरत इस सनद को पेश करें। लेकिन उस समय कुछ हरकतें ऐसी हुईं कि वे पर्चे बहुत कम लोगों को मिल सके। हवाबाज तो पहले ही से मँड़रा रहे थे। उन्होंने बड़े इतमीनान से काफी पर्चे बीन लिये। जब देखा कि पर्चों के बोझ से जहाज जमीन पर छा जाएँगे तो बाकी को उड़ जाने दिया। सुनते हैं 'भारत एयर वेज' के हवाबाजों ने सबसे अधिक पर्चे लूटे। बाकी पर्चे सरकारी दफ्तर में सुरक्षित हैं।"

जो पर्चे निराधार उड़ते रहे वे बेचारे भी देखते-देखते दिल्ली के आसमान से गायब हो गए। तोपों की सलामी ऐसी हुई कि सबके सब उड़ गए। कई तो जल भी गए। उन्हीं में से कुछ उड़ के जो कलकत्ता, बम्बई, इलाहाबाद, बनारस आदि शहरों के ऊपर दिखाई पड़े तो भोली जनता ने समझा कि ये गुब्बारे हैं। यही तो उन पर्चों की विशेषता थी। आँखों में तो बहुतों की आए मगर हाथ में किसी-किसी के।

सुनते हैं कि उसी समय हमारे पूर्वजों ने भी स्वर्ग से कुछ पर्चे गिराए। सूर ने पद लिखकर उड़ाए तो तुलसी ने चौपाइयाँ। कबीर ने तो सबद का तीर रखकर ही भेजा था। उन्हीं के साथ प्रेमचन्द ने भी अपनी कलम के खून के ताजे अक्षर भेजे थे। मगर उनमें से कोई भी पर्चा धरती पर पहुँचने न पाया। सरकारी खिताब के पर्चों ने उन सबको मार भगाया। फिर भी उनके वजनी और लड़ाकू पर्चे गाज की तरह महलों पर गिरे, ओस की तरह हरे खेतों पर उतरे, जागरण की तरह उनींदी पलकों पर पुलके। तोपों की गड़गड़ाहट उनका कुछ न बिगाड़ सकी।

रात का घना अन्धकार। 'बिजली की उस दिवा रात्रि' में भी पीन अन्धकार था। चारों ओर बिजली ही बिजली दिखाई पड़ती थी मगर आदमी को आदमी दिखाई न पड़ा। इसीलिए उन पुरखों के पर्चों पर लिखे सन्देश पढ़े न जा सके। और वह रात

भी कितनी लम्बी! खत्म होने के लिए आई ही न थी शायद। मगर आज़ादी के खिताब वाले ये पर्चे दिल्ली में ही नहीं बँटे; कराँची में भी बँटे। भला समदरसी अंग्रेज बहादुर जब राय साहब के साथ खाँ साहब और राय बहादुर के साथ खाँ बहादुर के खिताब देते रहे तो आज़ादी का खिताब अकेले हिन्दुओं को कैसे देते? हिन्दुओं और मुसलमानों को एक ही उभयनिष्ठ खिताब देना भी ठीक न था। इसीलिए उसने बाकायदा दोनों को अलग-अलग करके निहायत इतमीनान से खिताब दिए। एक ही ओहदा, एक ही दर्जा, एक ही खिताब और एक ही वक्त! मगर लेनेवाले दो और देनेवाला एक!

तो कराँची में भी कुछ-कुछ ऐसी ही रस्म हुई और बिना किसी विघ्न-बाधा के दोनों जगह समारोह खुशी-खुशी खत्म हुआ। मगर दिल्ली और कराँची दोनों ही जगह के लोग देखना चाहते थे कि दूसरे के पर्चे पर क्या लिखा है। शुबहा होना अचरज की बात न थी—अंग्रेजी की आदत से दोनों वाकिफ! दूसरे का देखना दोनों चाहते थे मगर अपना दिखाना एक भी नहीं। पता नहीं क्या कुछ हो गया कि रात में पर्चों के लिए बात बढ़ गई। घोर अन्धकार था ही। अन्धाधुन्ध हाथ चले। जब सुबह की किरन ने दोनों की आँखों में नूर, नूर में दुनिया का नया नक्शा, नक्शे में नई धरती और धरती पर नया आसमान दिया तो दोनों ने देखा कि अपने ही हाथ पर अपनी तलवार है, अपने ही सीने पर अपना खंजर।

नन्हे-नन्हे बच्चे मगर नए मर्द जो नई दुनिया के लड़के हैं मगर पुरानी दुनिया के बाप, खेलने निकले तो न जाने कहाँ से ढेर के ढेर पर्चे पा गए। उन्हें गुड्डी की तरह उड़ाते हुए अपने-अपने पिता के पास ले आए। खुशी के नग्मे—सदियों पुराने तरानों पर नई पॉलिश—इतिहास के पन्नों की कतरनें—अशोक की लाट, दहाड़ते सिंह, गाड़ी के पहिए, हाथी-घोड़ा... इतना सुनना था कि लड़के कह पड़े—"पालकी! जय कन्हैया लाल की!" बाप की घायल जबान ने कहा—"नहीं, जवाहरलाल की!"

पर्चों से खुशी झड़कर नमक की तरह घावों पर पड़ी। दर्द उठा और ऐसा दर्द कि अशोक का दो हजार बरस की उम्रवाला जवान बेटा मुस्करा उठा। उसी सुबह की किरन में जब कराँची के आकाश में हँसिए की फाँक वाला चाँद मुस्कराया तो न जाने हँसती हुई हरियाली के कितने ही एकड़ कटके रह गए और धरती की छाती पर गहरे निशान बन गए। चुनांचे उसके जिगर का एक टुकड़ा कराँची से हजारों कोस दूर बंगाल की खाड़ी में गिरते-गिरते बचा और हिमालय की छाती से टकराकर रह गया। अल्लाह का बेटा समझ न सका कि उगते सूरज के वक्त यह ईद का नया चाँद कैसे आ टपका!

दूसरी ओर, उसी समय खेतों पर काम करने कुछ किसान कुछ मजूर भी गए। हरे-हरे धानों के ओठों पर सफेद-सफेद पर्चे मगर उन पर खून के छींटे! छींटे भी इस कदर कि वे पढ़े न जा सकें। उन्हें लेकर मजूर अपने मालिकों के पास आए। पर्चे

रोकते रहे, बेजबान होकर भी बोलते रहे, मगर हाय रे स्वामिभक्त मजूर! कबीर, सूर, तुलसी, प्रेमचन्द के घायल शब्दों को तुमने मालिकों को सौंप दिया, उनसे पढ़वाकर सुनने की आशा में!

खून के दग़ीले यही शोले कुछ साहित्यकारों के लिखने की मेजों पर भी मिले मगर उनका पता पाते ही सरकार ने बहुत बारीकी से सबकी तलाशी ले ली और पर्चा समेत उन्हें अपना मेहमान बना लिया। दूसरी ओर भले-भले गीतों के गायक खगों पर खुश होकर पिंजरे से उड़ा दिया—मगर एक झीने तार से घिरे बगीचे में! आकाश में संगीत रच गया। सुना गया कि अब भी कुछ लेखक अपनी नुकीली कलमें चला रहे हैं। बस, फिर क्या था, बाजार में नए ढंग की अमेरिकन निब पाट दी गई। कलम की तेज जीभ बदल गई। दालदा और पॉल्सन से चुपड़ी हुई चिकनी निबों ने अखबारों के आँगन में फिसलन पैदा कर दी। लोग गिरते गए और टेलीप्रिंटर कहकहे उड़ाता रहा। हँसी खादी बनकर चारों ओर छा गई।

लोग एक साल तक इसी खुशी में भूले रहे कि रातोरात पिंजड़ा किस तरह बदल गया अथवा एक बड़े मगर महीन पिंजड़े के भीतर रख दिया गया। खिताबवाला वही दिन फिर आया। इस बार फिर उसी खिताब की नई कॉपियाँ छाप-छापकर बाँटी गईं। मगर सबको नहीं; केवल टोपीवालों को या जिनके शरीर पर घाव का कोई निशान था। सुनते हैं कि कुछ भोले किसानों और मजूरों ने भी अपना दिल खोलकर दिखाया लेकिन सरकार के सबसे बड़े राजनीतिक डॉक्टर ने कहा कि ये घायल नहीं हैं क्योंकि इनके शरीर पर कोई निशान नहीं और हम शरीर के घावों को ज्यादा महत्त्व देते हैं। किसानों ने भी सन्तोष किया कि कौन जाने सन् 42 के घाव शारीरिक ही रहे हों क्योंकि उनके घाव तो सन् 47 के थे!

फिर यह भी हो सकता है कि अंग्रेजी कोड़ों की मार हिन्दुस्तानी कोड़ों से तीखी रही होगी। दोनों का मुकाबला ही क्या? मगर सरकार को तो केवल एक ही का स्वाद मालूम है जबकि बेचारा किसान दोनों को जानता है। डॉक्टर वकील नहीं होता और किसानों को वकीलों ने ही पाला! बड़े डॉक्टर को तर्क क्यों भाता? उसने बाध्य होकर किसानों को गोली दी। बेचारे बेखबर सो रहे।

उधर आज़ादी का खिताब पानेवाली सरकार ने खुद भी खिताब बाँटना शुरू किया। यही विशेषता थी इस खिताब की। बड़ी मुश्किल से उनमें से कुछ का मजमून पढ़ा जा सका। किसी पर नमक, तेल, कपड़ा का लाइसेंस और परमिट की आज़ादी तो किसी पर चोर-बाजारी की आज़ादी। कुछ लोगों को भूखा मारने की आज़ादी तो बहुतों को भूखों मरने की। कुछ लोगों को घूस लेने की आज़ादी तो सबको घूस देने की। कुछ को इस समय मंत्री होने की आज़ादी और कुछ को भविष्य में बनने की। थोड़े से ऐसे लोग भी थे, जिन्हें जेल जाने की भी आज़ादी दी गई मगर कांग्रेसियों

को इस अधिकार से वंचित करके केवल घर रहने की आज़ादी दी गई। इन सबके अन्त में सबसे बड़ी जो आज़ादी दी गई वह गुलाम रहने की—उसी साम्राज्यवाद का, मगर इस बार अकेले ब्रिटेन का ही नहीं बल्कि अमेरिका का भी! जिस दिन इस आज़ादी की घोषणा हुई स्वतंत्र सार्वभौम प्रजातंत्र का तुन्दिल संविधान ठठाकर हँस पड़ा और उसकी धाराओं-उपधाराओं ने नाच-नाचकर तालियाँ बजाईं। तातानगर, कलकत्ता, कानुपर, अहमदाबाद और बम्बई की सैकड़ों मिलें सूँड़ उठाकर चिंघाड़ उठीं। हिमालय की हजारों मील लम्बी उजली मुस्कान धुमैली हो गई और इंग्लैंड में उस दिन सबसे ज्यादा ठंडी हँसी बरसी। अमेरिका ने तो मारे खुशी के महज सात लाख टन गेहूँ जलाकर दिल की ठंडक दूर की और मेक्सिको में एटम बम का हल्का नुमायशी प्रयोग किया! साइबेरिया की सर्द हवाओं को आग लग गई और आँखों से चिनगारियाँ छूटने लगीं और उसने हिमालय को झकझोर दिया।

आज़ादी के खिताब का कागज एक बार काँप उठा।''

इतना कहकर जब राय साहब सिंह 'आज़ाद' ने साँस ली तो देखते-देखते युग का आखिरी पन्ना मुड़ता नजर आया। पर्चे फिर बरसे उन्हीं पुरखों के मगर ये पर्चे कागज के नहीं फौलाद के थे जो बाँहों में बल, आँखों में ज्योति, वक्ष में साहस और मस्तक में अभिमान बनकर खड़े हो उठे! एक साथ धरती की करोड़ों बाँहें उठीं—आज़ादी के खिताब के लिए नहीं, सैलाब के लिए जिसमें दुश्मन वह कार्य और नई मिट्टी निकले!

आज़ाद ने कहा—''अब नाम न बदलूँगा।''

मदन महीपजू को बालक बसन्त

लिखने बैठा कि देव के कवित्त की यह आखिरी कड़ी फिर सुनाई पड़ी। न जाने क्या हो गया है मेरे पड़ोसी मित्र को! आज भोर की उनींदी श्रुति में भी वे यही कवित्त उँडेल रहे थे और ज्यों ही वे 'कोकिल हलावे हुलसावे कर-तारी दै' गा रहे थे कि काक भुशुंडिजी के मानस पाठ से मेरी नींद खुल गई। उठकर देखता क्या हूँ कि सामने नीम की काली, कुरूप नंगी डाल पर स्वर की साक्षात् श्याम मूर्ति बैठी है—गोया उसी में से उगी हो। उठकर शरीर सो गया लेकिन दिल बैठा ही रहा। मैंने लाख समझाया कि महाराज, मैं गरुड़ नहीं; लेकिन उन्हें तो प्रवचन पिलाना था। मन कभी-कभी अपने को ही छलने लगता है और कटु अनुभूति के क्षणों में तो प्रायः इन अधरों से कोई न कोई सरस गीत निकल जाया करता है। सो उस समय भी रेतीले अधरों से गीत की लहर उठी—

सरस बसन्त समय भल पाओल
दखिन पवन बह धीरे।

गीत मन से ऐसे उठा गोया अपना ही हो—और शरीर भी कटु यथार्थ को भुलाकर व्यर्थ दखिन पवन के लिए अँगड़ा उठा। लेकिन, प्रकृति के मजाक को क्या कहूँ! पूर्वी खिड़की से दनादन धूल-भरे दो-तीन झोंके आ लगे। सिर उठाकर बाहर देखा तो पगली पुरवैया ने अन्धेर मचा रखी है। यही नहीं, गउओं के ताजे गोबर की भीनी-भीनी गन्ध भी कुछ कम परेशान नहीं कर रही है। परन्तु, यह वसन्त तो है ही। होली अभी कल ही बीती है और हमारे एक वचन मित्र का जो बहु वचन कंठ फूट या फट चला है वह कुछ यों ही नहीं!

कुछ घंटे बाद इस बार फिर वही कवित्त सुनाई पड़ा तो वह दर्द उठा कि मुस्करा दिया। दर्द इसलिए कि सामने जहाँ तक दृष्टि जाती है बसन्त की दो छवि दिखाई पड़ रही हैं। एक ही चौखटे में एक ओर कुछ और है, और दूसरी ओर कुछ और! एक ओर तो मदन महीपजू के दुलारे बालक का चित्र है और दूसरी ओर...पता नहीं किस नाम-हीन, रूप-हीन व्यक्ति का शिशुरूप! काननचारी कवि लोग ऐसे लड़के की बलैया ले रहे हैं और ये संकोची आँखें टुकुर-टुकुर देख रही हैं! रूखा-रूखा-सा

रेतीला प्रकाश और उस प्रकाश में छिपती हुई बिहारी की नायिका को धीरज बँधानेवाली हरी-हरी अरहर! वृंतों पर बैठे हुए तितलीनुमा सहस्त्रों पीले-पीले फूल जिन्हें देखकर ऐसा लग रहा है कि जरा-सी आहट पाने पर फुर्र से उड़ जाएँगे। उनसे बगल में ही ठिगने-ठिगने चने जिनकी बन्द अक्षिकोप-सी ठोंठी पुकार-पुकारकर कह रही है—'मों आँखियान को लोनी गई लगी!' और उन्हीं के बीच-बीच में दुबली-पतली इकहरी-छरहरी तीसी, जिसकी अधखुली आँखों में फूले फिरनेवाले घनश्याम अब शालग्राम की बटिया बनने जा रहे हैं! इनसे कुछ ही दूर पर बची-खुची रसगाँठी नागबेलि की सुरभि-चँवर-सी कास झाड़ियाँ गोया धरती से बादल उग रहे हों! ऐसी ही रंग-बिरंगी चित्तियों का हाशिया बनानेवाला—गेहूँ-जौ का वह आक्षितिज रोमांचित पीलापन! कहाँ से उपमा लाऊँ इन सबके लिए? पुराने कवि तो इन्हें केवल खाने की चीज समझते थे, लिखने योग्य तो कुछ फूल थे! ब्रज माधुरी में पगे जीवों की रचनाओं को देखकर लगता है कि उस समय धरती पर चारों ओर गुलाब, चमेली, चम्पा, कमल आदि ही बोए जाते थे—अनाज कहीं-कहीं या नहीं। शायद लोग सुगन्धित हवा पीकर जीते थे। रहे आज के वासन्ती कवि—वे दाना खोजते हैं, पौधे नहीं!

खेतों से उठकर आँखें अनायास ही उस गँझोर बँसवारी की ओर उड़ी जा रही हैं, जिसकी तोतापंखी पत्तियाँ बहुत कुछ पीली हो चली हैं और हवा की हल्की-सी हिलोर उठते ही सुन्दर हिमपात की तरह अन्तरिक्ष से बरस पड़ती हैं। उसी से सटी है वह सूखती गड़ही जिसका पंकिल जल नीले आकाश से होड़ ले रहा है। न उनमें कमल, न कुमुद! रही होगी पुराने कवियों के आँगन-आँगन में बावली, बावली-बावली में कमल, कमल-कमल में भौंरे और भौंरा-भौंरा में गुंजार! यहाँ तो उस गड़ही में रंक की फटी-चिटी काई है और भौंरों के नाम पर आ गए हैं कुछ अन्धे हड्डे जिनकी कृपा से फूल सरीखे बच्चे दिन में एक-दोर बार जरूर रो देते हैं। अगर गड़ही खाली है तो वह लखराँव ही कौन सजा-सजाया है! काव्य-कल्पनाओं से भरा हुआ मन ही उदास हो जाता है, उसे देखकर! पंचबाण का तरकस ही खाली! सबसे पहले अशोक ही नदारद। अच्छा है, अन्यथा उसे खिलाने में भी फजीहत! उस पर पद-प्रहार करने के लिए इस गाँव का कौन आदमी अपनी बहू-बेटी को पेड़ पर चढ़ने देता और इस महँगी में नूपुर गढ़वाना पड़ता सो अलग! कर्णिकार यदि अमलतास ही है तो वह है जरूर लेकिन सिर से पैर तक नंग-धड़ंग 'आपर्ण श्री शाल'! पता नहीं कालिदास ने कैसे बसन्त में ही इसके फूल देख लिये थे। अच्छा है, आजकल ग्रीष्म में तो खिलता है लेकिन बिना किसी सुन्दरी का नाच देखे ही! क़ुरबक साहब का न होना बहुत अच्छा है। कौन कामिनी उनका आलिंगन करके अपने पति का कोपभाजन बनती! सबसे अच्छा है बकुल का न होना। मुश्किल से मिली ठर्रा और

उसका भी कुल्ला करे तो जनाब के होंठों पर हँसी आए! और भी न जाने कमबख्त कौन–कौन फूल हैं जो पुराने कवियों के सामने हाथ जोड़े रहते थे। और तुर्रा यह है कि उनमें से नब्बे फीसदी बसन्त में ही खिलते थे! अब वे सब कहाँ रहे! हमारे गाँव ही में कितना परिवर्तन हो गया। 'परसिया' का टीला कल्पना की आँखों में साफ आ रहा है, जिसका अब केवल नाम ही शेष है। अभी हमारे होश में वहाँ पलाशों का वन था—उन पलाशों के आधे सुलगे आधे अनसुलगे कोयले–से फूल बैसाख में लहक उठते थे। अब वह जमींदार का खेत हो गया, जिसमें बीज तो पड़ते हैं, परन्तु भीतर जमनेवाली बरौनियों की तरह शायद उसके पौधे धरती में नीचे की ओर उगते हैं! नागफनी का वह जंगल भी कहाँ रहा, जिसके पीले फूलों को बचपन में हम सनई में खोंसकर नचाते थे तथा लाल फलों को फोड़कर फाग खेलते थे या स्याही के रूप में प्रयोग कर मुंशीजी की छड़ी खाते थे। 'तेहि नो दिवसा गताः!'

आज भी इस लखराँव में बौराए आमों के घबर–घबर दिखाई पड़ रहे हैं। कुछ तो पीले से झाँवरे हो चले हैं और उनमें सरसई भी लग रही है। लेकिन उनमें किलकारती हुई शाखामृगों की टोलियाँ! अभी–अभी हवा विद्रूप हँसी के साथ गुनगुनाकर चली गई 'बिहरति हरिरिह सरस बसन्ते!' महुआ अभी कूचा ले रहा है। उसकी आँखों के साँवरे कोनों में बड़े–बड़े उजले आँसू की बूँदें रुकी हैं या पता नहीं सूख गई हैं?—गोया प्रकृति के चेहरे पर वसन्त का कोई चिह्न नहीं।

इतनी दूर तक उड़ते रहने के बाद मन लौटकर आ गया है टेबुल पर पड़े रंगीन अखबार के ऊपर। अभी होली से एक दिन पहले इन कागजी अश्वों और अश्विनीकुमारों से शहर की सड़कें ही नहीं गली–कूचे भी भर गए थे—जैसे दफा 144 लगने पर शहर की सड़क सिपाहियों के मुश्की घोड़ों से रँग उठती है। देखते–देखते इन कागजी घोड़ों के खुरों से ऐसी लाल गर्द छा गई कि आकाश ढक गया—'आकाश बदलकर बना मही!' दुनिया ने देखा कि खून के कई रंग होते हैं या बना दिए जाते हैं। ये सभी रंग बदल–बदलकर शहर की रगों में दौड़ रहे थे लेकिन यहाँ तो—

रगों में दौड़ने–फिरने के हम नहीं कायल
जो आँख ही से न टपका वो फिर लहू क्या है?

संसार में हल्ला मच गया कि बसन्त आ गया और जो धीरे से किसी पत्रिका को रोककर पूछिए कि 'ऋतु बसन्त का आना रंगिणि तूने कैसे पहचाना?' तो शायद 'व्यतिपजति पदार्थानान्तरः कोऽपि हेतुः' के सिवा उसके पास कोई दूसरा उत्तर न मिले! क्योंकि गला पकड़े जाने पर बड़े लोग किसी अनिर्वचनीय आन्तरिक कारण का ही सहारा लेते हैं जिनमें बहस की गुंजाइश न रहे! मालूम होता है विश्वस्त सूत्र से इन्हीं को सब बातें मालूम होती हैं पहले! फिर प्रकृति से इनका आन्तरिक सम्बन्ध न रहे तो किसका रहे! ये जनमत के ही नहीं प्रकृतिमत के भी तो वाहन हैं—मौसमी

खबरें जो छपती हैं! नोटों की आँखों ने क्षितिज के पार ऋतु-राज का स्वर्ण-रथ देख लिया तो क्या आश्चर्य! इसी धातु की आँखों से मन्दिरों की मूर्तियाँ भी 'आगमजानी' बनी बैठी हैं।

लेकिन जिनके पास चाँदी की आँखें नहीं हैं उन कवियों को इस पतझर में भी बसन्त कैसे दिखाई पड़ रहा है? सुनता हूँ खरबूजे को देखकर खरबूजा रंग बदलता है—यों उसे आँखें नहीं होतीं। परन्तु आदमी के तो आँखें होती हैं और वे भी कभी-कभी दो का पहाड़ा पढ़ने लगती हैं। इसलिए देखा-देखी मनुष्य बसन्त के प्रभाव से उन्मत्त हो उठा तो क्या गुनाह? कवि-गोष्ठियों और संगीत समितियों में तो ऐसा रोज ही होता है। दो एक बड़े-बड़े सिरों को हिलते देख कुछ और भी सिर हिला करते हैं तो क्या कोई कहेगा कि महीन डोरा बँधा है? डोरे में कहाँ ताकत जो सँभाले वैसी झकझोर? देर से समझनेवालों के सिर देर तक और बहुत जोर से हिलते हैं—नये मुल्ले की बाँग की तरह। तो, सभाओं में खाँसी और ताली ही नहीं, समझदारी और सहृदयता भी संक्रामक होती है। मैंने समझा था कि नीर-क्षीर विवेक और कमल-कुमुद विकास जैसी अनेक कवि-प्रसिद्धियों के संक्रामक भक्त कवि अब नहीं रहे, लेकिन अभी-अभी सामने 'आया बसन्त आया बसन्त' शीर्षक कविता में 'जिन देखे अनदेखे धराऊँ ' फूलों की फेहरिस्त गिनाई गई है उन्हें पढ़ते हुए बार-बार खटक रहा है कि बसन्त के पहले किसी भले पद का लोप तो नहीं हो गया है या सम्पादक जी ने शिष्टतावश सुधार तो नहीं दिया है?

कवि-मंडली ही नहीं, दूसरे समाजों में भी यही संक्रामकता फैली हुई है। अभी-अभी होली से एक दिन पहले एक सात वर्ष के शहरी छोकरे ने मुझ पर जो पिचकारी चला दी वह मेरी समस्त नीरसता को चुनौती थी। उसकी उछल-कूद की तो बात छोड़िए, मादक कबीर ऐसा गा रहा था कि सौ-सौ जवान मात! उसे कौन-सा उद्दीपन है सिवा इसके कि उसके माँ-बाप या मास्टर ने कह दिया होगा कि कल होली है! छोटा-सा छोकरा या तो कहीं गुड्डी उड़ाता या खा-पीकर सोया होता, लेकिन होली का नाम सुनते ही पोरसों उछल पड़ा! खैर, वह तो लड़का है। बड़े-बड़ों को बताया न जाए तो उन्माद न आए। पत्रा ने कहा—आज होली है और बिना नशा का नशा! सादा शर्बत पिलाकर कह दिया कि विजया थी—जनाब झूमने लगे। पेड़-पत्ते उदास हैं और लोग कपड़ों के फूल लगाकर फूले फिर रहे हैं! प्रकृति से दूर-दूर अब तो 'पत्रा ही तिथि पाइये।' आह, आदिम बसन्त की वह वन्य प्रकृति! आदिम युवक और युवती के हृदयों में वह रंगीन सुगन्ध सुलग उठी होगी। न पत्रा न कैलेंडर और न ऋतुओं का भैरवी चक्र! श्रमसिक्त रोमांचित बाँहों का वह उद्दाम पाशविक आलिंगन! हम पत्रा देखकर दुहरा रहे हैं। 'पेट में डंड पेलते चूहे जबाँ पर लफ्ज प्यारा!' पंडितजी को कान ही नहीं सिद्धा भी देते हैं।

काश, मैं भी इस हँसी के साथ दाँत चिआर पाता! लेकिन इस हृदय की कुछ कथा ही ऐसी रही है! बचपन में ओझाई सीखने गया, साथ में एक मित्र भी थे। घंटे-भर अंजलिबद्ध हाथ फैलाने के बाद कष्ट से काँप उठा परन्तु देवागम का दूसरा कोई अनुभाव शरीर पर न दिखाई पड़ा। मित्र 'ओझा' बन गए—यों वे सिंह थे। जहाँ बैठकर लिख रहा हूँ, वहाँ से एक रईस के उद्यान के कचनार आदि कुछ फूल दिख रहे हैं। चाहूँ तो उन्हें गिना सकता हूँ, लेकिन लगता है कि वे अपने नहीं हैं। बसन्त पर लिखते समय लोगों की आँखों में फूल तैर रहे हैं और इन आँखों में फूल-से मनुष्य के ऊपर लटकती हुई नंगी तलवार की छाँह! अखबारों में हल्ला हो गया कि वसन्त आ गया। उन्हीं में तो यह भी हल्ला है कि स्वराज्य हो गया! रोज अखबारों की हेड लाइनें चीख रही हैं। मैं सुन रहा हूँ कि दोनों स्वर एक ही गले से निकल रहे हैं। लेकिन यहाँ न तन और हुआ, न मन, और न बन। यहाँ तो 'डार डार डोलत अंगारन के पुंज हैं'। इन आँखों के सामने बसन्त का मौलिक रूप है और लोग दिखा रहे हैं रंगीन चित्र!

परन्तु यह भी देख रहा हूँ कि मदन महीप के लाड़ले के पीले-पीले स्वर्णिम आभूषण धूल में झड़ रहे हैं और उसी धूल से प्रत्यग्र पुष्प की लाली-सा बसन्त का अग्रदूत उठ रहा है जो अब तक पार्श्वच्छवि समझा जाता था!

अगर मुल्क में अखबार न हो

जब से गाँव आया खबरें तो बहुत मिलीं, लेकिन अखबार एक भी नहीं। सुना, मुंशीजी अखबार मँगाते हैं। ताव ऐसा कि चल पड़ो। पहुँचकर देखता क्या हूँ कि मुंशीजी चार आँखों से अखबार पी रहे हैं। पूछा, 'कोई नई खबर मुंशीजी ?'

'कुछ नहीं,' बिना सोचे-समझे मुंशीजी बोल उठे। मैंने उनका भ्रम निवारण करते हुए कहा—'हफ्तों हो गए मुझे अखबार नहीं मिला है। मेरे लिए सब नया ही नया होगा। कह सुनाइए।'

पता नहीं क्यों मुंशीजी का मुँह तो खुला लेकिन बोलने के लिए नहीं केवल खोलने के लिए। स्वयं चुप रहे। इसी बीच आ गए चौधरी रामदीन। कुछ ठिठके, ठमके, फिर पास आ गए और मचिया पर आसन जमाते हुए बोले—'कोई नई खबर लाला ?'

'कुछ नहीं चौधरी।' वही रेकार्ड फिर बोला।

अब मैंने समझा कि ब्रह्मज्ञान की तरह यह अनुभव भी शायद अनिर्वचनीय है। इसीलिए योगिराज मुंशीजी लाचार हैं। यों अखबार पढ़ने पर बहुतों को यही कहते सुना है। शायद वही कहता मैं भी। परन्तु चौधरी सहज ही चुप हो जानेवाले जीव न थे—बड़ी-बड़ी पंचायतें देखी थीं उन्होंने। पूछ बैठे—'कुछ नहीं है, तब क्यों आप घंटे-भर से उसमें घूर रहे हैं ?'

'चौधरी, तुम्हारी समझ में कुछ न आएगा।' कहने को तो कह गए मुंशीजी परन्तु मेरी ओर देखकर न जाने क्यों कुछ झेंप-से गए। चौधरी को अपनी समझ पर इतना विश्वास था कि उन्होंने बीचवाला पन्ना लेकर पढ़ना शुरू कर दिया। गनीमत थी कि अक्षर ब्रह्म का निरक्षर जीव से पाला नहीं पड़ा। बड़ी मुश्किल से मोटे-मोटे अक्षरों को पढ़ते सुनाई पड़े—'पा शिं ग शो सि ग रे ट', 'लि प ट न की चा'। अपनी ही बोली पर चौधरी चौंक उठे, बोले—'यह क्या है मुंशीजी ? अखबार में यही सब रहता है ?'

'नहीं चौधरी, यह तो केवल विज्ञापन है। खबरें भी हैं। देखिए, हमारे प्रधानमंत्री का भाषण बड़े जोर-शोर से निकला है।' मैंने सहारा दिया। परन्तु चौधरी ने कागज रखते हुए कहा—'तो यह भी कोई खबर है ? यह भी तो विज्ञापन ही है। अरे, वह चाय-

सिगरेट का है और यह आदमी या बड़े आदमी का!' मैं तो सन्न रह गया। यह है इस सन् के हिन्दुस्तानी का मन! 'आखिर कैसी खबर चाहते हैं चौधरी? कहिए कुछ बाँचकर सुनाऊँ।'—सँभलते सँभलते मैंने पूछा। परन्तु चौधरी तो जैसे भरे बैठे थे; बोले—'रहने दीजिए। कुछ हम गरीबों के लिए हो तो सुनाइए, नहीं चलूँ। बड़ा काम है।'

मैं कागज में आँख गड़ाकर कुछ और का और नहीं पढ़ना चाहता था इसलिए छेड़ने के लिए बोला—'इसमें बड़ी-बड़ी खबरें छपती हैं...' प्रत्यंचाछिन्न धनुष की तरह सहसा सीधे होते हुए चौधरी ने, पता नहीं, तम्बाकू खाया या (मेरी बुद्धि पर) तरस! कहते चले—

'आपने ठीक ही कहा था कि इसमें कुछ नहीं है। भाषणों का यह नशीला विज्ञापन भी केवल चाय-सिगरेट वाले बड़े लोगों के लिए है!'

तत्वान्वेषी मुंशीजी आँखों से खबरों का पीछा करते रहे जैसे कुछ न हुआ हो और मैं चला अपने घर की ओर। आकर देखता हूँ कि एक नए-नए स्थापित 'पत्र' के केवल नमस्कार-परिचित सम्पादक मित्र ने कृपापूर्वक पत्र भेजा है कि कोई रचना भेजो। पत्र के विशेषण में ऊपर लिखा है 'नवीन संस्कृति का अग्रदूत'। व्यवस्थापक अथवा मालिक का नाम उस पर नहीं है—शायद वह सम्पादक के हृदय पर लिखा है अथवा बुद्धि पर जिसे सम्पादक की पत्नी भी नहीं देख पाती। नाम भी अखबार का कितना भड़कीला है—'जन' से ही शुरू है! आश्चर्य होता है इस रंग बदलनेवाले सर्प को देखकर! एक जमाना था जब सिनेमा की अभिनेत्रियों की फेहरिस्त देखी जाती थी अखबारों के छायावादी नाम के लिए। आज बिना जनता के काम ही नहीं चलता। जनमत, जनशक्ति, जनता, जनयुग! देखें 'जन' संज्ञा से कितने विशेषण बनते हैं! यही नहीं, नगरों को घेर चुकने के बाद अब नगर के संसार भी 'ग्राम संसार' जन रहे हैं। रूप तो इतना बदला कि 'सम्पादक के नाम पत्र' का नया खम्भा खड़ा हो गया।

चौधरी कहते थे कि अखबार भी नशा है—नशा का विज्ञापन है, परन्तु इतना ही भूल गए थे कि विज्ञापन की अन्य नोटिसें मुफ्त बँटती हैं जबकि यह नोटिस दो आने छः पैसे में बिकती है। इसमें आम के ही नहीं गुठली के भी दाम लिए जाते हैं। क्या होगा इन्हें पढ़कर! कुछ दिन हुए एक कवि मित्र ने कुछ साथियों के बीच जब यह कहा कि मैं अखबार नहीं पढ़ता तो लोगों ने अचम्भा ही नहीं दिखाया, हँसी भी उड़ाई। मुझे भी आश्चर्य हुआ, परन्तु इस बात पर कि अब भी वे इतने दुबले-पतले क्यों हैं जबकि उन्हें शहर का कोई अन्देशा ही नहीं। हमारे चौधरी अच्छा-खासा भोजन न पाने पर भी शायद इसीलिए भले-चंगे हैं कि वे अखबार का सेवन नहीं करते। नशा है न!

'सबते भले हैं मूढ़ जिन्हैं न ब्यापै जगत गति।' काश, मैं भी इन काले अक्षरों को पीने से बच पाता!

राजनीतिज्ञों का कहना है कि अखबार जनतंत्र के संचालक साधनों में से एक है क्योंकि यह जनमत का वाहक है, परन्तु पता नहीं यहाँ कुत्ता दुम को हिलाता है या दुम कुत्ते को हिलाती है। सम्भवत: अखबार विषय-प्रधान (ऑब्जेक्टिव) उतना नहीं है जितना व्यक्ति-प्रधान (सब्जेक्टिव) और आदमी के पर्यायवाची शब्दों में इधर 'रुपया' का भी समावेश हो गया है। यों 'अप-टु-डेट' कोशकार इसका उल्लेख न करें तो कोई क्या करे! इसलिए आजकल अखबार और रुपया एक ही ठप्पे से छपते हैं। फिर जनमत को बनाना-बिगाड़ना तो बाएँ हाथ का खेल है। इतना प्रभावग्राही है यह कागजी यन्त्र कि हल्की से हल्की हवा बहने पर चट घूम जाता है। यही क्यों ? 'राणा क्री पुतली फिरी नहीं, तब तक चेतक मुड़ जाता है!'

अखबार इस सभ्यता का सबसे बड़ा फूल है, जिसकी सुगन्ध बिना हवा के संसार भर में फैल रही है। यों तो यह 'बारहमासा' है परन्तु इसके फूलने की विशेष ऋतु है युद्ध। 'कवि-प्रसिद्धियों' में अलग-अलग फूलों के खिलने के लिए अलग-अलग उपाय दिए गए हैं। सुना है कि पंडित हजारीप्रसाद द्विवेदी ने 'हिन्दी साहित्य की भूमिका' का जो नया संस्करण निकाला है उसमें इस कागजी फूल के खिलने के लिए यह कवि-प्रसिद्धि बताई है कि यह मजलूमों के खून से सींचे जाने पर अथवा कुल्ला करने पर लिखता है। अब खोजी लोग जानें कि द्विवेदीजी को यह बात किसी 'ताम्रपट्ट' या 'रजतपट्ट' से मालूम हुई है! सो धनी लोग तो पुराने समय से ही फूलों के प्रेमी कहे गए हैं। एक ओर तो वे कितने ही थाले से रजनीगन्धाओं और पद्मिनियों को मँगाते हैं और दूसरी ओर इन कागजी फूलों से भी अपने उपवन की शोभा बढ़ा रहे हैं। लेकिन जब से यह कागजी फूल चाँदी की क्यारियों में आया, चिमनी की ही तरह अपने मालिक की काली सुगन्ध फैला रहा है। चाँदी की छड़ी अलादीन के दीपक से कुछ कम है! कागज के फूल भी महक उठें तो क्या आश्चर्य! धरती के लाल उसे नहीं चाहते परन्तु यह गन्ध तो उनकी नाक में जबर्दस्ती घुसी जा रही है। कौन जाने यह 'पीना साँप' उनकी साँस पीते-पीते अब आखिरी घड़ी में उन्हें पूँछ से मारकर जगाता जा रहा है।.

जो लोग उजली साड़ियों या सफेद चीनी से बाजारों को काला कर रहे हैं, वही खुले संसार में इन उजले कागजों से अँधेरा फैला रहे हैं, क्योंकि दिन के उजाले में वे देख नहीं पाते—शिकार करना तो दूर! कहते हैं झूठ के पाँव नहीं होते फिर भी वह बहुत दौड़ता है। अखबार जैसे सत्यवादी और द्रुतगामी जन्तु के यदि पाँव नहीं हैं तो क्या आश्चर्य! उस दिन मुहावरों के विशेषज्ञ मेरे एक कोशकार मित्र व्यर्थ ही जीट मार रहे थे कि 'सफेद झूठ' माने क्या ? काश कि वे उजले कागज पर छपे हुए इन काले अक्षरों को देख पाते! न जाने किस विदग्ध ने कहा था कि 'अमन हो जाए अगर मुल्क में अखबार न हो।' तभी तो यह जितने घंटे में छपता है, उतने मिनट भी जीवित

नहीं रहता। परन्तु इसके छापनेवालों की आयु क्यों घटती जाती है? यदि पढ़ते ही यह दूध की मक्खी की तरह फेंक न दिया जाता तो निरालाजी को अपने तिरस्कृत जीवन के लिए इतनी सटीक उपमा न मिलती—'मैं पढ़ा जा चुका पत्र न्यस्त।' कुछ सर उठानेवाले भी अखबार होते हैं, परन्तु उनके सर उठाते ही सरकार की उँगली उठ जाती है, क्योंकि उनकी दुकान उठ जाने का खतरा रहता है। सरकार की तो केवल एक ही इन्द्रिय होती है—वह है मुँह (बोलने और खानेवाला), कान होता ही नहीं; लेकिन मुँह से ही सुन भी लेती है वह! आँख की उसे जरूरत ही नहीं पड़ती। सो, वह बोलती रहती है और अद्वैत ब्रह्म की तरह चाहती है 'एकोऽहं बहुस्याम'। अर्थात् अखबारों को 'हिज मास्टर्स वॉयस' के शत-शत रेकॉर्ड के रूप में देखना चाहती है। इस जमाने में मुँह से बोलना भी गुनाह। लोग ओझैतों की तरह केवल नाक से बोलते हैं, क्योंकि अब साँस लेने की जरूरत नहीं रह गई है।

लिखने को तो इतना लिख गया, परन्तु छपने के लिए किसी अखबार में ही भेजना पड़ेगा और पढ़ना भी शायद ही छूटे! बात ही ऐसी है—

कि जिसको देखकर जीते हैं
उस काफिर पै दम निकले।

क्या बेवकूफ के भी सींग-पूँछ होती है

अकसर ही लोगों को यह कहते सुना है कि क्या बेवकूफ के भी कोई सींग-पूँछ होती है? अपने सिर तो आँखें चढ़ नहीं सकतीं, इसलिए सबसे पहले वक्ता के ही सिर की ओर मुड़ती हैं और उन्हें उदाहरण के लिए निराश नहीं होना पड़ता। यदि मैं ऐसा न भी करूँ तो कभी-कभी देखता हूँ कि हमारे मित्र यही बात कहते-कहते बड़ी गम्भीरता से अपना सिर खुजलाने लगते हैं। नहीं जानता, उनका सिर खुजलाना किस अर्द्धचेतन क्रिया का द्योतक होता है। खोजने पर कोई चीज थोड़े ही मिलती है—मिल जाती है अचानक ही। सिद्धार्थ को सम्बोध अचानक ही तो मिला था। और मुझे भी उस रहस्य का पता आज अचानक ही मिला। भर्तृहरि के इस प्राय: उद्धृत श्लोक को पढ़ा तो आँखों में बिजली-सी कौध गई:

'साहित्य संगीत कला विहीन:
साक्षात्पशु: पुच्छविषाण हीन:।'

एक ही नजर में दोनों पंक्तियाँ समीकरण-सी दिखीं और यह भी दिखा कि हीन: अथवा विहीन: शब्द उभयनिष्ठ हैं। स्वभावत: निष्कर्ष निकल गया कि साहित्य और संगीतकला, पुच्छ और विषाण हैं। विकासवादी सिद्धान्त से भी यह पता चलता है कि क्रमश: जन्तु की पूँछ घिसती गई है और मनुष्यता के चरम विकास की स्थिति पर पहुँचते-पहुँचते वह बिलकुल सूक्ष्म हो गई। सम्भवत: सींग के बारे में भी यही विचार होगा। साफ दिखाई पड़ रहा है कि विकास की प्रक्रिया स्थूल से सूक्ष्म की ओर जा रही है। इसलिए आदमी की सींग-पूँछ तो किसी सूक्ष्म रूप में ही हो सकती है। अब साहित्य और संगीतकला से बढ़कर सूक्ष्म वस्तु क्या हो सकती है? यों ज्यों ही कोई वस्तु स्थूल से सूक्ष्म हुई कि लोगों को ठगने का हथियार बनी। ईश्वर तक की यही हालत हुई तो फिर औरों की क्या बिसात!

बूढ़े भर्तृहरि ने इस व्यंग्य के द्वारा मेरी सहायता तो की, परन्तु इस सींग-पूँछ के आकार ग्रहण करने का इतिहास बाकी ही रहा। आज के उपाधि-बोझिल युग ने इस ओर सहायता की। सींग-पूँछ उपाधि के रूप में साकार हुई—'निर्गुण ब्रह्म सगुण भए जैसे।' यह स्वाभाविक भी था। क्योंकि—

रूप बिशेष नाम बिनु जाने। करतल गत न परहिं पहिचाने॥

आदमी ने देखा कि रूप में तो सींग–पूँछ लगाने की गुंजाइश नहीं इसलिए नाम को ही उससे अलंकृत किया।

रूपकबाज तुलसी बाबा से तो होड़ लेने की इच्छा नहीं, परन्तु देखता हूँ कि यह रूपक अपने आप चौचक बैठता जा रहा है। पूँछ तो जन्मजात मिलती है,जैसे—शर्मा, वर्मा, सिंह, पांडेय, त्रिपाठी, मिश्र, द्विवेदी, चतुर्वेदी, बनर्जी, चटर्जी, बोस आदि; परन्तु सींग कुछ दिन बाद उगते हैं, जैसे—आचार्य, डॉक्टर, श्री श्री 1008, सर! ये सींग इसलिए कहलाए कि नाम आगे रहते हैं, और वे पूँछ इसलिए घोषित हुईं कि आमतौर से नाम के पीछे रहती हैं। पशुओं को तो सींग–पूँछ का स्थान विपर्यय करते नहीं देखा; परन्तु मनुष्य में यही तो विशेषता है। कोई–कोई अपनी पूँछ को ही सींग की जगह लगा लेते हैं, जैसे—पांडेय बेचन शर्मा उग्र। डी.लिट. और पी–एच.डी. की पूँछ भी ऐसी ही है जो 'डॉक्टर' की सींग बन जाती है।

लेकिन मनुष्य यदि सहजात अंगों पर ही सन्तोष कर ले तो पशुओं से उसमें विशेषता ही क्या रहेगी? अपनी प्रलम्बित केशराशि को और भी लम्बी दिखलाने के लिए यदि युवती गँगेरन का उपयोग करती है तो जटाधारी साधु किसी पशु के बाल ही जोड़ लेते हैं। यदि बाल में बाल जोड़ना सम्भव होता तो त्रिवेणी लहरानेवाली युवतियाँ भी बाज न आतीं। सत्रहवीं–अठारहवीं सदी के यूरोपीय पुरुष भी सम्भवत: 'विग' का प्रयोग इसीलिए करते थे। अस्तु, जब शर्मा, वर्मा की पूँछ कुछ छोटी पड़ी अथवा काफी न लगी तो आदमी ने उसमें बी.ए., एम.ए., एल.एल.बी., शास्त्री, विशारद आदि की मनुष्य–निर्मित पूँछें भी लगा लीं और इस प्रकार भरे समाज में अपनी लम्बी पूँछ फटकारता चला।

कहते हैं कि पशु जब जवान होता है तो उसे सींग उग जाती है। 'शृंगार रस' की मदोन्मत्त युवा भावना का सम्बन्ध इसी 'शृंग' से ही व्युत्पन्न होने के कारण बताई जाती है। आदमी की भी सींगें जन्म के बहुत दिन बाद ही उगती हैं— आचार्य, डॉक्टर, रायबहादुर और सर कोई जन्म से ही नहीं होता! इन सींगों के जमते ही 'शृंगार रस' भले ही न उमगे परन्तु मद का उत्पन्न होना नहीं गोया जा सकता। यों अंग्रेजी भारत में "'सर' हो गए तो 'बाल' का बस शौक हो गया!" जैसी बात भी देखी जाती थी।

जब ऐसी सींग–पूँछ आदमी के न हो तो उसे सभ्यता बेवकूफ न कहेगी? बिना इनके वह आदमियों में शुमार कर लिया जाता है, वही क्या कम कृपा है। यों कभी–कभी बेचारा बैल अथवा गधा भी बना दिया जाता है, परन्तु बैल और गधे भी उसे अपनी जाति में नहीं रखते, क्योंकि उसके न तो सींग होते हैं और न पूँछ। ठीक भी है, बिना सींग–पूँछ का पशु भी जब 'कंडम' समझा जाता है तो आदमी को कोई क्यों नौकरी देने लगे? बैल खरीदते समय सबसे पहले उसकी सींग–पूँछ ही तो देखी जाती

है। टूटी सींग का बैल चाहे चलने में अफलातून ही क्यों न हो, लोग नहीं लेते। बंड बरधा चाहे हाथी के बच्चे-सा ही तैयार क्यों न हो, कोई उसे खरीदकर अपनी चरनी की शोभा नहीं बिगाड़ता। जब पशु के विषय में मनुष्य इतना सतर्क है तो अपने सजातीय जन्तु के विषय में असावधान क्यों रहे? बिना सींग-पूँछ वाले योग्य से योग्य आदमी को यदि वह इंटरव्यू में नहीं बुलाता तो उसका क्या कसूर?

लेकिन पूँछ इतना ही काम नहीं करती। सहज स्वामिभक्त पशु कुत्ता अपनी सारी स्वामिभक्ति पूँछ हिलाकर ही प्रकट करता है। अनुकरणपटु मानव यदि पशु से इतना भी न सीख सका तो क्या? दत्तात्रेय ने तो ऐसे ही चौबीस गुरु बनाए थे। अंग्रेजी राज में बेचारे रायबहादुर और खाँ बहादुर अपनी 'बहादुरी' की सुन्दर सटकार पूँछ हिलाते हुए सरकार बहादुर के चरणों पर अगाध स्नेह बरसाते थे तो आजकल भी ऐसे स्वामिभक्त जीवों की कमी नहीं है। दास्य भावना तो हमारे धर्म ने उत्तराधिकार में दी है। 'कपि की ममता पूँछ पर' तो होती ही है, उसके नचानेवाले की भी ममता उस पर होती है! फिर तो 'नेह की लाव' में बँधे 'अनुहरि ताल गतिहि नट नाचा' का आदर्श थरकने लगता है। एक नए कोष में राय बहादुर का अर्थ लिखा है—जो (अपने पड़ोसी के विषय में) राय देने में बहादुर हो, और राय साहब वह जो साहब को राय दे।

अगर बात यहीं तक रह जाती तो मुझे कोई उज्र न था। परन्तु नए शृंगी ऋषि पशुओं की ही तरह अपनी सींगों का भी उपयोग समय-समय पर कर बैठते हैं। यह सींग आत्म-रक्षार्थ ही नहीं प्रयुक्त होती, पर-पीड़नार्थ भी होती है। कभी किसी गँवार को डरा-धमका दिया तो किसी कमजोर को सींग ही लगा दिया। क्या उपाधि मचाने के लिए ही ये उपाधियाँ दी जाती हैं? अच्छा है ये लोग अपनी पूँछ से दंश निवारण करते रहें, परन्तु निरीह व्यक्तियों पर सींग न चलाया करें। एक तो करेला दूसरे नीम चढ़ा—एक तो ये पुरुष सिंह वैसे ही हिंस्र थे, दूसरे इन्हें दिन-दिन विश्वविद्यालयों में नई-नई सींगें दी जा रही हैं। पशुओं में तो 'बारहसिंगे' का ही नाम सुनते हैं परन्तु यहाँ बाजी मार ले गया आदमी! क्या सिर पर भार भी नहीं लगतीं ये सींगें?

जब मैं इन महाप्रभुओं के आगे-पीछे देखता हूँ और बेवकूफ कहे जानेवाले बेचारे गँवारों को तो मुझे तनिक भी अफसोस नहीं होता। आदमियों में एक वर्ग ऐसा है जो अब सींग×पूँछ लगाकर आदमी से पशुत्व की ओर बढ़ रहा है और दूसरा वर्ग घिस-घिसाकर क्रमशः मानवता के अस्तित्व का झंडा फहरा रहा है। कबीर के समय भी ऐसे 'पढ़ पशु' थे। हमारे मित्र ठीक ही कहते हैं कि क्या बेवकूफ के भी सींग-पूँछ होती है? नहीं साहब, नहीं। वह आप ही को मुबारक हो!

पोथी पढ़ि पढ़ि जग मुआ

छुट्टियों में जब गाँव गया, एक ही तरह का सवाल बहुतों ने पूछा कि भैया, कब तक पढ़ोगे ? क्या पढ़ते–पढ़ते बूढ़े हो जाओगे ? सारी उमर पढ़ने में ही बीत जाएगी तो सुख कब करोगे ? लेकिन इन सवालों का जवाब सिवा सीधी–सादी टालनेवाली हँसी के आज तक मुझे दूसरा न सूझा। पंडितों की ओर देखता हूँ तो संकोच होता है कि अभी पढ़ा ही क्या और गाँववालों के धैर्य को देखता हूँ तो हिम्मत छूट जाती है। सोचता हूँ कि क्या यह विद्यार्थी जीवन कोई बीमारी का काल है जिसकी थोड़ी–सी भी अवधि पुरजनों और परिजनों के लिए अनन्त–सी जान पड़ने लगती है ?

निबन्धकारों के राजकुमार लैम्ब ने बीमारी के समय को राजकीय सुख और सम्मान का काल कहा है, विशेषत: बीमारी के बाद स्वास्थ्य–सुधारवाले काल को। सचमुच ही उस समय रोगी अपने मित्रों और परिवारवालों का सम्राट होता है। उसकी थोड़ी सी भी सुविधा और असुविधा का बड़ा खयाल किया जाता है। अनेक लोग उसकी सेवा में प्रस्तुत रहते हैं। तय है कि यह सुख–सुविधा विभिन्न श्रेणियों के अनुसार घटती भी रहती है, परन्तु अपनी ही श्रेणी के सामान्य जन से अधिक ध्यान उस रोगी का रखा जाता है।

जब मैं विद्यार्थी की ओर देखता हूँ तो वह भी एक रोगी की ही तरह सुख–सुविधा का उपभोग करता है। माँ–बाप से पूछिए तो वह यही उत्तर देंगे कि 'जिअनमूरि जिमि जोगवत रहऊँ ।'

कमठ के मन में जिस तरह अपने अंडों का सोच बना रहता है, उसी तरह बाप के मन में विद्यार्थी बेटे का। बाप की न जाने कितनी आशाएँ उस पर टँगी रहती हैं। इधर साहबजादे का दिमाग है कि हवाबाज, हर समय सातवें आसमान पर रहता है। वे स्वप्न में भी नहीं सोचते कि एम.ए. करने के बाद कहीं क्लर्क अथवा बेचारे अध्यापक होंगे। वे काफी रोब लेते हैं। घरवालों की ओर से जरा–सी असावधानी होने पर आप साहब धमकी दे बैठते हैं कि इसी तरह पढ़ाना हो तो कहिए कॉलेज छोड़कर घर बैठ जाऊँ । पाँच दिन भी मनीऑर्डर रुकने पर धमकी का कार्ड घर का दरवाजा खटखटाने लगता है। गोया माँ–बाप ने कर्ज खाया है और साहबजादे का रुक्का

दाखिल। जिस तरह शरीर का कोई पीड़ित अंग रह–रहकर डभकता रहता है और सारी इन्द्रियों को अपनी ओर केन्द्रित रखता है उसी तरह परिवार का यह रोगी और नाजुक अंग हर समय चिन्ता का विषय बना रहता है। विद्यार्थी जीवन में भी और अगर कहीं उसके बाद बेकार बैठा (जैसा कि अकसर होता है) तो और अधिक पीड़ा देता है।

मैं भी जब एक ऐसे ही मध्यवर्ग का अंग हूँ तो अपने को तीन लोक से न्यारा कैसे कहूँ? लगता है कि मैं भी दुर्घटना की तरह अपने परिवार के ऊपर घट गया। कुछ लोग ऐसे होते हैं घटनाएँ जिनके ऊपर नहीं घटतीं बल्कि वह घटनाओं के ऊपर घट जाते हैं। घटनाओं–दुर्घटनाओं से भरे परिवार के ऊपर यदि मैं भी जा घटा तो इसके लिए किसको दोष दूँ? यह जीवन परिस्थितियों की उस असिधारा पर लड़खड़ा रहा है जहाँ से पीछे लौटना असम्भव है, खड़ा होना खतरनाक है और गिर पड़ना मौत है।

लेकिन जब की बात मैं कर रहा हूँ वह है अभी इसी छुट्टी की। इस बार एक नया सवाल पूछा अलगू दादा ने। अलगू दादा हमारे ही गाँव के हैं और पुराने लोगों का जैसा सीधा स्वभाव होता है, वैसा ही उनका भी है। शरीर टेढ़ा हो गया है लेकिन मन सीधा ही है। दाँत गिर गए हैं लेकिन उनके बीच से गाली के शब्द कभी नहीं गिरे। लाठी पर झुक लेते हैं लेकिन किसी आदमी पर भार आज भी न बने। मैं बैठा कुछ पढ़ रहा था कि आकर बैठ गए। कुशल मंगल के बाद उन्होंने पूछा—''क बेटा, थनेदारी भर पढ़ लेहल?'' कैसे बताता कि कुछ ज्यादे ही; लेकिन मैं जानता हूँ कि मेरे कहने पर शायद अलगू दादा को विश्वास न होता और इसके बाद वे जरूर पूछते कि तब थानेदार ही क्यों नहीं हो जाते? अब इस बात का उत्तर अगर यह कहकर देता कि मैं नहीं चाहता, तो दो बातें सम्भव थीं। या तो वे मन में समझते कि बन रहा है—नहीं तो कौन है जो इतनी बड़ी चीज मिलने पर छोड़ देता और या तो मेरी मूर्खता पर तरस खाकर वे कुछ उपदेश दे जाते।

इधर न तो नया बाछा पल्ला के नीचे कंधा देता है, न नया बछेड़ा लगाम के लिए मुँह खोलता है और न नया पढ़ा–लिखा युवक उपदेश के लिए कान। भले ही गरज पड़ने पर अन्त में तीनों झुकें लेकिन शुरू–शुरू में कोई नहीं। मैं भी उपदेश के लिए तैयार कैसे होता?

बात बदलते हुए मैंने पूछा—''काहे के दादा? कुछ काम हौ?''

दादा बोले—''नाहीं बेटा, इहै थानेदार बहुत तंग करत हउवैं।''

इसके बाद दादा ने पूरा बयान दिया कि थानेदार के रोब के नीचे लोग किस तरह नाक रगड़ रहे हैं। क्या बताऊँ आज अफसोस हो रहा है कि हिटलर बेचारा नहीं रहा और जब वह था तो मुझे होश नहीं रहा, नहीं तो मैं उसे चिट्ठी लिखता कि अच्छा हो यदि तुम्हें तानाशाही का ही स्वाद लेना है तो भारत में आकर थानेदार बनो!

फिर मैं सोचता रहा कि आखिर दादा मुझे असेम्बली में जाने के लिए क्यों नहीं कह रहे हैं क्योंकि शासन की सारी कुंजी तो वहीं बन्द रहती है, लेकिन कुछ सोचकर

मैं रह गया। सोचता रहा कि क्या थानेदार बनकर ही दादा की यातना दूर की जा सकती है अथवा असेम्बली में जाकर ही? समझ में नहीं आता था कि आखिर पहले कहाँ से लड़ाई शुरू हो? सारा देश तो जैसे केले का खम्भा हो रहा है। एक छिलका निकाला नहीं कि उसी में दूसरा निकल पड़ा! एक समस्या दूर की नहीं कि उसी में से दूसरी निकल आई। दादा कह रहे हैं कि मैं थानेदार बनूँ। सारी मशीन का एक अदना-सा पुर्जा बनूँ? क्या सारी पढ़ाई इसीलिए है?

इस चुप्पी से दादा भी ऊब-से रहे थे। बात का मुँह दूसरी ओर मोड़ते हुए बोले—"अच्छा बेटा, छोड़ा एके। दुख सुख त लगलै रही। इ बतावा कि का पढ़ै ला? कै कलम पढ़ चुकला?"

इस बार तो दादा ने कुछ और मुश्किल में डाल दिया। उनके सामने किन-किन किताबों का नाम लेता! जब बड़ी-बड़ी किताबों के नाम लेने से विद्वान परीक्षक विद्यार्थी का रोब मान जाते हैं तो दादा किस खेत के? सहज था। लेकिन इसका उलटा असर भी पड़ सकता था। दादा इसे अभिमान में गिन सकते थे। कुछ न बताने पर समझते कि क्या वे इन बातों को समझने के काबिल नहीं हैं? मैंने कुछ इतिहास, कुछ संस्कृत साहित्य और कुछ हिन्दी साहित्य की पोथियों का नाम बताया, क्योंकि अकेले हिन्दी का नाम बताना कुछ कम होता। दादा का मन भरा नहीं। बोले, "किताब नाहीं, कुछ ज्ञान क बात बतावा—देश-काल क बात।"

मैंने अपने को सर्वथा असमर्थ पाया। 'बरखा को गोबर भयो को चहै को करै प्रीति'! कोई बात ही न सूझी। दादा असन्तुष्ट-से ही चले गए। आज बैठकर जब उन बातों पर विचार करता हूँ तो लगता है कि आज तक जो कुछ पढ़ा सब बेकार, जब वह न तो अपने काम का और न उनके काम का जिन्होंने अपना खून सुखा-सुखाकर मुझे पढ़ाया! क्या मूल्य है इन पोथियों का?

इन पोथियों का मूल्य उन पर लिखी कीमत में नहीं, दुकानदार की आँखों में नहीं, मेरी डिग्रियों में नहीं, अध्यापक के वेतन में नहीं। उस कोटि-कोटि जनता के हृदय में है, उसकी आँखों में है, उसके हाथों में है। अगर वह इन सबको नहीं देख रही है तो ये नहीं हैं, अगर वह इन सबको नहीं गा रही है तो ये नहीं हैं, अगर वह इन सबको नहीं छू रही है तो ये नहीं हैं, ये नहीं हैं अगर वह इन सबसे प्रकाश नहीं पा रही है, शक्ति नहीं पा रही है, सुख नहीं पा रही है! अगर इन सबसे वह थानेदार पा रही है, डिप्टी कलक्टर पा रही है, गवर्नर पा रही है, पशु पा रही है, चोर-बाजारी पा रही है, झाँसा मंत्री पा रही है, एटम बम पा रही है, तो ये सब नहीं हैं—नहीं हैं! जब आँखें नहीं तो वह संसार क्या! जब आदमी नहीं तो पोथी क्या!

गप-शप

डायरी तो मैं लिखता नहीं और न हिसाब-किताब रखने की आदत ही है लेकिन आज सोते समय जब पूरे दिन की उपलब्धियों पर विचार करने लगा तो शून्य भी हाथ न आया—वह भी ऊपर ही रहा। बड़ी झल्लाहट हो रही है। सारा दिन बेकार गया। कुछ तो इधर-उधर घूमने में और कुछ इधर-उधर की गप-शप में। क्या लाभ हुआ इन व्यर्थ की बातों से ? गोष्ठी के साथी भी खूब हैं—न कोई निश्चित विषय और न किसी बात पर अच्छी तरह जम के विचार! जैसे केला के पात-पात में पात वैसे बात-बात में बात! एक है 'व'—गप्पें हाँकने में आला। सभी बातें इस तरह कहता है जैसे वह उन सबका नायक हो। प्रेम की कहानियाँ, रोमांस की घटनाएँ, शिकार के दृश्य, सब कुछ इस तरह बयान करता है जैसे वह 'डॉन क्विग्जोट' हो। कहने से तो ऐसा मालूम होता है जैसे संसार की सारी लड़कियाँ उसी पर मरती हैं। वाहियात! दस फीसदी सच्चाई पर नब्बे फीसदी झूठ का मुनाफा रखकर बातें करता है। दूसरा है 'प'—उसको दूसरी सनक। गोया दुनिया में कोई ऐसा नहीं है जिसे वह न जानता हो! बड़े बड़े डॉक्टरों से उसका परिचय, पुलिस के अधिकारियों से उसका सम्बन्ध, मंत्रियों और नेताओं तक उसकी पहुँच। गरज कि वह साधारण लोगों पर यदि कभी कृपा करने आता है तो केवल हमीं लोगों पर। तीसरे साहब हैं 'म'—जब मिलिए वही अध्यापकी जबान की बातें रेतेंगे। फलाँ ऐसा है, फलाँ वैसा है, फलाँ को मैंने ऐसा जवाब दिया, फलाँ को ऐसे लथेड़ा, आज क्लास में ऐसा पढ़ाया! मतलब दुनिया भर उनके लिए पाठशाला है और सभी लोग उनके विद्यार्थी।

क्यों किसी का समय मैं लूँ लेकिन इसी तरह की बातें हुईं। लौटा तो मन इतना भारी था कि कभी-कभी ऐसी गोष्ठियों में भाग न लेने की प्रतिज्ञा की। लेकिन इस समय जब ठंडे दिल से सोच रहा हूँ तो लगता है कि यह सब बिलकुल बेकार ही नहीं था। बेकार बातों से ही तो किसी का चरित्र खुलता है। इतने लोगों के बारे में मैंने जो राय बनाई वह क्या किसी सन्तुलित बात पर विवाद करने से हो सकती थी ? आदमी का सच्चा रूप तो उसकी बेकार की ही बातों से खुलता है। नियमित और विवेकपूर्ण बातों से तो उसका बनावटी या ऊपरी रूप दिखाई पड़ता है। भाषणों से

उसकी बुद्धि और वक्तृता-शक्ति का पता चलता है। असली आदमी कहीं भीतर ढँका रहता है। हृदय का धड़कता हुआ पंछी किसी भीतरी पिंजरे में होता है।

काम की बातों से काम का पता चलता है, आदमी का नहीं। आदमी का पता तो बेकाम बातों से चलता है। आदमी की असली और छिपी मनोवृत्तियाँ तो तभी खुलती हैं। बात तो बात, निरर्थक शब्द भी बेकार नहीं होते। वैयाकरण केवल सार्थक शब्दों के बच्चे खिलाते रहें लेकिन क्या आदमी निरर्थक शब्दों का प्रयोग छोड़ सकता है? सुनते हैं, शब्द और अर्थ विवाहित ही पैदा हुए हैं और आजीवन दो रहते हुए भी एक रहने का व्रत लेते हैं। परन्तु उनमें भी कुछ तलाक देनेवाले होते ही हैं और उनका असली भेद उसी दिन खुलता है जब दोनों एक-दूसरे को तलाक देकर अलग हो जाते हैं।

सार्थक शब्द तो सामाजिक परम्परा के नपे-तुले ढाँचे हैं, उनमें तो जो बातें आती हैं वे टाइप बनकर। निरर्थक शब्दों में ही उसकी मौलिकता और वास्तविकता का पता लगता है। क्या कभी आपने अतीव विस्मृतावस्था में आत्मविभोर दो प्रेमियों की बातें सुनी हैं? 'सुनी हैं' मैं इसलिए पूछ रहा हूँ कि 'की हैं' की बात तो आप शायद तटस्थ भाव से न परख पाएँ। हो सकता है छिपाएँ भी। क्या उस भावावेग में कोई वाक्य या शब्द ठीक-ठिकाने से सार्थक निकलता है? उस समय हृदय बोलता है और हृदय की भाषा प्राय: निरर्थक होती है, सार्थक भाषा तो बुद्धि की होती है। ध्यान कहीं और होता है अथवा नहीं होता है : इन्द्रियाँ सुप्त शरीर जड़ : शब्द मशीन से निकलते हैं : शब्द इसलिए निकलते हैं कि उन्हें पहले से मनुष्य बोलता आ रहा है। प्रश्न कुछ होता है, उत्तर कुछ होता है। उत्तर का उत्तर दिया जाता है और प्रश्न का प्रश्न। जैसे शब्दों की अपार वस्त्रराशि में से कोई कुछ पहन ले कोई कुछ—कमीज की जगह पाजामा और पाजामे की जगह कुर्ता।

किमपि किमपि मन्दं मन्दमासत्तियोगा—
दविरलित कपोलं जल्पतोरक्रमेण।

अथवा 'चौर पंचाशिका' के कवि की तरह

निद्रानिमीलितदृशो मदमन्थराया
नाप्यर्थवन्ति न च यानि निरर्थकानि।
अद्यापि मे वरतनोर्मधुराणि तस्या—
स्तान्यक्षराणि हृदये किमपि ध्वनन्ति॥

जो हो, लेकिन इन व्यर्थ और बेकार शब्दों से उस व्यक्ति के हृदय का मर्म खुलता है।

काम के लिए पत्र तो सब लिखते हैं। दफ्तरी चिट्ठियाँ रोज लिखी जा रही हैं; लेकिन काम का पत्र लिखने से शायद ही किसी को तृप्ति होती है। कुछ पत्र आदमी यों ही लिखना चाहता है अथवा लिख जाता है जिसका न तो कोई उद्देश्य होता है,

न अभिप्राय और न प्रयोजन। ऐसे निष्प्रयोजन पत्र का कोई उत्तर भी नहीं हो सकता लेकिन देखता हूँ तो ऐसे ही प्रश्नहीन पत्रों के उत्तर की प्रतीक्षा बड़ी बेकरारी से की जाती है और उनका उत्तर भी सबसे लम्बा दिया जाता है—आठ-आठ हजार दस-दस हजार शब्दों में! ऐसे ही बेकाज पत्रों से आदमी आदमी उतरता है, आदमी खिलता है, आदमी खुलता है।

भूमिति की सार्थक रेखाएँ बहुत खींची जाती हैं। ओवरसीयर और इंजीनियर लोग कोई मकान बनाने से पहले उसका रेखाचित्र बना लेते हैं। यह है सोद्‍देश्य और सप्रयोजन। लेकिन क्या वे सदैव ऐसी ही रेखाएँ खींचते हैं। जब कभी मन उदास हो, दिल भरा हो, दिमाग खाली हो, मन कहीं तो तन कहीं हो, ऐसी दशा में भी क्या वह सार्थक ही रेखाएँ खींचता है? क्या करे मन जब नहीं तन! क्या करे तन जब नहीं मन? ऐसी ही दशा में वह कुछ अर्थहीन रेखाएँ खींचता रहता है—कागद हुआ तो कागद पर, न हुआ तो जमीन पर-

भाव भरा उर शब्द न आते
पहुँच न इन तक आँसू पाते
आओ, तृण से शुष्क धरा पर अर्थ-रहित रेखाएँ खींचें!

लेकिन कोई हृदयहीन ही इन रेखाओं को अर्थ-रहित कहेगा। कौन सार्थक रेखा या लिपि है जो इन भावों को इतनी अधिक तीव्रता और गहराई के साथ व्यक्त कर सकने की सामर्थ्य रखती है? किसी की बेकार खींची हुई रेखाओं से उसकी तत्कालीन मन:स्थिति का पता अच्छी तरह चल सकता है। सार्थक रेखाएँ या तो त्रिभुज-चतुर्भुज बताएँगी या किसी मकान अथवा पुल का मॉडल, आदमी नहीं!

इसी तरह पाठ्यक्रम की पुस्तकें देखकर किसी विद्यार्थी का वास्तविक रूप नहीं जाना जा सकता। उसे वह रखता है क्योंकि उसे रखना पड़ता है। इससे अधिक से अधिक यही पता चल सकता है कि उसका ध्यान पाठ्यपुस्तकों के संग्रह की ओर कितना है। परन्तु उसका भीतरी रूप तो उन पुस्तकों के संग्रह से मालूम होता है। जिन्हें पाठ्यक्रम की दृष्टि से बेकार कहा जाएगा। नियमों की सीमा में चलते हुए आदमी नहीं पहचाना जाता, नियमों को तोड़ने अथवा उनकी सीमा समाप्त होने पर पहचाना जाता है। इसीलिए विद्यार्थी जीवन में सभी विद्यार्थी आदमी के रूप में बहुत कुछ एक से लगते हैं। परन्तु उन ढाँचों से बाहर निकलते ही अलग हो जाते हैं। कौन कहता है कि बेकार की पुस्तकें बेकार हैं? वही तो आदमी के सच्चे रूप की पुस्तकें हैं।

यही हालत है बेकार खर्च की। अगर कोई विद्यार्थी कॉलेज की फीस जमा कर आता है या पाठ्यपुस्तक खरीद लेता है अथवा कोई अध्यापक जीवन बीमा की किस्त जमा कर आता है तो उस खर्च से उसका कुछ पता नहीं चलता। मेस के बँधे मासिक खर्च से किसी की जीभ का रहस्य नहीं खुलता। रहस्य खुलता है फुटकल

जलपानों से। आदमी अपने फुटकल और निष्प्रयोजन, योजनाहीन आकस्मिक व्यय से पहचाना जाता है। बँधी चीजों के लिए तो सभी खर्च करते हैं। अकसर बड़े-बूढ़े कभी-कभी लड़कों के खाने-खेलने की चीजें खरीद बैठते हैं और युवक कुतूहलवश अपनी प्रकृति के विरुद्ध वस्तुएँ ले बैठते हैं। इसका पता यही खर्च का हिसाब बताता है।

बहुत से लोग 'टाइम टेबुल' बनाकर काम करते हैं पर उससे उनकी नियमितता के सिवा कुछ नहीं मालूम होता। खुलते हैं वे उस समय जब अपने 'टाइम टेबुल' का बन्धन तोड़ते हैं। विद्यार्थियों का स्वभाव पढ़ाई के बँधे घंटों में लगभग एक-सा होता है, परन्तु इसके बाद वे समय को जिस बेकारी और बेहिसाबी से बिताते हैं वही उन्हें एक-दूसरे से अलग कर देती है। यही हाल दफ्तर में खटनेवाले क्लर्कों का है।

अकसर हम अपने कुछ बेकार कागज फाड़कर या तो रद्दी की टोकरी में फेंक देते हैं या खिड़की के बाहर या कमरे में ही। अगर कोई उन रद्दी कागजों को बटोरकर जाँच करे तो वह आपके स्वभाव के विषय में बहुत कुछ सही अनुमान कर सकता है, रहस्य भी खोल सकता है।

किसी समाज का पता उसके धनाढ्य व्यापारियों, सरकारी अधिकारियों तथा कर्मचारियों को देखकर उतना नहीं चलता जितना उसके बेकार आदमियों को देखकर। बेकार घूमनेवाले आदमी ही किसी समाज की व्यवस्था का सच्चा हाल प्रकट करते हैं। आज देश में लाखों किसान, मजूर बेकार पड़े हैं : कितने ही शरणार्थी आश्रयहीन की दशा में घूम रहे हैं; बेकारी की दशा में लेखकों की कलमें शिथिल हो रही हैं; खून की स्याहियाँ सूख रही हैं, साँसों के तार-तार हो रहे हैं—हिन्दुस्तान इनमें छिपा है : इन अँधेरी घाटियों में जहाँ दिन नहीं आते केवल रातें रहती हैं; हिन्दुस्तान उन अट्टालिकाओं और धवल कौंध शिखरों में नहीं है जो भलीभाँति सोने की चमक से प्रकाशित है। इस समाज का चित्रण भी वही कलम करेगी जो किसी रुपए की गुलाम नहीं बल्कि बेकार पड़ी है, उन बेकारों के हजूम की तरह उनके साथ चलती है, उनसे बोलती है, उनकी सुनती है!

मगर मेरे दोस्त, तुम भी कहो शायद कि यह क्या गप्प हाँक रहा है! गप्प ही सही—गप पर भी क्या कोई व्यवस्थित बात कही जाती है? आज मेरी भी इच्छा थी कि तुम से कुछ गप-शप करूँ। सम्भव है, इससे मेरा कुछ अपनापन खुल जाए। मैं तुम्हें अपने से दूर क्यों रखूँ और क्यों रखूँ तुम्हें भ्रम में? मगर तुम्हारी भी असलियत का पता तभी चलेगा जब ऐसे बेकार निबन्ध पढ़ोगे!

नई चाल का चेक

घरभरन तिवारी उर्फ नेताजी जब जेल से छूटकर आए तो उनके तपोनिष्ठ शरीर में कुछ ज्यादा नहीं था, सिर्फ इतनी ही चीजें थीं—ताजा-ताजा सिला-सिलाया खद्दर का पाजामा और कुर्ता, पैर में बाटा की चप्पल, सिर पर खाजा मार्का गांधी टोपी। ये सभी चीजें उन्हें जिला कांग्रेस कमेटी के दफ्तर में खैरात मिली थीं। इतनी चीजें तो सभी लोगों ने देखीं; लेकिन कुछ चीजें ऐसी थीं जिन्हें अलग-अलग पारखी लोगों ने देखा! बुधिया गोड़िन ने देखा कुर्ते के भीतर बित्ता भर धँसी छाती के घोंसले में गौरैया-सा फुदकता हुआ, कबूतर-सा गुटगुटाता हुआ और कौए-सा जला-भुना नन्हा-सा दिल। उनके बनिहार ने देखीं अथवा सुनीं कुछ ऐसी गालियाँ जो अब तक पढ़े-लिखे लोगों अथवा थानेदारों के ही मुख की भूषण थीं। उनकी धर्मपत्नी जी ने देखी रुपयों वाली अच्छी-सी थैली जो 'किस कमाई से मिली' पूछने पर जेल के व्यवहार, बट्टा, तिकड़म वगैरह की न्यायोचित नौकरी की देन बताई गई; सबसे बहुमूल्य चीज देखी हाल ही में मिडिल परीक्षा देकर घर बैठे लड़के ने और वह कुछ नहीं एक नई चाल का 'चेक' था जिसे चलते चलाते जिला कांग्रेस के अध्यक्ष ने इनकी पॉकेट में धीरे से डाल दिया था।

अब आप पूछेंगे कि ये सब चीजें मुझे कैसे मालूम हुईं। तो इसका भी उत्तर जान लीजिए नहीं तो कौन जाने आप लेख को आगे पढ़ने से हड़ताल कर दें! 'अच्छा लीजिए सुनिए, उन्हीं के मुख से।' (यह न समझिए कि यह वाक्य केवल रेडियोवालों की बपौती है।)

वह तो उनकी छाती वाले घोंसले की गौरैया है कि नहीं—एक दिन उसी बुधिया के अँचल में जाकर उलझ गई। गाँव भर हल्ला मचा और अहिंसावादी नेताजी ने अपने शेष संन्यास जीवन का उल्लेख करते हुए अपनी टोपी जैसी इतनी धुली-धुलाई वाणी निकाली कि लोग-बाग सिटपिटा गए। अन्त में सभी लोग उस धवल वाणी का एक-एक जोड़ा पहने हुए अपने-अपने घर चले गए। बुधिया अकेले चिल्लाती रही और नेताजी ने धीरे से गाँव भर के लोगों के कान की जगह जीभ रख दी। बुधिया की एक बात का जवाब सौ गुने रूप में प्रतिध्वनित हुआ और नेताजी

ने निर्गुण ब्रह्म की तरह 'बिनु वाणी वक्ता बड़ जोगी' का ही नहीं आगे चलकर 'आननरहित सकल रस भोगी' का भी नि:संग निरीह आदर्श रखा।

जेल के तिकड़म वाले रुपए की पोल खोली स्वयं उनके सुपुत्र ने। उसे कपड़े बनवाने थे और तिउराइन को सोने की हँसली। झगड़ा हुआ और लड़के ने गाँव भर चिल्ला-चिल्लाकर सारा कच्चा चिट्ठा खोल दिया।

चेक वाली बात तो स्वयं नेताजी ने ही खोली अन्यथा उसका पता उनके लड़के के सिवा और किसे हो सकता था! और लड़के को भुलवाने अथवा सन्तोष देने के लिए ही तो नेताजी ने उसे चेक दिया था जैसे तिवारीजी जेल से नहीं बल्कि मेला से लौटे थे और अब घर भर में सबके लिए कुछ न कुछ खिलौना ले आए हों! तो लड़का भला उसकी पोल क्यों खोलता?

शायद उस चेक को भुनाने के लिए नेताजी ने एकाध बार कोशिश की और जब वह न भुना तो एक दिन वे मेरे पास आए और कहने लगे—"सब साले बेईमान हो गए हैं! देखिए न, अपना घर-बार, लड़िका-परानी सब कुछ छोड़कर हम लोग जेल की हवा खाने गए, सोने-सा शरीर मिट्टी कर दिया, जान हथेली पर ली लेकिन उसकी जरा भी पूछ नहीं। अपने सब राज लूट रहे हैं और हमारे जैसे छुटभइयों को आँस पोंछने के लिए एक-एक ठो कागद थमा दिया। अब उस अपने दिए हुए कागद को ही वे सब नहीं मान रहे हैं। कहते हैं, देखा जाएगा। हमें वे 'सत्य-अहिंसा' का पाठ पढ़ाते हैं और अपने तो रुपए का पेड़ लगा रहे हैं।" मैंने धीरे से पूछा—"नेताजी, क्या बात है? क्यों इतने खफा हैं, कौन-सा कागद है?" नेताजी ने चट वह 'चेक' निकालकर मेरे सामने फेंक दिया और गर्दन की सारी सीमाएँ तोड़कर उनका स्वर फूट पड़ा—"यही गाँववालों के कल्याण के लिए नमक, तेल, सीमेंट वगैरह के लाइसेंस के लिए गया था। सो, लगे वे सब भाव बताने। कहने लगे—यहाँ जाइए, वहाँ जाइए। हमारी सरकार है तो हमें अपने अधिकारियों की कदर करनी चाहिए। अब आप ही बताइए, हम जाएँ उन कुत्तों के यहाँ? उनकी ऐसी तैसी! अधिकारी हमारे गुलाम हैं कि हम उनके?"

वे बोलते रहे और मैं देखता रहा कि वह चेक क्या था एक प्रकार का प्रमाण-पत्र था जिसमें उन्हें 'राजनीतिक पीड़ित' कहा गया था और वादा किया गया था कि उनके लिए यथासम्भव सब तरह की सुविधाएँ दी जाएँगी।

मैंने उन्हें आश्वासन देते हुए कहा—"आप धीरज धरें। इसमें जो लिखा है उसे पूरा करना पड़ेगा उन्हें। यहाँ न हो तो आप सीधे पन्तजी अथवा पंडित नेहरू के पास चले जाइए।"

वे चले गए। हाँ, यह ध्यान देने की बात है कि उस नए ढंग के चेक की कोई मियाद न थी।

फिर उसके बाद नेताजी मेरे पास कभी नहीं आए। केवल उस 'चेक' का प्रभाव ही चारों ओर चमक रहा था और उसी से पता चलता था कि अब उसका भुगतान हो रहा है। जिस तरह भगवान सूर्य ने द्रौपदी को एक अक्षय बटलोइया दे दी थी, उसी तरह हमारे नेताजी को भी अव्यय 'चेक' मिला था। फिर उनके चुप होने का भी कारण था। सुनते हैं, महाभारत का एक उपाख्यान है कि एकलव्य ने एक बार अपना 'शर-कौशल' दिखाने के लिए पांडवों के भौंकते हुए कुत्ते का मुँह बाणों से इस तरह भर दिया कि उसका मुँह क्षत तो न हुआ लेकिन भौंकना बन्द हो गया। आगे उसमें कहा गया है कि अर्जुन यह लाघव देखकर दंग रह गए और उससे मिलने के लिए उत्सुक हो उठे।

जब हमारे नेताजी का भी भौंकता हुआ मुँह बन्द हुआ तो मैं ही नहीं सारा गाँव चकित होकर देखने लगा कि आखिर यह किस एकलव्य की कला है! अर्जुन ने गुरु द्रोण से उस कला के विषय में पूछा था और मालूम नहीं द्रोण ने बताया भी या नहीं। लेकिन यहाँ तो उस कला के विषय में पूछने का साहस ही नहीं हुआ, सीखने का सवाल तो बहुत पीछे उठता है!

खैर, उस चेक का प्रभाव यह देखा गया कि नेताजी ने मोलई साहु पर कृपा करके उन्हें लाइसेन्स दिला दिया ताकि गाँव का हित हो। लेकिन सुनते हैं कि मोलई की दुकान में कोई ऐसा छेद था जिसमें रुपया डालने से न जाने कैसे नेताजी के घर पहुँच जाता था। मोलई साहु का कहना है कि यह बिल मूसों ने बना रखी है। जो हो! एक बात बड़ी अच्छी हुई। गाँववालों ने अब तक रुपए का पेड़ नहीं देखा था। नेताजी ने गाँववालों की आँखें सफल कर दीं।

लेकिन गाँव के लोग भी खुश हैं। नेताजी ने पेड़ क्या दिखा दिया लोग पूछने लगे—"बाबा, इस पेड़ की बिया कहाँ मिलती है? हमें भी बता दीजिए। हम भी अपने आँगन में लगाएँगे।"

तिवारीजी के सिर अच्छी आफत आई। बेचारे क्या बताते! सही बात जो थी, उन्होंने बतला दी कि "भाई यह पेड़ निरंजनी है, इसकी बिया कहीं नहीं मिलती। जो भाग्यवान होते हैं उनके आँगन में अपने आप उग आता है। यों हमको तो यह बड़ी हिकमत से जेल में मिल गई थी।"

खेलावन सिंह भी कैसे गऊ हैं। बेचारे ने पूछ ही तो दिया—"बाबा, उसी जेल में तो ई पोल्हवना भर भी गया था। उसको यह बिया क्यों नहीं मिल गई."

नेताजी ने डाँटते हुए कहा "चुप रहो; यह चोर-डाकुओं को नहीं मिलती।"

इस जवाब सवाल से जहाँ गाँव को एक नुकसान यह हुआ कि वह पेड़ फिर देखने को न मिला अर्थात् उसे लोहे के पिंजड़े में रख दिया गया, वहाँ एक लाभ यह हुआ कि उसके मिलने की जगह जेल का पता लग गया और लोगों ने तय किया कि

बिना चोरी-चकारी किए जिस तरह घरभरन तिवारी जेल गए थे उसी तरह अवसर आने पर हम लोग भी जब जेल में ठूँस दिए जाएँगे, तो वह बिया मिल जाएगी। तब हम लोग उसे अँगना में चोरी-चोरी न लगाकर बाहर खुलेआम अपने लम्बे-चौड़े खेतों में लगाएँगे।

लेकिन गाँववालों की बात! बस एक दिन फुसफुसा के रह गई। उधर नेताजी का 'चेक' अपनी करामात दिखाता रहा। उन्होंने अनेक लोगों पर कृपा करके दूसरे गाँवों में भी दुकानें खुलवा दीं। जो दुकानदार थे उनका कपड़ा ही नहीं, सारा शरीर मिट्टी के तेल से महक उठा; शरीर नमक की हाँड़ी की तरह गलने लगा। लेकिन रुपए में न तो गंध होती है और न नमकीनी। तिवारीजी का शरीर बिलकुल स्वच्छ और सुगन्धित रहा। यही सुगन्ध गंधबह पर इतनी फैली कि स्कूल की क्यारियों में बिना फूल के भी छा गई, पड़ोस के देवालयों में फूलों का खटकनेवाला अभाव दूर हो गया। उनकी धर्मपत्नी के जूड़े को वह फूल बनकर मंडित करने लगा। कभी-कभी जब कोई बड़ा नेता अर्थात् हमारे नेताजी का अफसर देहात में चला आता तो वही फूल उसके गले की शोभा बढ़ाता। उस फूल-हीन देहात की नाक कटने से रहती! बदले में महानेता स्वयं अपने ओठों से कुछ और किस्म का फूल बरसा जाते। देहाती भाई लूट-लूटकर अघा जाते—कुछ घर भी ले आते।

जब इन सब चीजों से कंट्रोल उठ गया तो नेताजी को फिर बड़ी चिन्ता हुई। मोलई साहु को तो उन्होंने कहा—'पुनर्मूषको भव' लेकिन अपने? उन्हें फिर वह चेक याद आया। तब तक लड़का भी सिर पर सवार। बोला—"बाबूजी, हम बहुत पढ़ चुके। क्या पढ़ते-पढ़ते बूढ़े हो जाएँगे। अब हाई स्कूल के बाद मैं एक डंडा भी आगे नहीं चढ़ूँगा। मेरे लिए आप जो चेक लाए थे, उसे भुनाइए—"

नेताजी का उत्साह बढ़ा। बोले—"क्या चाहते हो? कौन नौकरी लोगे?"

तिवारीजी ऐसे बोल रहे थे जैसे स्वयं ब्रह्मा ही वर देने खड़े हों!

छोटे तिवारी ने धृष्ट भक्त की तरह कहा—"थानेदार।"

"बस!" नेताजी का तो मानो दिल ही बैठ गया बोले—"एवमस्तु!"

इसके बाद वे बहुत दुखी हुए जैसे सिर से देवता उतर जाने के बाद कोई ओझा! क्योंकि जब तक उनमें वर देने की शक्ति थी तब तक उनके पुत्र ने बड़ी छोटी चीज माँगी। अब गोया वे लाचार थे। कहने लगे—"मैं तो समझता था कि तू कलक्टरी-कमिश्नरी माँगेगा। मेरा लड़का थानेदार बने! किस मुँह से सिफारिश करने के लिए जाऊँगा?" लड़के ने थानेदारी के रोब और आमदनी की सारी महिमा गा सुनाई। पिता को सन्तोष न हुआ। चेक ने काम किया। लोगों ने देखा कि नेताजी का लड़का थानेदार बन गया। बिना खर्च-वर्च के यह एक और पेड़ रुपए का तैयार हो गया!

परन्तु नेताजी का विश्वास था कि 'चेक' हर समय चलता रहे, तभी तक अच्छा, अन्यथा धराऊँ हो जाने पर उसमें घुन लग जाने का भय है। इसलिए अब वे इस चेक के द्वारा परोपकार में लगे। दूसरों को अपने साथ लखनऊ आदि ले जाकर घुमा लाना और उनका कुछ काम-धाम कराके अधिक नहीं मुनाफे में से केवल पान ही खाने के लिए तो लेते थे जो जजमान के अनुसार लगभग आधा होता था!

इतना परोपकार करते-करते नेताजी के हाथ-पाँव थक गए। दौड़-धूप कम न थी। चेक भुनाने के लिए उन्हें हर समय दौड़ना पड़ता था। इसलिए उस 'चेक' से उन्होंने एक छोटी-सी 'मोटर' मँगवा ली। मोटर गाँववालों की आँखों में धूल झोंकती हुई अकसर बेकाज इधर-उधर दौड़ती फिरती। जिन नेताजी को समय सूरज को देखकर मालूम होता था, वही अब उनके हाथ में आ गया अथवा हाथ पर—जैसे डाल से उतरकर तोता आत्माराम के पिजड़े में आ गया था।

लेकिन उनकी गाड़ी उनकी साँसों से तेज नहीं चल पाती थी। इसके लिए वे ड्राइवर को कई बार डाँट चुके थे। एक दिन गाड़ी उसी वेग से चल रही थी। सहसा एक पेड़ से टकरा गई। पेड़ चाँदी का न था इसलिए मोटर को बहुत-कुछ धूल में मुँह छिपाना पड़ा। नेताजी महान प्रेमी थे, उछलकर जमीन चूमने लगे।

घटना गाँव के पास की ही थी। उन्हें घायल देखकर दुश्मन भी दोस्त बन गए अन्यथा उन्होंने इधर सबको छोड़कर 'एकोऽहं' का नारा बुलन्द किया था। उनकी पत्नी बुलाई गई। घटनास्थल पर मैं भी गया। काफी देर बाद नेताजी को होश आया। होश आने पर सबसे पहले उनका ध्यान अपने पॉकेट पर गया। टटोलकर उन्होंने फिर रख दिया। मैंने समझ लिया कि वही चेक है।

नेताजी बोले—"अब आखिरी समय है। आप लोग क्षमा करें।"

मैंने कहा—"तिवारीजी, वह चेक तो माताजी को देते जाइए। बड़ा काम करेगा!" हिचकी लेते हुए वे बड़े कष्ट से बोले—"यहाँ अब उसकी मियाद खतम हो रही है। अब इसे स्वर्ग में चलाऊँगा। गांधीजी वहीं हैं।"

किसी ने धीरे से कहा—"जल्द ही और लोग भी वहीं जाएँगे।"

अन्त में उन्होंने कहा—"गांधीजी की जय!" लोगों ने भी इसे दुहराते हुए इतना और जोड़ दिया—

"नेताजी की जय!"

बक़लम ख़ुद

'मूलगन्ध कुटी विहार' से निकलते समय मित्र का ध्यान सबसे पहले जिस ओर गया वह था द्वार पर रखा 'हस्ताक्षर पिटक'। वैसे मित्र की पाचन शक्ति अच्छी थी परन्तु लगता है कि मन्दिर का प्रभाव, शायद, सहज सुपाच्य नहीं। साहचर्य-दंड भोगना बदा था लेकिन मेरे कानों से पहले ही पिटक मिल गया। खोलने को तो उन्होंने पिटक खोल दिया परन्तु लिखें क्या यह शायद तय नहीं कर गए थे। अतएव वे मेरी ओर मुड़े। कैसे कहता कि अपने राम 'प्रभाव-प्रूफ' हैं—'वॉटर-प्रूफ' भले न हों! इसलिए उन्हीं के असमंजस स्तर पर स्वयं भी जा खड़ा हुआ। अब उन्होंने वही किया जो प्रत्येक सरकारी कर्मचारी करता है—अर्थात् जब यह न सूझ पड़े कि क्या करें तो वही करें जो पहले किया जा चुका है। मित्र ने नजीर के तौर पर पिटक के पिछले पृष्ठों को उलटना शुरू किया। मुझे भी स्वाद आने लगा, और धीरे-धीरे स्वेद भी।

खाली-खाली अपना हस्ताक्षर देनेवाले कम ही लोग दिखे। इस दरिद्र देश में यदि दरिद्रता नहीं है तो वचन की क्योंकि अंग्रेजी पूँजीवाद की कृपा-दृष्टि उस ओर नहीं गई। अस्तु अयाचित राय बहुतों ने दी थी। कविताओं का भी दौर था। अधकुँची कविता पंक्तियाँ उद्‌धृत कर काव्य-रसिकों ने उसे अच्छा काव्य संग्रह बना दिया था। बीच-बीच में गद्य-काव्यों की भी सुललित बानी थी। सब पर प्रभाव का नशा पाउडर की तरह चमक रहा था। एक क्षण के लिए ऐसा लगा गोया शान्तिप्रिय द्विवेदी की कोई समीक्षा पुस्तक पढ़ रहा हूँ।

उधर मित्र 'बाँसेर बने डोम काना' का अनुभव कर रहे थे। मैंने सहायता करते हुए लिखने का सुझाव दिया—कृपया इस पर अमरता का चिह्न छोड़ जाने से पूर्व कागज की महँगी, पिछले पृष्ठ और सामने के 'दान कोश' की ओर देख लिया करें।

'यह भी कोई लिखने की चीज़ है!'—मित्र ने खीझ के साथ कहा और मैं आगे बढ़ गया। मित्र भी आए लेकिन मरे हुए। उन्होंने काफी उपदेश उगला क्योंकि वे अध्यापक थे और एक अध्यापक की सबसे छोटी परिभाषा यही है कि जब तक कोई अपने को उससे अधिक योग्य न सिद्ध कर दे वह उसे अपना विद्यार्थी ही समझता है।

अजीब हाल है : दान-कोश में देने को पाई नहीं और सलाह देने में कुबेर! पॉकेट जरा भी नहीं खुलता और मुँह योजन-भर (योजना से भरा?) फैल जाता है! वश चले तो लोग अपने-अपने पॉकेट पर ही 'दान-कोश' लिखकर छपवा दें। सौन्दर्य का शोषण तो सब चाहते हैं लेकिन पोषण नहीं। क्या विरोधाभास है कि जिस महापुरुष के नाम को प्रज्ञप्ति-मात्र कहा था उसी के मन्दिर में लोग अपना नाम लिखकर अमरत्व तक कूद जाना चाहते हैं। शायद प्रज्ञप्ति की जगह किसी मुद्रक ने 'विज्ञप्ति' छपवा दिया हो!

मुझे चुप देखकर मित्र ने 'लगे हाथों' चौखंडी स्तूप चलने का प्रस्ताव किया, लेकिन चले वे 'लगे पैरों' ही। 'मृगदाव' में चौपाया बनते-बनते बचे। स्तूप पर पहुँचते ही, प्रकृति-पुरुष का एक जोड़ा दीवार पर नाम खोदने में व्यस्त दिखा। 'प्रकृति' पुरुष की अर्द्धांगिनी की अपेक्षा त्रिगुणांगिनी थीं और मुख पर पाउडर गर्व की तरह पुता था। यहाँ कागज का 'हस्ताक्षर पिटक' नहीं रखा गया था शायद इसीलिए लोगों ने 'अभावे शालिचूर्णम्' के वजन पर पूरे भवन को ही 'हस्ताक्षर पिटक' बना डाला! गनीमत कि 'शालिचूर्ण' बनाकर फाँक नहीं डाला! मालूम होता है कि इसी भय से 'विहार' के द्वार पर 'हस्ताक्षर पिटक' रख दिया गया है कि कहीं लोग भवन को ही अपने हस्ताक्षरों का शिकार न बना डालें। लेकिन लोग मानते ही कब हैं! नगर में विशेष क्रियाओं के लिए स्थान बने रहने पर भी लोग अन्य स्थानों की कहाँ जान बख्श देते हैं? फिर भी नए मकान पर एक का नाम लिखा देखकर अपना भी दर्ज करने का रिवाज अभी कम है। मकान ज्यों ही गिरने लगता है लोग अपना दस्तखत जड़ने लगते हैं। होता ही है—प्राण उड़ते ही यह शरीर सबका हो जाता है क्योंकि छिति, जल, पावक, गगन, समीर तो सबकी सम्पत्ति हैं।

मन विचारों से वस्तु पर—दीवाल से नींव पर आया लेकिन जहाँ तक स्तूप के अष्टकोण मन्दिर का सम्बन्ध है वह नींव से दीवाल और फिर छत की ओर गया। कोयला, खड़िया, कील, नख सबका प्रयोग हुआ है। लगता है कि कुछ लोग तो केवल नाम खोदने का ही व्यवसाय करते हैं और इसलिए अपने विज्ञापन के लिए इस सार्वजनिक स्थान पर अपना पूरा पता देते गए हैं। लोगों की सुविधा का इतना ध्यान! अकसर एक नाम को जेर करते हुए अपने को जबर करने की कोशिश की गई है। लोग हर तरह पेश आए हैं। ऊँचा से ऊँचा और सुरक्षित से सुरक्षित परन्तु सर्व-दृष्टि-सुलभ जगह चुनने की कोशिश की गई है। काश, ये सफेदपोश लोग जान पाते कि स्याह को सफेद करनेवाला बक्त मकानों पर ही नहीं सब पर सफेदी कर गुजरता है। जो हो, इतने लिक्खाड़ों के बावजूद कहीं न कहीं लिखने की जगह तो मिल ही जाती है, जिस तरह धरती पर रहने की—खासतौर से मरने की।

नाम से भरे उस मन्दिर की उमस असह्य हो उठी। ताजी हवा के लिए ऊपर चले। निगाहें अपने आप अकबर के उस शिलालेख पर चली गई जिसे उसने बाप की यादगार में लगवाया था। नींव के हर्षकालीन स्तूप ने खेद के साथ कहा—'खँडहर पर का निर्माण सदा खँडहर होता!'

एक तो वे हैं जो अपने पौरुष से इतिहास में एक नया पन्ना जोड़कर अपना नाम लिखते गए और दूसरे वे हैं जो उन्हीं जीर्ण-शीर्ण पन्नों पर बैठकर पार हो जाना चाहते हैं।

चबूतरे पर बैठे। दूर क्षितिज स्थित दो ताड़ों के बीच से सूर्य झाँक रहा था—नन्दिनी के दो सींगों के बीच मंगल बिन्दु की तरह। प्रकाश की चौड़ी धारा में स्तूप की बिखरी ईंटें बहती दिखीं। लगा कि स्वर्गंगा की धार में कल्पलता के अंशुक तैर रहे हैं जिन्हें न जाने किन सुरांगनाओं ने विच्छत्ति के बाद शृंगारदानों में बचे हुए नाना वर्णों से चित्र-विचित्र चरित्र लिख-लिखकर बहा दिया होगा। समय-स्रोत में बहते हुए इन मौन पत्रों पर न जाने कितने मानव-हृदयों की मूक कथाएँ सो रही हैं। न तो इन पर उनका नाम है और न कार्य-कलापों की सूची। क्या इसी आशंका से आधुनिक युग का चतुर मानव ईंट-ईंट पर अपना नाम अंकित कराकर मकान बनवा रहा है? वह सोचता है कि ईंट से ईंट बजने में कम-से-कम यदि एक भी ईंट बची रही तो उसका नाम लुप्त न होने पाएगा। सेठ जी अपने नाम का सिक्का नहीं चला सकते तो 'ईंट' तो चला ही सकते हैं। भावी इतिहासकारों के लिए यह बहुमूल्य सहायता है। क्या हुआ कि मोटवानी फर्म की ईंटें भविष्य के इतिहास में मोटवानी राजवंश समझी जाएँगी?

यदि 'कपि की ममता पूँछ पर' तो 'मनु की ममता नाम पर।' 'कलि महँ केवल नाम अधारा।'

आज के लोगों का काम कुछ शास्त्र-विरुद्ध थोड़े है? अगर किसी पढ़े-लिखे आदमी के हाथ में कलम, सामने कागज और दिमाग में कुछ न हो तो वह प्रायः अपने हस्ताक्षर के नमूने बनाता दिखेगा। किसी विद्यार्थी की कॉपी उठाकर देख जाइए। हस्ताक्षरों से भरा एकाध पन्ना जरूर मिल जाएगा। पुस्तकालय की पुस्तकों और वाचनालय की पत्रिकाओं तक पर यह कारीगरी दिखाई पड़ेगी। गोया बिना उनकी 'सही' के पुस्तक बेकार रह जाएगी।

और यह हस्ताक्षर का शौक अपने ही तक सीमित नहीं रहता। ऑटोग्राफ—शिकारियों की संख्या दिन दूनी रात चौगुनी नहीं तो सभा-चौगुनी जरूर बढ़ती जा रही है। इस बैंकिंग के युग में यह यदि 'राम नाम बैंक' नहीं तो 'नाम बैंक' जरूर है। हाय रे, मर्त्य रूप की अमर्त्य नाम के प्रति उत्कट लालसा! जब काल से पृष्ठों के नाम पुँछ जाते हैं तो थाली, लोटा, कलम, घड़ी, मकान से मिटते कितनी देर लगती है!

आज ये पंक्तियाँ लिखते हुए दूसरों पर कहा हुआ प्रत्येक शब्द मेरे ऊपर व्यंग्य कर रहा है। विश्व-पथिक, थोड़ी देर के लिए इस 'कुवार धारे' रुके हो! प्यास बुझाने के लिए तुमने अधर ही नहीं अंजलियाँ भी फैला दीं। तुम्हारी क्षीण पुकार से, तुम्हारे हल्के से संकेत से, तुम्हारी उपस्थिति मात्र से मैं पानी-पानी हुआ जा रहा हूँ। मेरा समस्त अस्तित्व पिघलकर तुम्हारी अंजलि में ढुलक जाना चाहता है। कोटि-बाहु परन्तु एक हृदय-पथिक!

यखन तुमि शुधाले नाम
पेलेम बड़ो लाज
तोमार मने थाकार मतो
करेछि कोन काज?

रूप, कैसे कहूँ कि मैं हूँ तुम्हारा नाम—एक नाम!

इस 'नामवर' नाम से झंकृत होनेवाली अहन्ता हर बार अपना नाम बताते समय मुझे रोक देती है और बता देने के बाद श्रोता की प्रशंसा-बोझिल हँसी व्यंग्य के तीखे-पन में मेरी हया को तलकर रख देती है। चिर विशेष्य! मैं हूँ तुम्हारा एक विशेषण, अपना नाम नहीं! चाहे इसे प्रज्ञप्ति समझो चाहे विज्ञप्ति।

क्या इतना लिखने के बाद भी अपने हस्ताक्षर के प्रमाण के लिए 'बक़लम ख़ुद' लिखना पड़ेगा? हाथ खुद नहीं बताता कि यह मेरी कलम है। यह तो कलम का काम है जो साबित कर दे कि मैं किसी के हाथ का बढ़ा हुआ अंग हूँ, मामूली कलम नहीं।

न तो यह तमस्सुक है और न पट्टा कबूलियत। फिर भी इतना कह जाना चाहता हूँ कि यह सनद रहे और वक्ते जरूरत काम आए।

पुनश्च—

इसे आकस्मिक ही समझें कि इसी निबन्ध के नाम पर समूचे संग्रह का नाम पड़ रहा है। एक नाम सभी रूपों के सिर थोपा जाए, मुझे कबूल नहीं और तब तो और भी नहीं जब वह अपने रूप की भी श्रेष्ठता का दावा करे। लेकिन परिपाटी चल पड़ी है और जो चल पड़े उसका साथ अपने लिए नहीं तो उसके लिए देना ही चाहिए। रूढ़ि के अहं को सुदृढ़ करने में ही अपना अहं ध्वस्त होता जा रहा है फिर भी इतनी चिल्ल-पों! यदि यह निबन्ध निकृष्टतम भी समझा गया तो इसकी सबसे बड़ी सफलता लेखक के निकट यही होगी कि इसने उस परम्परा पर प्रहार किया है जिसमें सर्वश्रेष्ठ निबन्ध के नाम पर समूचे संग्रह का नाम रखा जाता है। यदि यह भी नहीं तो नामसिद्धि जातक के नाम खोजी पापक की कहानी मेरा साक्षी रहे, ढाल नहीं। जिसके दोनों हाथों तलवार हो उसका सीना ही ढाल होता है।

जब मेरी पुस्तक ने मुझसे कहा

जब सारी पुस्तक पूरी हो चुकी और प्रेस में देने की तैयारी करने लगा तो देखा कि उसके ओठ फड़क रहे हैं। पहले तो समझा कि हवा है—पन्ने हिल रहे हैं लेकिन उससे कुछ शब्द भी निकलते सुने गए। मैं उन लोगों में नहीं जो मुर्दें को जी उठते देख उसके प्रेत का आगम मान लें और फिर मौत जीतनेवाले को लाठियों से हरा दें। समझा, कौन जाने मुझसे बाहर निकलकर यह जानदार हो गई हो! वह बोली—"अब तो मुझे भवसागर में भेजकर तुम कभी देखने भी न आओगे कि मेरी क्या दशा है?" सुना—स्वर्ग से विदा होते समय अभिशापित सरस्वती का स्वर भी शायद ब्रह्मा के सम्मुख कुछ ऐसा ही निकला था। पंडितों का कहना है, ब्रह्मा ने सरस्वती को आश्वासन दिया कि पुत्ररत्न का सुख देखते ही साल भर के बाद तुम्हें यहाँ आ जाना होगा।

मैं तो असमर्थ था। क्या कहता कि अपने ऊपर एक आलोचना पुस्तक का मुख देखते ही मेरे पास चली आना! लेकिन इस असीम अवधि के लिए वह शायद तैयार भी नहीं होती और इधर मेरे पास जगह भी कम है। इच्छा हुई कण्व मुनि वाला ही श्लोक क्यों न पढ़ डालूँ? लेकिन शकुंतला की दुर्गति की कल्पना कर चुप रह जाना पड़ा। इतने सोच×विचार के बाद कहा—"तुम तो पता नहीं कहाँ-कहाँ जाओगी? मैं वहाँ कैसे पहुँच सकूँगा?"

वह बोली—"काश, तुम मेरे साथ होते तो मेरी निन्दा-प्रशंसा के तुम भी भागी बनते। मैं अकेले इतना सब कैसे झेल सकूँगी?" फिर वह रुककर सुझाव के रूप में मुखरित हुई, "अच्छा, एक बात है। क्यों नहीं मेरे पास अपना एक फोटो दे देते? सभी लोग ऐसा करते हैं।" चालाक पुस्तक! बेवकूफ किताब! मैं उसे कैसे समझाता कि मेरी तस्वीर उसकी तमाम तकलीफों को कैसे देख सकेगी? फिर उसे क्या पता कि उस चित्र पर कितने तरह के फिकरे कसे जा सकते हैं? होता ही है! पुस्तकालयों में जाकर वह देखेगी तब उसकी आँख खुलेगी। चुप-चुप फिर बात का रुख मोड़ते हुए बोला—

"अच्छा, छोड़ो यह लड़कपन की बातें। बताओ कहाँ-कहाँ रहोगी तुम? मैं कोशिश करूँगा पहुँचने की। पहला स्थान बताओ।"

"किताबों की दुकान।" उत्तर मिला।

शाम का समय। दुकान में नीली या हरी कुछ इसी तरह की रोशनी हो गई है। तूतिया से रँगी दीवालें रोशन हो रही हैं। आनेवालों के चेहरे रँग उठते हैं। मैं भी वहाँ पहुँचता हूँ। खोजना तो है तुम्हें, तुम्हारी सीट, लेकिन सीधे पूछना कुछ ठीक नहीं जँचता। इसलिए नई-नई आई हुई पुस्तकों का नाम पूछता हूँ।

देखो न, कैसा मूर्ख दुकानदार है जो न जाने कितनी खूसट किताबों का नाम बता गया लेकिन तुम्हारा नाम ही नहीं बता रहा है! बड़ा क्रोध आता है उस पर। अन्त में विवश होकर तुम्हारा नाम पहले बताते हुए अपना नाम भी पीछे से जोड़ देता हूँ। वह पहले तो सिर खुजलाता है और फिर सोचकर कहता है कि इस नाम के लेखक को तो मैं नहीं जानता साहब, अभी आप ही के मुख से पहले पहल सुन रहा हूँ।

सोचो मेरी हालत! तुम्हें वह कुछ नहीं कह रहा है, केवल मुझी पर उसका सारा वार है। कुछ सोचकर वह कहता है, "मुझे नहीं मालूम कि इस नाम की पुस्तक मेरे यहाँ है। आपको कष्ट तो होगा, लेकिन चाहें तो खुद देख लें।" सारा क्रोध दबाकर तुम्हें खोजने अलमारियों की ओर मुड़ता हूँ। पसीना छूट जाता है-श्रम के कारण नहीं, चिन्ता के कारण। सोचो,

मैं तुम्हें खोजने के मिस
परिचित होता कण-कण से!

बेकार सैकड़ों पुस्तकों की खाक छाननी पड़ी। अन्त में तुम एक कोने में पुस्तकों के बीच दबी पड़ी सकुची-सहमी-सी मिलती हो। सतृष्ण नेत्रों से तुम्हें निकालता हूँ, देखता हूँ। सारी ममता उमड़ पड़ती है—क्लेशः फलेन हि पुनर्नवतां विधत्ते! उसी के बाद दुकानदार के प्रति क्रोध उत्पन्न होता है 'कामात्क्रोधोभिजायते'!

जाकर उसे डाँटते हुए स्वर में कहता हूँ—"अजीब दुकानदार हैं आप साहब, घर में माल और आपको पता नहीं? क्या दुकानदारी करते हैं?" वगैरह-वगैरह।

बेचारा दुकानदार हें हें हें हें करता हुआ कहता है—"धन्यवाद। क्या करें, इतनी पुस्तकें आती हैं सबका नाम याद रखना मुश्किल होता है। सूची 'ड्रायर' में बन्द है। ताली खो गई है। खैर लाइए। और कोई पुस्तक लेनी हो तो कहिए।" इसके बाद तुरन्त वह 'कैश मेमो' बनाने के लिए कार्बन एक पन्ने से दूसरे पन्ने में डालता है।

मैं घबड़ा जाता हूँ। मेरे पास तो तुम हो ही। अब फिर से खरीदूँ भी! जल्दी में उत्तर देता हूँ—"अच्छा अभी रुकिए, कुछ और पुस्तकें पसन्द कर लूँ।"

उसे क्या! वह रुक जाता है। मैं तुम्हें लेकर दूसरी पुस्तकों के बहाने तुम्हें ही बार-बार उलटता हूँ और इतने विचारों के द्वन्द्व में उलझ पड़ता हूँ—'तुम्हारी एक ही प्रति तो यहाँ मौजूद है। यदि मैं तुम्हें खरीद लेता हूँ तो पता नहीं तुम इस दुकान पर फिर कब आओगे; दूसरे तुम्हें न देख सकेंगे। यदि मैं तुम्हें नहीं खरीदता हूँ तब दुकानदार यह समझ लेगा कि यह ऐसी पुस्तक है जिसका 'गेट अप' वगैरह देखकर कोई आकृष्ट भले हो जाए लेकिन भीतर देखते ही भड़क उठता है और नहीं खरीदता।' इतना सोचकर वह तुम्हें या तो बिलकुल कोने-अँतरे में रख देगा या पुस्तकों के एकदम पीछे।

अजीब उलझन है। मैं सोच ही रहा हूँ कि पुस्तकों का खोजी विद्यार्थियों का एक बहुत बड़ा दल दुकान में घुसता है। मैं तुम्हें ऐसी जगह रखकर एक ओर हट जाता हूँ जहाँ इन सबकी निगाह जरूर पड़े और मैं दूसरी पुस्तकों को अनदेखी आँखों इस तरह देखने लगता हूँ कि एक आँख उठा देखनेवालों की आँख पर रहे।

देखता क्या हूँ कि 'साँसन ही मैं समीर गयो' वाली देव की नायिका की तरह जो विद्यार्थी हैं और जिन पर एकदम 'रेखा' की परिभाषा चौचक बैठती है (अर्थात् जिसमें लम्बाई तो हो लेकिन चौड़ाई-मोटाई नहीं) वे सीधे पाठ्य-पुस्तकों, कुंजियों और नोटों की माँग की झड़ी लगा देते हैं। यद्यपि स्वयं उनमें 'डाइजेस्ट' करने की शक्ति नहीं रह गई परन्तु 'डाइजेस्टों' की माँग बहुत करते हैं। उनके चेहरे पर आँख की जगह अब चश्मा ही रह गया। उसी से न जाने कैसे इन महीन पुस्तकों को टटोल-टटोलकर जल्दी-जल्दी 'कैश मेमो' बनवाकर भागे—जैसे वक्त! अथवा वक्त को पकड़ने के लिए उसके पीछे लपके! उन्हें इतनी फुरसत नहीं जो तुम्हारी ओर 'फूटी आँखों' (अपनी अन्धी आँखों) भी देख सकें?

जब वे चले गए तब उन पर उपेक्षा से परिस्फीत हँसी के गुब्बारे को धड़ाके से फोड़ते हुए दिल-फरेब नौजवानों का दल आगे बढ़ता है। सिगरेट के छल्ले बनाते हुए कोई कहता—"ताजा माल दिखाओ यार, समेटो इस कुंजी उंजी के कूड़े को!"

यों तो दुकानदार इनके आने की आहट पाते ही कुंजियों को समेटने लग गया था लेकिन अब उसके हाथों ने 'स्विच ऑन' कर दी और नौकर के हाथ मशीन बन गए। चट दुकानदार अलमारियों की ओर बढ़ता है और 'पेलिकन पेंगुइन' के आधे दर्जन फड़कते उपन्यास, जासूसी उपन्यास, प्रेम-रोमांस के उपन्यास, कुछ एकान्त में पढ़ने योग्य अंग्रेजी की 'काम शास्त्र' की पुस्तकें, जिन्हें उसने बहुत छिपाकर खासतौर से इन्हीं के लिए रखा था, ले आता है।

कुछ लोग इसे देखते और पसन्द करते हैं और कुछ अलमारियों की ओर स्वयं बढ़ जाते हैं। अब मेरी निगाह इन्हीं की आँखों का अनुसरण करती हैं—जैसे पुराने किलों में गाइड! पहले दल से निराश होकर वे उन्हें छोड़ देती हैं। और सुनो प्यारी

पुस्तक, पंखे की हवा से फड़कनेवाला तुम्हारा दिल उस समय मेरे दिल की धड़कन की बराबरी क्या खाक करेगा!

निराशा होती है जब दो-चार छात्रों की आँखें उधर से बिछलकर दूसरी जगह जा लगती हैं। जी करता है कि क्यों न मैं दुकान का नौकर बनकर तुम्हें उनके हाथों में रख दूँ। अन्त में एक छात्र तुम्हें उठाता है। मेरी आँखें सर्कस की बालिका की तरह उसकी आँखों की उस पतली डोर पर दौड़ने लगती हैं जो पुस्तक के नामवाले लट्ठे से बँधी है। बँधी कहाँ है? अभी तो वहाँ तक पहुँची है और शायद छोटी पड़ रही है। मेरी आँखें उसे दूसरे छोर पर तुमसे बाँधने के लिए जोर मार रही हैं। उलट-पुलट, चित्र नदारद; किसी ऐसी बालिका का भी नहीं, जिसे तुम समर्पित की जाओ!

आह! वह रख देता है तुम्हें और मेरे मन की वह हविस भी मन ही में रह जाती है कि दुकानदार से अपना नाम बताकर तुम्हारी कुछ और प्रतियाँ तो मँगवाता ही, तुम्हें भी सबके सामने रखवा देता! लेकिन अब मेरे लिए दुकान में रुक सकना बड़ा मुश्किल है। कौन जाने उन मस्तानों ने मुझ पर या तुम पर कुछ फिफरे भी कस दिए। जब निकलता हूँ तो दुकानदार कहता है—"कहिए साहब, कहाँ चले? वह पुस्तक न लीजिएगा तो और दिखाऊँ।"

और मैं अभी आने का वादा कर चल देता हूँ। इस महाजनी दुनिया को 'शॉ' जैसे लेखकों की जरूरत है जिसने अपनी पुस्तकों की बाजारू कीमत बढ़ाने के लिए अपने ही पैसे से सब खरीदवा लीं। खैर, अब बताओ, तुम्हें किस जगह देखूँ?

पुस्तक ने कहा—"पुस्तकालय।"

मैंने छूटते ही कहा—"अव्वल तो तुम किसी पुस्तकालय में घुसने नहीं पाओगी, इसकी आशंका अभी हाल में नहीं है। कारण, न तो सरकार के पास 'पॉलसन' के डिब्बे में तुम्हें रखकर भेजने का उत्साह है मुझे और न व्यक्तिगत पुस्तकालयों को तुम्हारी खबर। हाँ, अगर कहीं तुम भेंट कर दी गई तो पुस्तकालय के रजिस्टर पर तुम्हारा प्रवेश सम्भव है।" पुस्तक ने कहा—"यही सही। बोलो, वहाँ तो बहुत जाते हो। कभी मेरी भी खोज-खबर लोगे?"

मैंने कहा—"इसकी चिन्ता छोड़ो। मैं नहीं चाहता कि तुम्हें नाना रंगों की रेखाओं और रिमार्कों के बीच कुरूप दशा में देखूँ। सम्भव है, एकाध लोगों को तुम पसन्द आ गई तो तुम्हारा मन हल्का करने के लिए वह कुछ पन्ने अपने साथ लेता जाए। सम्भव है, कभी तुम्हारी जिल्द मात्र ही साबित रहे। बाकी तुमको कोई पूरा का पूरा हरण कर जाए। लेकिन एक सम्भावना और है, वह यह कि तुम्हारे पाठक केवल झींगुर और दीमक मात्र ही रह सकते हैं और क्या बढ़िया ढंग से एक अध्ययनशील विद्यार्थी की तरह वे तुम्हें या तो पूरा का पूरा चाट जाएँगे या तुम्हारे हृदय में स्थान बनाकर या घाव करके एक दिन कहीं चले जाएँगे। परन्तु मुझे इन

झींगुरों-दीमकों तथा छात्रों के व्यवहार में कोई अन्तर नहीं दीखता। अच्छा है, तुम किसी का पेट ही भरो!''

इतना सुनना था कि पुस्तक मेरी सिहर उठी। उसने कहा—''मैं तो ऐसी जगह न जाऊँगी।'' मैंने उसे आश्वासन देते हुए कहा—''आराम करना चाहती हो तो कहो बड़े-बड़े दो-चार घरों का नाम बताऊँ?''

पुस्तक ने उल्लास के साथ कहा—''हाँ-हाँ, किसी राजा-महाराजा का नाम बताओ।''

मैंने कहा—''आजकल के तो राजा-महाराजा बिरला-डालमियाँ हैं, सवाई राजा और अढ़ाई राजा के दिन लद गए। और मैं नहीं चाहता कि तुम सोने की सेज पर सोओ क्योंकि यह बड़ी काँटेदार होती है। नींद नहीं आती उस पर।''

मेरा रुख देखकर तो पुस्तक मचलने लगी। मैंने कहा—''जाना तो वहाँ भी मुश्किल है क्योंकि तुम कोई चीनी, कपड़ा, चावल तो हो नहीं जो चोर-बाजारी में धीरे से उन तक पहुँचा दूँ। फिर भी मान लो उनके किसी शौकीन सुपुत्र ने तुम्हें वहाँ तक पहुँचा दिया। सुपुत्र को पढ़ते देख सेठ जी का मन भी मान लो कि पितराने लगा। यदि उन्होंने अक्षर ब्रह्म का साक्षात्कार नहीं किया है तब तो रात को सोते समय लड़के से पुस्तक जोर-जोर से पढ़कर सुनाने के लिए कहेंगे और स्वयं तीन फीट मोटे गद्दे पर करवटें बदलेंगे या हुक्के का शौक हुआ तो हुक्का भी। क्योंकि उनका विश्वास है कि एक पन्थ दो क्या हजार काज हो सकते हैं। इसीलिए तो वे अपने बेटे से कहते हैं कि बेटा, पढ़ने के साथ-साथ जरा रोजगार-धन्धा भी देखा करो—खेलकर तुम्हें नायडू या अमरनाथ या ध्यानचन्द नहीं बनना है। तुम्हें बनना है रॉकफेलर, तुम्हें बनना है फोर्ड।''

खैर, जब बेटा तुम्हें बाँच-बाँचकर गलत-सही सुना रहा है तो एक आध आँख उठाकर जरा सेठ जी की ओर भी देख लो। मैं तो वहाँ नहीं जा पाऊँगा। पहले तो वे खुली हुई पुस्तक की तरह खुद अपना मुँह बाएँगे और फैला देंगे, साथ ही चुटकी बजाते हुए राधाकृष्ण, सीताराम या हरि ओउम् जैसा कोई मंत्र उच्चारित करेंगे और धीरे-धीरे निद्रादेवी की गोद में लुढ़क जाएँगे। सुपुत्र बहुत देर तक उस गोश्त की गठरी को पुस्तक सुनाते-सुनाते जब देखेगा कि पिताजी अथवा बाबा बहुत पहले ही चले गए तो वह भी वही रास्ता नापेगा।

लेकिन शायद तुम किसी शिक्षित सेठ के घर जाना पसन्द करोगी। मेरी तो पहुँच वहाँ भी नहीं है लेकिन जैसा सुना है वह बता रहा हूँ।

वे तुम्हें दुकान या फैक्टरी में तो ले जाने से रहे। अपनी छोटी-सी बँगलिया में ही तुमसे निपटेंगे। सम्भव है, तुम महीनों तक उनके घर पड़ी रहो और तुमसे मिलने का मौका उन्हें न मिले। क्योंकि अपने बीवी-बच्चों से मिलने का मौका भी उन्हें कम

ही मिलता है। खुदा न खास्ता कभी सोते समय उठा लिया तो उठा लिया—बशर्ते कि रेडियो टाइम न हो या हो तो रेडियो सेट बिगड़ा हो! इतना समझ लो कि तुम्हें वे अपना सारा समय उस बार भी न दे सकेंगे। कहीं से 'फोन' आया है उसका जवाब देना पड़ेगा, किसी नौकर को कोई भूली आज्ञा याद दिलानी होगी—ऐसे ही हजारों काम आधे घंटे के अन्दर आएँगे और तुम खुली की खुली ही रह जाओगी। सम्भव है, एक लाइन से आगे वे तुम्हारे साथ न बढ़ सकें। अन्त में तुम खुली की खुली एक ओर गिर जाओ और वे निद्राभिभूत होकर तुम्हें अपने गजबदन से कुचल ही न दें बल्कि लार-सिक्त भी कर दें।

फिर शायद तुम उनके काम की न रहो। लेकिन अगर तुममें कोई खतरनाक बात हुई और इसकी खबर उनके किसी भक्त ने पहुँचा दी तो तुम्हारी खैर नहीं। उनके किसी पत्र में तुम्हारी 'रिव्यू' नहीं होने पाएगी।

पुस्तक सिटपिटा गई। जहाँ इतने उल्लास से वह जा रही थी वहाँ ऐसी हालत? उसका मुँह तनिक-सा हो गया।

मैंने कहा—''घबड़ाओ मत। मैं ऐसी जगह तुम्हें खुद न जाने दूँगा।''

उसे ढाढ़स हुआ। अब मैंने पूछा—''और कोई जगह?'' फिर कुछ चुटकी लेते हुए कहा कि ''निरालाजी की बुआ की तरह तुम भी तो न कहोगी कि नहीं बची जगह?'' वह हँसी, लजाई भी। परन्तु बोली—''निरालाजी का नाम लिया ही तो यह तो बताओ कि किसी ऐसे साहित्यकार को जब तुम समर्पित करोगे तो उसके यहाँ मेरी क्या हालत होगी?''

मैंने कहा—''ठीक पूछा तुमने। लेकिन उनसे पहले, दूसरों की सुन लो। अधिकांश साहित्यकार तो ऐसे हैं जो अपनी पुस्तक को छोड़कर दूसरों की पढ़ते ही नहीं—कम से कम समकालीनों की। फिर समर्पित की हुई पुस्तक तो और भी नहीं पढ़ते। इसलिए उनके यहाँ जाकर या तो उनके शिष्यों द्वारा पढ़ी जाओगी (क्योंकि वे महान साहित्यकार अपने शिष्यों पर रोआब जमाने के लिए तुम्हें अवश्य दिखाएँगे ताकि वे समझें कि इनको बड़े-बड़े लोग अपनी पुस्तक भेंट करते हैं!) या किसी पुस्तकालय या प्रतियोगिता में स्थान पानेवाले छात्र को दे दी जाओगी—हाँ, समर्पण काटा भी जा सकता है।

''अब निरालाजी जैसे साहित्यकारों की बात। कई दशाएँ सम्भव हैं। या तो उनके पढ़ने से पूर्व कोई मित्र तुम्हें उठा ले जाएगा शीघ्र ही लौटाने का वादा कर। परन्तु इधर कवि भूल जाएँगे माँगना उधर भूल जाएँगे वे देना—'इन्हें भूल गई गैया उन्हें गागर उठाइबो' की तरह! या सम्भव है उन्हें भोजन बनाने के लिए कोयला तक न हो और कई दिनों के उपवास के बाद तुम्हें देखने के लिए उठावें—फिर गुणाढ्य की तरह एक-एक पन्ना तुम्हारा पढ़ते जाएँ और अग्नि देवता को समर्पित करते जाएँ। फिर

भी भोजन न तैयार हो सके—कच्चा रह जाए। और वे सुख से उसी को पेट के हवाले करके सो रहें अथवा किसी आगन्तुक को भी प्रेम के साथ 'कला का वह भोजन' कराकर सन्तोष और निर्विकार भाव से साहित्य की चर्चा करें।''

पुस्तक की आँखों में आँसू आ गए। मैंने पूछा—''क्या वहाँ नहीं जाओगी?'' उसने कहा—''जरूर जाऊँगी। महाजनों के यहाँ नून, तमाखू, मसाला बाँधने के काम में लाने से तो वह कहीं लाख दर्जे गौरवशाली है।''

मैंने पूछा—''क्यों वहाँ जाओगी?''

वह सजीव शक्ति की तरह खड़ी होती हुई दिव्य प्रभा भरकर बोली—''अपने को उस कलाकार के लिए जलाकर मैं नया जन्म ग्रहण करूँगी। मैं जल मरूँगी लेकिन उसके भीतर जाकर ऐसी अग्निशिखा से युक्त सरस्वती के रूप में निकलूँगी जो हमारे उन समस्त पाठकों को या तो जलाकर राख कर दे या तपाकर खरा सोना कर दे। और फिर मैं वही सरस्वती कोटि-कोटि किसानों और मजूरों के प्राण में बसूँगी, कंठ में फूटूँगी, जीभ से उठूँगी, दिशाओं में गूँजूँगी, खेतों में नव धान्य बनकर उगूँगी, लहराऊँगी, अमराइयों में फलूँगी, कोकिल बनकर कूकूँगी। मिलों के श्रुतिमृतक मजदूरों के कानों में जीवन वाणी बनकर बरसूँगी—उनकी जीभ पर सामूहिक जयघोष की तरह उठूँगी! मैं वह सरस्वती बनूँगी जिस पर अच्छर से अचीह्वा होते हुए भी किसान मुझ पर ममता से हाथ फेरेगा। मेरे अक्षर-अक्षर उसमें इस विद्युत स्पर्श से उसके नयन प्राण में ध्वनित हो उठेंगे। आज मुझमें यह शक्ति न हो परन्तु मैं तपकर-जलकर कल और भी संयत, सुन्दर और स्वस्थ रूप में उस निरक्षर किसान के मुख से निकलूँगी।''

मैं अपनी रचना—अपनी ही आवाज—पर चौंक उठा। सोचता हूँ, वाल्मीकि भी इसी तरह अपने प्रथम श्लोक पर चौंके होंगे!

लेकिन मेरे पास महर्षि प्रचेतस् नहीं आए, आए तो भाई त्रि. और उन्होंने कहा—''कुछ-कुछ इसी भाव की एक छोटी-सी कविता रवि ठाकुर 'यथास्थान' शीर्षक से लिख गए हैं।'' मेरे कुछ कहने से पहले मेरी पुस्तक ही बोल उठी—''लेकिन उसे 'यथास्थान' तो आज मिला।''

❑❑❑